云亭法律
实务书系

电子商业汇票追索实战指南

李　斌　王静澄
张德荣　赵宝荣　编著

中国法制出版社
CHINA LEGAL PUBLISHING HOUSE

序　言

近年来，随着我国金融政策整体朝着低负债、去杠杆方向转变，许多行业出现流动性的问题导致债务违约，尤以传统上就是高杠杆运营的房地产企业为甚。多家房地产龙头公司出具的商业汇票逾期事件频出，商票纠纷往往覆盖整个房地产行业上下游，由此成为一大类诉讼案件。

我们代理了多家公司的系列商票追索权诉讼，在此过程中，我们发现很多企业的财务人员不理解应当如何操作票据，很多法官、律师对票据问题缺乏系统理解和深入认识。在此背景下，我们系统研究了上万份裁判文书，提炼全国各地法院审理的相关裁判观点，并结合诉讼实战中积累的大量实务经验，形成本书。

自2009年电子商业汇票系统（EDCS）正式上线及《电子商业汇票业务管理办法》正式颁布以来，至今已有十余年时间。这期间电子商业汇票系统接入机构及电子商业汇票业务得到了蓬勃的发展，商业承兑汇票进入电票时代。但是，很遗憾的是很多企业至今仍未掌握电子商业承兑汇票的规范操作，仍沿用纸票时代的操作习惯，以至于丧失追索权。

例如，在纸票时代，持票人基本都会在票据到期日前向承兑人发起提示付款，这是因为纸质票据的传递需要时间，在到期日之前将票据寄送向承兑人，承兑人于到期日后签收票据，符合相应法律法规的要求。但在电票时代，持票人于电子商业汇票系统发起提示付款操作的同时即可完成送达，如仍在期前发起提示付款，就必然会面临效力争议。《中华人民共和国票据法》（以下简称《票据法》）及《电子商业汇票业务管理办法》均未明确承认期前提示付款的效力，实践中，部分法院也认为，持票人期前提示付款且未于法定提示付款期间内被承兑人拒付的，持票人丧失对除出票人和承兑人的票据前手的追索权。

再如，追索权须于法定期限内行使，否则持票人将丧失票据权利。纸票条件下，持票人通常通过委托开户银行向被追索人进行追索、委托律师向被追索人寄送追索函、到被追索人住所地进行追索、直接起诉被追索人等多种途径行使追索权，该等线下行权方式系司法实践中法院认可的纸票持票人行使追索权的方式。但在电票时代，《电子商业汇票业务管理办法》明确要求票据的全部交易行为集中在电子商业汇票系统中进行，持票人被承兑人拒付后理应向电子商业汇票系统发起追索。据此，如果持票人仍沿用纸票时代的操作习惯，通过直接起诉或线下发函的方式行使追索权，则可能会面临丧失追索权的重大风险。冲破纸票规则的桎梏，掌握电票操作规范，对保证电票持票人享有无瑕疵的追索权至关重要。我们真诚地希望，本书能让读者朋友们认识到电票规则与纸票规则的区别，指引依据电票规则实施票据行为，为可能发生的票据追索权之诉创设良好的诉讼条件。

  票据追索权的制度设计看似简单，但还有很多细节问题需要特别关注，稍有不慎就有可能丧失票据权利。本书围绕电子商业承兑汇票追索权纠纷这一话题，总结提炼了70个话题，均是实务中常见多发、容易出错的重要问题，本书既全面总结了裁判规则，又注重揭示裁判规则背后所隐含的法理精神，尤其针对不同意见的裁判规则作出评析，并从律师办理该类诉讼案件经验的角度提出专业意见，相信可以作为解决相关实务问题的有力武器。

  我们在写作过程中，得到了包括法官、律师、企业法务、法律研究者和当事人的诸多诚挚建议，在此一并表示感谢！同时，因我们都是在高强度的律师业务和办案之余从事写作，即使精益求精，错误或遗留之处可能还是在所难免，欢迎读者予以批评指正。也欢迎各界朋友与我们联系商票票据领域的重大疑难问题，我们的邮箱是：libin@yuntinglaw.com。

目　录

第一章　电票支付与传统支付手段的区别

001 背书转让商票，是否等同于完成了付款义务？ …………………… 1

002 执行程序中被执行人开具并交付商票，可否认定为履行完毕执行依据确定的债务？ ………………………………………………………… 4

003 债权人可否拒收商业承兑汇票？ ………………………………………… 7

004 原告胜诉后，可否拒绝被告以商票履行判决义务？ ……………… 13

第二章　持票人基于基础法律关系维权

005 票据到期被拒付，持票人是否可以依据"基础法律关系"向票据直接前手提起诉讼？ ………………………………………………………… 18

006 持票人选择基础法律关系起诉并获得胜诉判决后，可否再提起票据追索权之诉？ ……………………………………………………………… 25

007 票据未到期之前，持票人可否基于基础法律关系向直接前手主张债权？ … 32

008 票据前手在未实际承担票据责任前，是否可基于基础法律关系向其前手主张债权？ …………………………………………………………… 35

009 持票人因逾期付款丧失对前手追索权后，是否可基于基础法律关系向前手主张债权？ ……………………………………………………… 37

第三章　持票人基于票据法律关系维权

第一节　票据追索权与提示付款

010　持票人可否于票据到期日当日提示付款？……………………44
011　提示付款的法定期限，是从票据到期日当日还是从次日起算？…………48
012　期前提示付款且承兑人期内拒付的，持票人是否有权向全体前手追偿？…52
013　期前提示付款，票据维持于"提示付款待签收"的，是否会丧失对前手的追索权？……………………55
014　持票人逾期提示付款的，会产生怎样的后果？…………………61
015　未向承兑人提示付款，能否直接行使追索权？…………………64
016　电子商业承兑汇票显示"提示付款待签收"，持票人可否行使追索权？……68
017　票据状态显示为"逾期提示付款待签收"，是否一定说明持票人逾期提示付款？……………………76
018　被拒付的情况下，是否有必要再重复提示付款？………………81

第二节　票据追索权权利时效

019　持票人应在何期限内向出票人行使追索权？……………………84
020　持票人应在何期限内向票据前手行使追索权？…………………87
021　票据权利时效属于除斥期间还是诉讼时效？……………………90
022　票据状态显示为"提示付款待签收"的，六个月的追索权时效期间自何时起算？……………………96
023　持票人向票据前手发线下追索函的，可否导致票据权利时效中断？…101
024　以票据基础法律关系起诉，是否构成票据权利时效中断？………105
025　追索函邮件被前手退回，票据权利时效是否中断？……………108
026　票据权利时效中断后，应重新计算票据权利时效，还是开始计算诉讼时效？……………………113
027　前手未提票据时效抗辩，人民法院可否主动审查？……………118

028 仅对部分票据前手行权，时效中断的效果是否及于其他前手？ ……… 120

第三节 被追索人基于基础法律关系的抗辩

029 非直接前手可否以"持票人与直接前手之间不存在真实交易"进行抗辩？ ……………………………………………………………………… 126

030 直接前手可否以"持票人与自身之间不存在真实交易"进行抗辩？ … 133

031 票据债务人可否主张直接前手对持票人的抗辩？ …………………… 136

第四节 票据追索权相关的其他问题

032 持票人仅进行线下追索而未发起线上追索的，是否丧失对出票人和承兑人以外其他前手的追索权？ ……………………………………… 139

033 持票人错误选择"线下清算"，会产生何种严重后果？ ……………… 144

034 被迫发起非拒付追索，是否会对后续行使拒付追索权产生实质性障碍？ ……………………………………………………………………… 149

035 持票人行使追索权时，应如何证明享有票据权利？ ………………… 154

036 基于民间贴现取得票据的当事人，是否享有票据权利？ …………… 160

037 电子商票的持票人是否可能因未按期限提示承兑而不享有追索权？ … 165

038 出票人在汇票上记载"不得转让"字样的，背书受让人是否享有票据权利？ ……………………………………………………………… 169

039 未将拒付事由书面通知前手，持票人可否行使追索权？ …………… 172

第五节 票据再追索权

040 仅有持票人出具的清偿证明而未提供银行付款凭证的，被追索人可否行使再追索权？ …………………………………………………… 175

041 向逾期提示付款的持票人付款的前手，是否享有再追索权？ ……… 178

042 直接前手依基础法律关系向持票人清偿债务后，其是否享有票据再追索权？ ……………………………………………………………… 180

043 再追索权的权利时效期间从哪一天开始计算？ ……………………… 184

第六节　票据追索权纠纷之诉讼主体

044 持票人行使票据追索权时，如何确定追索对象？ ………………… 188

045 商票存在回头背书情况，持票人可否向全部前手追索？ ………… 192

046 在票据追索权诉讼中，被告能否申请追加出票人为第三人？ …… 196

047 票据前手是分公司的，持票人可否把母公司列为共同被告？ …… 199

048 前手系一人公司的，持票人可否将该一人公司的股东列为共同被告？ … 203

第七节　票据追索权纠纷之诉讼请求

049 票据追索权纠纷中，哪些情况下持票人可以向票据前手主张差旅费和律师费？ ……………………………………………………………… 208

050 票据追索权纠纷中，利息如何计算？ ………………………………… 211

051 持票人逾期提示付款的，利息起算点为票据到期日还是提示付款日？ … 214

052 未将拒付事由书面通知前手，持票人是否丧失追索利息的权利？ …… 219

053 持票人与出票人约定逾期利息的计算标准的，该约定是否有效？ …… 222

054 持票人与出票人约定逾期利息高于LPR四倍的部分，是否能够得到法院支持？ ……………………………………………………………… 225

055 票据追索权纠纷中，持票人能否向票据前手主张公证费？ ………… 228

056 前手根据生效法律文书向持票人清偿后，是否可向其他前手追索受理费、保全费、上诉费等前案判决确定的费用？ …………………… 232

057 前手根据生效法律文书向持票人清偿后，是否可向其他前手追索前案的执行费？ ……………………………………………………………… 241

第八节　票据追索权纠纷之管辖法院

058 票据追索权之诉中，持票人如何确定管辖法院？ …………………… 249

059 票据追索权纠纷中未将承兑人列为被告，承兑人住所地法院是否具有管辖权？ ……………………………………………………………… 252

060 起诉后撤回对某一前手的起诉，基于该前手确定的管辖法院是否还具有管辖权？ ……………………………………………………………… 256

第九节　票据追索权纠纷之起诉与固定证据

061 多张票据的票据当事人均一致，持票人可否在同一案中就多张票据一并起诉？ …………………………………………………………… 260

062 持票人如何对电票系统中不能留痕的操作固定证据？ …………… 265

第十节　票据追索权纠纷之中止审理

063 人民法院受理被追索人的破产申请的，是否应当中止审理票据追索权纠纷？ ……………………………………………………………… 269

064 基础法律关系涉及刑事案件的，票据追索权之诉是否中止审理？ …… 274

第四章　票据前手破产时持票人的维权手段

065 前手被受理破产申请后，持票人可否以该前手为被告提起追索权之诉？ ……………………………………………………………… 280

066 出票人进入破产程序后，持票人可否既申报债权又向其他票据前手提起诉讼？ ………………………………………………………… 283

067 出票人进入破产程序的，持票人向其他前手主张票据权利是否以向管理人申报债权为前提？ ……………………………………………… 287

068 就在出票人的破产程序中未受清偿的部分，持票人是否有权继续向其他前手追索？ …………………………………………………… 290

069 出票人进入破产程序的，停止计息的效力是否及于其他前手？ ……… 293

070 出票人进入破产程序的，再追索权人可否向其追索已支付的利息？ … 297

第一章　电票支付与传统支付手段的区别

001　背书转让商票，是否等同于完成了付款义务？

阅读提示

商业承兑汇票的持票人在票据被拒付之后，可以选择基于基础法律关系起诉直接票据前手，请求其支付相关的款项。诉讼中，直接前手往往大喊冤枉，主张"已经以背书转让商票的方式完成了付款义务"，那么直接前手的该等抗辩能否得到法院支持呢？

裁判要旨

在无双方特别约定交付票据则债权债务关系消灭的情况下，债务人为清偿债务而交付票据时，基础法律关系中的债务与票据债务同时并存。票据债务不履行，基础法律关系中的债务不消灭，只有当票据权利实现时，基础法律关系中的债务才随之消灭。

案情简介[①]

一、泉某化工公司（买受人）与中某木业板材厂（出卖人）存在买卖板材业务。2019年年初，双方协商结算货款事宜，商定总金额为20万元，泉某化工公司以商业承兑汇票的形式支付货款，后泉某化工公司将尾号为3247的电子商业承兑汇票背书给中某木业板材厂。

二、票据到期后，中某木业板材厂依法向出票人提示付款，但被拒付。

三、之后，中某木业板材厂基于板材买卖合同，以泉某化工公司为被告向法

---

① 山东省临沂市中级人民法院，李某才、临沂市中某木业板材厂买卖合同纠纷民事二审民事判决书［（2021）鲁13民终8099号］。

院提起诉讼，请求法院判令泉某化工公司清偿拖欠的货款。诉讼过程中，被告主张"已通过背书转让票据的方式履行完毕了合同项下付款义务"。对该抗辩，二审山东省临沂市中级人民法院不予认可，并最终支持了中某木业板材厂的诉讼请求。

律师评析

本案的争议焦点为，交付票据是否视为结清合同款。

如果合同双方未约定"交付票据后基础法律关系项下的付款义务即消灭"，则基础法律关系中的债务与票据债务同时并存。票据债务不履行的，基础法律关系中的债务不消灭，只有当票据权利实现时，基础法律关系中的债务才一同消灭。

作为持票人的中某木业板材厂，在票据到期后被拒付，此等情况下，应视作被告至今未能履行货款支付义务，被告提出的"已通过背书转让票据的方式履行完毕了合同项下付款义务"系无效抗辩。

实务经验总结

1. 对于持票人，票据到期被拒付的，除可以向出票人、承兑人、背书人、保证人等追索票据款项外，还可以基于基础法律关系，向票据直接前手主张对应款项。

2. 对于票据直接前手，面临持票人基于基础法律关系提起的民事诉讼，主张"已通过背书转让票据的方式履行完毕了合同项下付款义务，持票人享有的合同付款请求权已消灭"，属于无效抗辩。

相关法律规定

《中华人民共和国票据法》

第六十一条第一款 汇票到期被拒绝付款的，持票人可以对背书人、出票人以及汇票的其他债务人行使追索权。

《中华人民共和国民法典》

第五百七十七条 当事人一方不履行合同义务或者履行合同义务不符合约定的，应当承担继续履行、采取补救措施或者赔偿损失等违约责任。

裁判意见

以下为该案在法院审理阶段，判决书中"本院认为"就该问题的论述：

本案中并无证据证明双方特别约定以票据的交付作为涉案债务清偿的依据。债务人为清偿债务而交付票据时，原因关系中的债务与票据债务同时并存，票据债务不履行，原因关系中的债务不消灭，只有当票据权利实现时，原因关系中的债务才随之消灭。本案中，中某木业板材厂在涉案商业承兑汇票未能得到兑付时，选择以买卖合同这一基础法律关系要求买受人履行付款义务，符合法律规定。

延伸阅读

裁判观点：在无特别约定的情况下，当事人接受票据作为支付合同款的方式，并不意味着其放弃基础法律关系中的债权，在票据到期未被承兑的情况下，其有权继续向直接前手主张合同款（与主文案例裁判观点相同）。

案例1：上海市浦东新区人民法院，费某托（中国）有限公司与厦门市三某和机械有限公司买卖合同纠纷一审民事判决书〔（2020）沪0115民初2571号〕认为：

被告以背书涉案汇票的方式向原告支付货款，原告对该种付款方式的接受，并不意味着对其原因关系中债权的放弃。作为买方，被告按期、足额向原告支付货款既是约定义务又是法定义务，被告于2018年11月1日向原告出具还款计划，承诺于2019年3月20日前付清全部货款，在原告主张权利的情况下，被告向原告背书转让涉案承兑汇票，原告取得汇票的行为，系取得相应权利，不能因此给债权人实现合法权益增设不必要的障碍。原告曾试图通过追索权主张票据权利，如果依据《票据法》的规定，原告必须先行使付款请求权后再行使追索权，无疑将增加讼累。作为前手，被告向原告背书涉案汇票的行为，既是对原告实现汇票权利的担保，亦是对自己能够履行付款义务的担保。本院认为，法律并未规定债务人为清偿债务而交付票据时，原因关系中的债务因票据的授受而消灭。原因关系中的债务与票据债务同时并存，票据债务不履行，原因关系中的债务不消灭，只有当票据权利实现时，原因关系中的债务才随之消灭。据此，被告的抗辩理由不能成立，在原告未能实现票据权利的情况下，应视作被告至今未能履行货款的支付义务。

案例2：最高人民法院，中某三局第一建设工程有限责任公司（以下简称中某三局一公司）与澳某财富（合肥）投资置业有限公司（以下简称澳某公司）等建设工程施工合同纠纷案［（2017）最高法执复68号］认为：

根据调解协议，文某公司在票据预约关系层面有出票和交付票据的义务，在原因关系层面有就6000万元的债务承担向中某三局一公司清偿的义务。文某公司如期开具真实、足额、合法的商业承兑汇票，仅是履行了其票据预约关系层面的义务，而对于其债务承担义务，因其票据付款账户余额不足、被冻结而不能兑付案涉汇票，其并未实际履行，中某三局一公司申请法院对文某公司强制执行，并无不当。

002 执行程序中被执行人开具并交付商票，可否认定为履行完毕执行依据确定的债务？

裁判要旨

债务人用商业承兑汇票来履行执行依据确定的债务，虽其开具并向债权人交付了商业承兑汇票，但汇票到期不能兑付的，不能认定债务人已经实际履行了债务。此等情况下，债权人可以请求对债务人继续强制执行。

案情简介①

一、中某三局一公司与澳某公司建设工程施工合同纠纷一案，经安徽高院调解结案，调解协议约定：本协议签订后为偿还澳某公司欠付中某三局一公司的工程款，澳某公司将向中某三局一公司交付出票人和承兑人为文某公司、收款人为中某三局一公司，金额总计为人民币6000万元的商业承兑汇票。

二、同日，安徽高院组织中某三局一公司、澳某公司、文某公司调解的笔录载明，文某公司明确表示自己作为债务承担者加入调解协议，并表示知晓相关的义务及后果。之后，文某公司分两次向中某三局一公司签发了金额总计为6000

---

① 最高人民法院，指导案例117号：中某三局第一建设工程有限责任公司（以下简称中某三局一公司）与澳某财富（合肥）投资置业有限公司（以下简称澳某公司）等建设工程施工合同纠纷案［（2017）最高法执复68号］。

万元的商业承兑汇票。但前述汇票因文某公司相关账户余额不足、被冻结而无法兑现，也即中某三局一公司实际未能取得6000万元工程款。

三、之后，中某三局一公司以澳某公司和文某公司未履行调解书确定的义务为由，向安徽高院申请强制执行。案件进入执行程序后，执行法院冻结了文某公司的银行账户。文某公司不服，提出异议称：其已经出具了商业承兑汇票，即已经履行完毕调解协议确定的义务。最高人民法院对此不予认可，并裁定文某公司的异议不成立。

律师评析

本案的争议焦点为，文某公司向中某三局一公司签发完毕电子商业承兑汇票后，是否可以视为其已经履行完毕了执行依据确定的债务。对此，最高人民法院持否定态度。我们认可最高人民法院的裁判观点，理由如下：

涉及票据的法律关系，包括基础关系和票据关系。在文某公司向中某三局一公司签发金额为6000万元的电子商业承兑汇票后，双方之间同时存在因债务加入成立的债务关系和签发汇票形成的票据关系。鉴于双方无特别约定，此时两种法律关系构成新债清偿，只有在商票客观被兑付的情况下，两种关系才会同时消灭，文某公司基于调解协议负担的义务才消灭。

实务经验总结

《现金管理暂行条例》第七条第二款规定："开户单位在销售活动中，不得对现金结算给予比转账结算优惠待遇；不得拒收支票、银行汇票和银行本票。"但该条并未明确规定不得拒收商业承兑汇票，且实践中确有法院支持公司关于拒绝接收商业承兑汇票作为支付方式的主张。鉴于此以及实践中大量商票不能兑付的客观事实，我们建议以下两点：

1. 在执行依据未明确支付方式的情况下，债权人可在执行中明确拒绝接收商业承兑汇票。

2. 在调解程序中，调解协议须明确约定金钱债权的履行方式，同时尽量选择以银行转账、现金支付等作为履行方式。

相关法律规定

无

裁判意见

以下为该案在法院审理阶段，判决书中"本院认为"就该问题的论述：

本院认为，本案的争议焦点是文某公司是否履行完毕其在调解协议中承诺的义务，对此，分析论述如下：

涉及票据的法律关系，一般包括原因关系（系当事人间授受票据的原因）、资金关系（系当事人间在资金供给或资金补偿方面的关系）、票据预约关系（系当事人间有了原因关系之后，在发出票据之前，就票据种类、金额、到期日、付款地等票据内容及票据授受行为订立的合同）和票据关系（系当事人间基于票据行为而直接发生的债权债务关系）。其中，原因关系、资金关系、票据预约关系属于票据的基础关系，是一般民法上的法律关系。在分析具体案件时，要具体区分前述四种关系，不能混为一谈。

本案中……三方当事人在签订调解协议时，有关文某公司出具汇票的意思表示不仅对文某公司出票及当事人之间授受票据等问题作出了票据预约关系范畴的约定，也对文某公司加入中某三局一公司与澳某公司债务关系、与澳某公司一起向中某三局一公司承担债务问题作出了原因关系范畴的约定。因此，根据调解协议，文某公司在票据预约关系层面有出票和交付票据的义务，在原因关系层面有就6000万元的债务承担向中某三局一公司清偿的义务。文某公司如期开具真实、足额、合法的商业承兑汇票，仅是履行了其票据预约关系层面的义务，而对于其债务承担义务，因其票据付款账户余额不足、被冻结而不能兑付案涉汇票，其并未实际履行，中某三局一公司申请法院对文某公司强制执行，并无不当。

延伸阅读

裁判观点：在无相反约定的情况下，电票到期后不能承兑的，视为未履行完毕执行依据确定的金钱给付义务，权利人有权向法院申请强制执行。

案例1：湖南省常德市鼎城区人民法院，湖南浩某建设有限公司（以下简称浩某公司）、常德市鼎城盛某混凝土有限公司（以下简称盛某公司）买卖合同纠纷执行异议执行裁定书［（2022）湘0703执异2号］认为：

本院认为，本院作出的（2021）湘0703民初1441号民事调解书确认浩某公司应当向盛某公司承担给付货款的义务，浩某公司虽向盛某公司背书转让两张电子商业承兑汇票，但盛某公司承兑时因账户资金不足被拒绝承兑，盛某公司的权利未实际得到实现，不能认为浩某公司已经对该部分款项履行了付款义务，盛某公司向本院申请强制执行符合法律规定，本院对浩某公司的异议请求不予支持。

案例2：江苏省扬州市中级人民法院，江苏江某环保设备工程有限公司（以下简称江某公司）与华某军、任某峰建设工程纠纷执行裁定书［（2020）苏10执复47号］认为：

本院认为，自觉履行生效的法律文书是当事人应尽的义务。若一方当事人未按生效法律文书履行义务，另一方当事人有权向人民法院申请强制执行。本案中，申请执行人华某军在出具收条时即明确约定"如该张电子商业承兑汇票到期不能兑付，则华某军有权依据上述判决书就84.8万元及利息向江都区法院申请执行"。而客观事实是，该电子商业承兑汇票到期后，出票人拒绝兑付。由此可见，江某公司的给付义务并未履行完毕。据此，申请执行人华某军向法院申请强制执行，符合法律规定。江某公司坚持以本案所涉裁判文书已经履行完毕，不应进入执行程序为由申请复议，其复议请求并无事实和法律依据，故本院不予采信。

003 债权人可否拒收商业承兑汇票？

裁判要旨

合同未明确约定付款方式的情况下，债权人有权拒绝债务人以背书转让或签发电子商业承兑汇票的方式履行债务，债权人拒收汇票的行为不构成违约。

案情简介[①]

一、2017年4月6日，塔某雅玛公司与硕某公司签订《工业品买卖合同》，约定硕某公司向塔某雅玛公司购买伺服电机、伺服驱动器等货物，未约定付款方式。合同签订后，塔某雅玛公司依约向硕某公司交付了价值374.4万元的货物。

二、2018年7月12日，硕某公司以背书转让商业承兑汇票的方式向塔某雅

---

① 广西壮族自治区北海市中级人民法院，北海市硕某科技有限公司（以下简称硕某公司）、重庆塔某雅玛自动化科技有限公司（以下简称塔某雅玛公司）买卖合同纠纷二审民事判决书［（2019）桂05民终770号］。

玛公司支付货款，但塔某雅玛公司拒绝接收商业承兑汇票。双方未能就付款方式协商一致。

三、为收回货款，塔某雅玛公司以硕某公司为被告提起买卖合同纠纷案，请求法院判令硕某公司向其清偿货款本息。

四、诉讼中，硕某公司主张其迟延支付货款是由塔某雅玛公司拒收商业承兑汇票造成，因此硕某公司迟延支付货款不构成违约，无须承担支付逾期利息的违约责任。

五、广西壮族自治区北海市中级人民法院认为，在合同未约定付款方式的情况下，鉴于商业承兑汇票存在不能兑付的风险，债权人拒收商业承兑汇票具有合理性，并最终判决支持了塔某雅玛公司的诉讼请求。

律师评析

本案的争议焦点为，在合同未明确约定付款方式的情况下，债权人是否有权拒收商业承兑汇票。对此，北海中院认为，债权人有权拒收商业承兑汇票。我们认可法院的裁判观点，理由如下：

1. 相比于支票、银行承兑汇票等票据，商业承兑汇票到期不能兑付的风险高。

2. 现行法律、法规未明确规定民事主体不得拒收商业承兑汇票。

3. 《民法典》第五百一十一条第五项规定的"履行方式不明确的，按照有利于实现合同目的的方式履行"，毫无疑问以银行转账或现金的方式付款相比于商业承兑汇票更有利于债权人实现收回合同款的合同目的，在这个意义上，债权人原则上可以选择拒收商业承兑汇票。

实务经验总结

1. 《现金管理暂行条例》第七条第二款规定："开户单位在销售活动中，不得对现金结算给予比转账结算优惠待遇；不得拒收支票、银行汇票和银行本票。"该条并未明确规定不得拒收商业承兑汇票。结合该条规定及实践中法院裁判观点，合同中未明确约定以商业承兑汇票作为支付方式的，原则上债权人可以拒绝接收商业承兑汇票（详见主文案例裁判观点）。

2. 在合同中明确约定仅以商业承兑汇票作为结算方式的，原则上债权人无

权拒收商业承兑汇票,但在以下两种情况下,债权人有权拒收商业承兑汇票:

(1) 债权人能举证证明出票人和承兑人已经出现较大规模的商业承兑汇票到期不能兑付的情况(详见延伸阅读裁判观点二)。

(2) 债务人迟延付款的(详见延伸阅读裁判观点三)。

3. 在合同中明确约定的结算方式包括商业承兑汇票、现金、银行转账等多种,实践中有法院认为,债权人具有选择结算方式的权利,有权拒收商业承兑汇票(详见延伸阅读裁判观点四)。

相关法律规定

《现金管理暂行条例》

第七条第二款 开户单位在销售活动中,不得对现金结算给予比转账结算优惠待遇;不得拒收支票、银行汇票和银行本票。

裁判意见

以下为该案在法院审理阶段,判决书中"本院认为"就该问题的论述:

硕某公司主张其已以商业承兑汇票的方式支付货款,是由于塔某雅玛公司自身原因导致拒收,不属于硕某公司的过错。本院认为,双方平常的交易方式是以银行承兑汇票方式支付的,且塔某雅玛公司明确拒绝硕某公司提出的商业承兑汇票付款方式,商业承兑汇票基于其自身支付的风险性,塔某雅玛公司拒收合理。

延伸阅读

裁判观点一:在合同未明确约定付款方式,债务人以背书转让或签发商业承兑汇票方式付款,且债权人拒收的,债权人构成违约(与主文案例裁判观点相反)。

案例1:江苏省南京市中级人民法院,上诉人江苏国某文化发展有限公司(以下简称国某公司)与被上诉人江苏省广某电视集团有限公司(以下简称江苏广某公司)合同纠纷一案的民事判决书[(2020)苏01民终6002号]认为:

本院认为,双方一、二审期间的陈述和江苏广某公司提交的证据显示,案涉合作协议履行过程中,江苏广某公司在2019年10月16日启动仪式、同年11月26日南京站赛事及同年11月28日扬州站赛事等环节中,为国某公司作了相应的宣传。在此后的各个环节至大赛结束,未再为国某公司提供宣传,可见合作协议在扬州站赛事及国某公司支付10万元款项后,实际已未再履行,双方合同关系于此时业已终止。至于合同关系终止的原因，双方各执一词。从现有证据来看，江苏广某公司在合作协议未明确约定付款方式为银行承兑汇票的情况下，拒收国某公司交付的商业承兑汇票，有失妥当。国某公司在同意变更付款方式的情况下，未足额支付首期款项，亦有过错。一审法院认定，双方履约行为均存在一定瑕疵并非没有依据。

裁判观点二：合同中明确约定的付款方式为背书转让或签发商业承兑汇票，如商业承兑汇票的出票人及承兑人已经出现票据逾期兑付的情况，债权人有权拒收商业承兑汇票。

案例2：江苏省连云港市连云区人民法院，连云港富某混凝土有限公司、江苏顺某建设集团有限公司买卖合同纠纷民事一审民事判决书［（2021）苏0703民初1959号］认为：

关于支付方式，也即双方争议之处，即在合同约定以全额商业承兑汇票支付货款的情况下，原告有无权利主张被告以货币方式支付货款。本院认为，虽然合同约定付款方式为全额商业承兑汇票，但并未明确由谁出具，即便双方在合同履行过程中对商业承兑汇票出具人为发包单位达成一致意见，但现在工程因发包单位原因停工建设，而发包单位开具商业承兑汇票已无法承兑，在此情况下原告继续领受已无法实现取得货款的合同目的，故其有权拒绝接收并有权要求被告以货币方式支付未付货款。被告关于继续以背书转让发包单位出具的商业承兑汇票方式支付货款的辩解意见本院不予采纳。

裁判观点三：合同中约定的付款方式为背书转让汇票，如债务人未在约定的债务履行期间付款的，此后债权人有权拒收汇票，转而要求债务人以现金或银行转账方式付款。

案例3：上海市第三中级人民法院，中某上海工程局集团有限公司（以下简称中某工程公司）与长丰县吉某新型建材厂买卖合同纠纷二审民事判决书［（2019）沪03民终186号］认为：

中某工程公司辩称，对于欠付货款和履约保证金的事实无异议；对于货款的支付方式合同有约定，同意以六个月承兑汇票的形式支付。

本院认为，一审判决认为关于六个月银行承兑汇票的支付方式适用于双方约定的付款期限内，现已超过约定的付款期限，中某工程公司应当以现金方式支付；关于利息及履约保证，经双方意见一致，予以确认的判决理由有相关的法律依据，于法不悖，本院予以支持。而上诉人中某工程公司的上诉理由缺乏法律依据，本院不予采信。

案例4：广东省花都市（区）人民法院，广州盛某电气设备有限公司（以下简称盛某公司）、广东恒某建设工程有限公司（以下简称恒某公司）等买卖合同纠纷民事一审民事判决书［（2021）粤0114民初17035号］认为：

根据案涉《采购订单》"付款方式"约定"到货款：付到货总价值的100%、一年期商业承兑汇票（不保贴）、供方自行承担商业、银行承兑汇票贴现过程中所发生的费用或办理保理业务过程中所发生的费用"以及"付款需要提供资料"的约定，恒某公司应在盛某公司向其开具对应的发票及双方确认的对账单（原件）后，及时向盛某公司开具一年期商业承兑汇票，案涉10份《采购订单》并无恒某公司确认无误后三个月内开具一年期商业承兑汇票的约定。本案中，截至2021年9月14日双方已完成对账，盛某公司已开具发票，恒某公司未支付货款的金额为2600632.07元，恒某公司理应在2021年9月14日向盛某公司开具上述2600632.07元对应的一年期商业承兑汇票。因恒某公司逾期付款，盛某公司于2021年11月17日向恒某公司发出《律师函》进行催告，恒某公司已签收上述《律师函》，但仍未在合理期限内支付。恒某公司逾期支付货款已构成违约，现盛某公司拒绝接收恒某公司于2022年1月7日开具的一年期商业承兑汇票有理，故盛某公司起诉要求恒某公司使用现金支付2600632.07元货款具有事实及法律依据，本院予以支持。综上，本院认为，盛某公司诉请恒某公司向其支付2600632.07元货款的主张具有事实及法律依据，证据充分，本院予以支持。

裁判观点四：合同约定的结算方式包括商业承兑汇票、现金等多种方式的，债权人有权拒收商业承兑汇票，即债权人有权选择结算方式。

案例5：江苏省句容市人民法院，句容东某混凝土工程有限公司（以下简称东某公司）与诚某生态环境股份有限公司（以下简称诚某公司）定作合同纠纷一审民事判决书［（2019）苏1183民初435号］认为：

本院认为，原告东某公司与被告诚某公司签订的《预拌混凝土供需合同》以及《补充协议》均合法有效，双方应严格按约履行各自的义务。原告向被告供应预拌混凝土，截至目前，被告对尚欠原告混凝土货款362212.90元及商业汇票贴现补偿款134861.65元的事实无异议，对此本院予以确认。因双方间供需合同中约定付款方式及期限为现金结算，先付款后供砼，被告未能按约付清价款，已构成违约，依法应承担违约责任。故对原告要求被告支付所欠价款362212.90元、商业汇票贴现补偿款134861.65元以及赔付逾期付款利息损失的诉请，依法应予以支持。被告辩称，双方曾于2018年11月22日结算确定由被告以商业承兑汇票支付所欠的全部货款及贴现款，且确定商业汇票支付金额为540540.1元，被告已于2018年11月30日开具了金额为540540元的电子商业承兑汇票，但原告后来反悔拒收商业汇票，导致被告无法履约付款，迟延付款责任不在于被告，被告不应承担逾期付款利息损失的责任。对此辩解本院认为，原、被告双方签订的《预拌混凝土供需合同》中约定付款方式为现金结算，双方签订的《预拌混凝土供需合同》以及《补充协议》中并未约定被告支付货款的方式是以商业承兑汇票支付，只是《补充协议》中约定被告如以商业承兑汇票支付货款，需按商业承兑汇票金额的12%支付原告贴现补偿款，贴现款被告需以现金方式付款。故根据《预拌混凝土供需合同》及《补充协议》的约定，在合同履行中，对被告用商业承兑汇票支付货款，原告应有权选择是否同意接收，且即使原告同意被告以商业承兑汇票支付，商业承兑汇票贴现补偿款被告仍需以现金方式付款。因此，虽然被告曾开具了金额为540540元的电子商业承兑汇票，来向原告支付所欠的全部货款及贴现款，但对此原告有权拒收。

裁判观点五：合同中明确约定以现金、银行汇款等方式付款，且商业承兑汇票未被约定为付款方式或者明确约定不得用商业承兑汇票付款的，债权人当然有权拒绝债务人以背书转让或签发商业承兑汇票方式付款。

案例6：四川省成都市中级人民法院，成都锦某盛贸易有限公司（以下简称锦某盛公司）与中某建工有限公司（以下简称中某公司）买卖合同纠纷上诉案[（2016）川01民终10158号]认为：

本院认为，《钢材购销合同》第五条第一项约定支付方式为"现金转账、电汇、银行承兑汇票"，中某公司以商业承兑汇票向锦某盛公司付款，不符合合同约定，锦某盛公司可以拒绝接收。

案例7：江苏省昆山市人民法院，江苏达某路桥建设有限公司、新江建某集团有限公司建设工程施工合同纠纷民事一审民事判决书[（2021）苏0583民初7812号]认为：

本院认为，原、被告2019年5月在《沥青路面摊铺施工合同》中约定"乙方同意甲方以承兑汇票支付工程款，但不得用商业承兑汇票支付工程款，并且承兑汇票总额不得超过工程结算总金额的70%"，原告予以拒收该两张承兑汇票并无不可，被告也未提供证据佐证双方关于承兑汇票方式付款条款发生变更。故本院对被告上述辩称难以支持。

004 原告胜诉后，可否拒绝被告以商票履行判决义务？

裁判要旨

在生效法律文书未明确指定金钱给付义务的履行方式的情况下，原告有权拒绝被告以背书转让或签发电子商业承兑汇票的方式履行金钱给付义务。

案情简介[①]

一、工某公司诉湘某公司承揽合同纠纷一案，临武县法院于2020年8月31日作出（2020）湘1025民初729号民事判决，内容为："限湘某公司于本判决生效之日起十日内支付工某公司工程款100万元，并支付自2019年8月6日起以100万元为基数按照全国银行间同业拆借中心公布的贷款市场报价利率的利息至清偿之日止。"

二、2020年9月8日，湘某公司欲向工某公司背书转让一张电子商业承兑汇票（金额为100万元；出票人和承兑人为案外人湖南高某新能源有限公司），以履行前述判决确定的金钱给付义务，但工某公司拒绝接收该商业承兑汇票。

三、此后，工某公司于2020年12月21日向临武县法院申请执行。2020年12月23日，临武县法院作出（2020）湘1025执746号执行裁定，裁定冻结、划拨被执行人湘某公司的银行存款1071515.28元及支付迟延履行期间的债务利息。2021年2月1日，临武县法院将湘某公司名下银行存款164640.66元扣划至临武县法院账户。

四、2021年3月24日，湘某公司对临武县法院依据（2020）湘1025执746号执行裁定，冻结、划拨其名下银行存款的执行行为不服，并向法院提出书面异议。主张湘某公司曾向工某公司背书转让了100万元的电子商业承兑汇票，工某公司拒收。湘某公司已经向工某公司履行了判决义务，因工某公司自身原因拒不接收该款项，由此产生的不利后果应当由工某公司承担。

五、一审湖南省临武县人民法院和二审湖南省郴州市中级人民法院均认为工某公司有权拒收该电子商业承兑汇票，在工某公司拒收后，湘某公司理应以

[①] 湖南省郴州市中级人民法院，复议申请人临武湘某新能源有限公司（以下简称湘某公司）、申请执行人湖南省工某设备安装有限公司（以下简称工某公司）申请执行复议裁定书［（2021）湘10执复65号］。

工某公司认可的方式向其履行金钱给付义务，但湘某公司未于生效法律文书指定的履行期限内执行判决，因此工某公司有权向法院申请强制执行，法院依据（2020）湘1025执746号执行裁定，冻结、扣划湘某公司名下银行存款，并无不当。

律师评析

本案的争议焦点为，生效的判决书未明确指定被告履行金钱给付义务的方式的情况下，原告可否拒收商业承兑汇票。对此，法院认为原告有权拒收商业承兑汇票。我们认可法院的裁判观点，理由如下：

1. 商业承兑汇票以企业的商业信用为基础，由企业签发、承兑；承兑人到期能否付款，存在不确定性。

2. 生效法律文书为被告履行金钱给付义务指定了截止日期，在付款期限届满之前，原告理应从被告处获得清偿，而商业承兑汇票到期日截至之前，持票人无权向承兑人请求付款。因此，除非汇票到期日与生效法律文书指定的债务履行截止日重合，否则被告向原告背书转让或签发商业承兑汇票执行生效法律文书的，相当于变相延后了生效法律文书指定的履行期间。

实务经验总结

1. 通常情况下，生效的判决书不会对金钱给付义务的履行方式予以明确，此等情况下，为保证资金安全，我们建议原告拒收被告背书转让或签发的商业承兑汇票。

2. 对于具有强制执行效力的调解书，我们建议债权人避免以背书受让商业承兑汇票作为收款方式，并在调解书中明确约定以现金、银行转账的方式付款，不得用商业承兑汇票付款。

相关法律规定

《现金管理暂行条例》

第七条第二款 开户单位在销售活动中，不得对现金结算给予比转账结算优惠待遇；不得拒收支票、银行汇票和银行本票。

> 裁判意见

以下为该案在法院审理阶段，判决书中"本院认为"就该问题的论述：

本院认为，法律文书生效后，湘某公司应当按照法律文书内容履行金钱给付义务。本案中，根据临武县法院查明的事实，湘某公司并未直接向工某公司支付判决的工程款，而是向工某公司提供了一张案外人100万元电子商业承兑汇票。由于该承兑汇票的承兑人是案外人湖南高某新能源有限公司，其出票日期为2020年9月18日，汇票到期日为2021年9月18日，工某公司拒不接收该汇票，并不违反法律规定。工某公司未接收该汇票，且目前湘某公司的给付义务确未履行完毕。据此，工某公司向法院申请强制执行，符合法律规定，临武县法院作出（2020）湘1025执746号执行裁定，冻结、划拨湘某公司名下的银行存款并无不当。

> 延伸阅读

裁判观点一：债务人以背书转让或签发商业承兑汇票的方式履行生效法律文书确定的金钱给付义务的，债权人有权拒绝（与主文案例观点相同）。

案例1：重庆市江津区（县）人民法院，勋某建筑劳务公司（以下简称勋某公司）与欧某钢结构幕墙科技公司（以下简称欧某公司）及其贵州分公司建筑设备租赁合同纠纷执行行为异议执行裁定书［（2020）渝0116执异152号］认为：

第一，关于是否能执行欧某公司的财产。本院在执行过程中，未查到欧某公司贵州分公司有可供执行的财产。欧某公司提交电子商业承兑汇票以证明欧某公司贵州分公司有财产可供执行，但欧某公司贵州分公司未在各方当事人约定的时间内履行付款义务，且勋某公司表示不接受汇票背书转让，本院应认定欧某公司贵州分公司无可供执行财产。因此，本院可以执行欧某公司的财产。

裁判观点二：被执行人主张已经通过背书转让或签发商业承兑汇票履行完毕生效法律文书确定的金钱给付义务，但未能举证证明该商业承兑汇票能够顺利兑付的，人民法院对前述主张不予认可。

案例2：江苏省宿迁市中级人民法院，江苏德某实业有限公司（以下简称德某公司）与王某浩对下级法院执行异议裁定的复议执行裁定书［（2020）苏13执复146号］认为：

本院认为，本案争议焦点为，德某公司是否已经按照沭阳法院（2018）苏1322民初15894号民事调解书约定的内容履行了给付义务。本案中，德某公司主张其已将40万元承兑汇票按照王某浩的指示汇入沭阳县旭某建材销售中心，但王某浩主张该承兑汇票无法承兑。关于德某公司主张的承兑汇票，因其出票人系安徽金某辉实业有限公司，收款人为宿迁豫某置业有限公司，该承兑汇票应为商业承兑汇票，鉴于商业承兑汇票的付款人并非银行，故其能否顺利承兑取决于付款人是否具备承兑能力。本案中，德某公司在不确定案涉承兑汇票能否顺利承兑的前提下，将该承兑汇票背书给王某浩指定的沭阳县旭某建材销售中心，后王某浩主张该承兑汇票无法承兑，故进一步举证证明案涉承兑汇票能够顺利承兑的举证责任应为德某公司，但德某公司在执行程序和异议复议程序中均未举证证明案涉承兑汇票具备承兑条件，故本院对德某公司有关案涉承兑汇票能够承兑、该公司已经履行了调解书约定义务的主张不予支持。

案例3：最高人民法院，夏某亮、湖北诗某某泰置业有限公司（以下简称诗某某泰公司）股权转让纠纷执行审查类执行裁定书[（2019）最高法执监428号]认为：

本案执行依据武汉中院（2017）鄂01民初3827号民事判决主文第三项规定："原告（反诉被告）诗某某泰公司、夏某亮于本判决生效之日起十五日内支付被告（反诉原告）陈某、胡某武、詹某萍、丁某凯剩余股权转让款1.25亿元（已付的1000万元已冲抵股权转让款）。"第四项规定："在原告（反诉被告）诗某某泰公司、夏某亮履行完毕上述第三项判项确定的义务后十五日内，被告（反诉原告）陈某、胡某武、詹某萍、丁某凯将其所持第三人晨某公司100%股权转让给原告（反诉被告）诗某某泰公司、夏某亮名下，其中95%股权登记至诗某某泰公司名下，5%股权登记至夏某亮名下。"从该执行依据可以看出，只有在诗某某泰公司和夏某亮履行完毕第三项判项确定的义务，即支付被告（反诉原告）陈某、胡某武、詹某萍、丁某凯剩余股权转让款1.25亿元（已付的1000万元已冲抵股权转让款）之后，才可以主张被告（反诉原告）陈某、胡某武、詹某萍、丁某凯将其所持第三人晨某公司100%股权转让给原告（反诉被告）诗某某泰公司、夏某亮名下。但根据武汉中院查明的事实，诗某某泰公司和夏某亮并未按照判决主文第三项要求将股权转让款1.25亿元直接向执行法院提存，而是向法院提供了一张案外人电子商业承兑汇票和履约公函。由于该承兑汇票的承兑人是案外人中某某世（福建）实业发展有限公司而非商业银行，能否承兑、贴现以及承兑汇票本身的真实性均无法确定。申诉人也未提供充分的证据证明其已经按照执行依据主文第三项内容履行了前置性义务。因此，武汉中院认为夏某亮和诗某某泰公司不符合申请执行的条件，从而驳回夏某亮、诗某某泰公司的执行申请并无不当。

第二章　持票人基于基础法律关系维权

005 票据到期被拒付，持票人是否可以依据"基础法律关系"向票据直接前手提起诉讼？

阅读提示

票据到期被拒付时，如果持票人未丧失追索权，则毫无疑问可以基于票据法律关系请求前手付款。实践中，不少持票人因自身过错而丧失对前手的追索权，那么在此等情况下，持票人是否可以基于基础法律关系对直接前手提起诉讼，请求其履行债务呢？此外，当基于票据法律关系的追索权和基于基础法律关系的债权请求权发生竞合时，持票人是否享有选择权呢？

裁判要旨

双方未明确约定交付票据即合同价款请求权归于消灭的情况下，非因持票人原因导致承兑汇票被拒付，持票人享有两种权利：一是可以基于票据关系主张票据追索权；二是可以基于票据基础合同关系主张相应的债权请求权。两种权利同时存在、相互独立，系不同的请求权源，持票人有权选择其一主张。

案情简介[①]

一、葛某坝公司承包坤某公司工程后，在2013年9月16日，与魏某钢结构公司签订了《工程施工合同》，将承包的部分工程转包给魏某钢结构公司施工。

二、魏某钢结构公司施工完毕后，坤某公司代葛某坝公司支付给魏某钢结构

[①] 新疆维吾尔自治区哈密地区中级人民法院，中国葛某坝集团股份有限公司（以下简称葛某坝公司）与新疆魏某钢结构有限责任公司（以下简称魏某钢结构公司）、哈密市坤某矿业有限责任公司（以下简称坤某公司）建设工程施工合同纠纷二审民事判决书［（2019）新22民终124号］。

公司 300 万元商业承兑汇票以清偿部分工程价款。

三、魏某钢结构公司接收汇票之后将其背书转让，但该承兑汇票最终遭银行拒付。魏某钢结构公司的票据直接后手基于票据追索权向法院提起诉讼，请求魏某钢结构公司作为票据前手承担票据责任。另案已经生效的判决判令魏某钢结构公司作为票据前手承担票据付款责任，并且该判决已经执行完毕。

四、承担了票据责任之后，魏某钢结构公司以工程价款部分未获得清偿为由，基于《工程施工合同》法律关系，向法院提起诉讼，请求法院判令葛某坝公司支付自身未获清偿的工程款。

五、一审新疆维吾尔自治区哈密市伊州区人民法院和二审新疆维吾尔自治区哈密地区中级人民法院在重新认定工程款具体数额的基础上，均支持了魏某钢结构公司的诉请。

律师评析

持票人与直接前手交易时如果没有任何特别的约定，票据交付构成付款的效力是有条件的。该条件为票据背书人要确保所交付的票据在整个票据付款期间内可获得承兑人付款。票据背书人所交付的票据如果满足上述条件，则交付票据视为已支付款项；反之，交付票据则不应具有支付款项的效力，持票人仍可以依据基础法律关系要求直接前手履行支付款项的义务。

魏某钢结构公司接收汇票并不等于已经收到工程款，只有在承兑变现后，才应视为收到了相应的工程价款。魏某钢结构公司在收取商业汇票后虽将汇票进行了背书，但在汇票被拒付后被法院判决承担付款责任，且已执行，未实际收到工程款。故魏某钢结构公司依然有权向葛某坝公司主张工程款。

实务经验总结

票据到期被拒付，持票人享有两项权利：基于基础法律关系的债权请求权和基于票据法律关系的票据追索权，持票人可择一行使，但选择依据基础法律关系向票据直接前手提起诉讼，一般宜满足以下几个条件：

1. 基础法律关系涉及的合同中不存在"交付票据即合同价款请求权归于消灭"等类似条款。

2. 持票人持有承兑人出具的拒付证明。实践中，承兑人很可能拒绝出具拒付证明，在此等情况下，持票人可以电话督促承兑人付款、去承兑人住所地要求对方付款或出具拒付证明、委托律师发律师函提示付款、请求公证人员对拒付情况予以公证并出具公证文书，保留上述书面、视频、语音资料并进一步收集视为承兑人拒付证据。

3. 票据被拒付不可归责于持票人。

4. 确保被拒绝承兑的汇票能返还给直接前手，以保证直接前手在付款之后能继续向其前手及出票人、承兑人主张票据权利。

虽然近几年法院裁判的观点几乎均认为，持票人对于行使票据追索权还是债权请求权享有选择权，但也有极少数法院认为，票据追索权是持票人享有的第一顺序的权利，而基于基础法律关系的债权请求权为第二顺序的权利。因此，在两种请求权主张难度相似的情况下，建议在被拒付之后的六个月内优先选择行使票据追索权，以避免因法院对"票据追索权和债权请求权行使是否存在优先顺序"认识不同而错过追索时效丧失对前手的追索权。

基于基础法律关系请求直接前手付款，不以持票人享有票据追索权为前提。也就是说，即使因持票人过错导致丧失对前手的追索权，其依旧可以基于基础法律关系起诉直接前手请求其付款。

相关法律规定

《中华人民共和国票据法》

第六十一条第一款 汇票到期被拒绝付款的，持票人可以对背书人、出票人以及汇票的其他债务人行使追索权。

《中华人民共和国民法典》

第五百七十七条 当事人一方不履行合同义务或者履行合同义务不符合约定的，应当承担继续履行、采取补救措施或者赔偿损失等违约责任。

裁判意见

以下为该案在法院审理阶段，判决书中"本院认为"就该问题的论述：

一审法院认为，坤某公司代葛某坝公司支付的2张价值300万元的商业承兑汇票是基于双方之间的建设工程施工合同，而这种合同关系是票据关系背后的基础法律关系。由于涉案商业承兑汇票不能承兑，葛某坝公司并没有完成支付工程款的法定义务。魏某钢结构公司相应享有两种权利：一是基于票据关系主张票据追索权；二是基于票据基础合同关系主张相应的合同权利。两种权利同时存在且属于不同的权源，魏某钢结构公司有权选择其一行使。葛某坝公司以魏某钢结构公司应先行使票据追索权为由的抗辩理由不成立。葛某坝公司垫付的水费382.5元、电费1281.95元应当从总工程款中扣除。对于油料费因合同未作约定，一审法院未予认定。综上，工程款总计8184752.45元。扣减葛某坝公司已支付的工程款3016261.51元，水费382.5元、电费1281.95元。坤某公司代葛某坝公司支付200万元，剩余工程款3166826.49元，葛某坝公司应予支付，坤某公司作为发包方应在葛某坝公司欠付工程款的范围内承担垫付责任。利息应从双方账目算清之日起，即鉴定结论下达之日2017年7月12日起按中国人民银行同期贷款利率计算至本判决确定给付之日止。依照《中华人民共和国合同法》（以下简称《合同法》，现已失效）第四十四条第一款、《最高人民法院关于适用〈中华人民共和国民事诉讼法〉的解释》第九十条、《最高人民法院关于审理建设工程施工合同纠纷案件适用法律问题的解释》第二十六条、《中华人民共和国民事诉讼法》（以下简称《民事诉讼法》）第一百四十五条之规定，遂判决：一、葛某坝公司于判决生效之日起十日内向魏某钢结构公司支付工程款3166826.49元及利息（利息自2017年7月12日起按中国人民银行同期贷款利率计算至本判决确定给付之日止）；二、坤某公司在葛某坝公司欠付工程款的范围内承担垫付责任；三、驳回魏某钢结构公司其他的诉讼请求。案件受理费35397元，由魏某钢结构公司负担3263元，葛某坝公司负担32134元。

二审法院认为，原审认定事实基本清楚，适用法律正确，仅认定工程款的数额不当，予以纠正。

延伸阅读

实务中，法院的裁判尺度较为统一，仅极少数法院坚持票据追索权系持票人遭受拒付之后享有的第一顺序的权利，因此持票人基于基础法律关系行使债权请求权需以穷尽票据追索权为前提。

裁判观点一：在债务人向债权人交付票据而该票据被拒绝付款的情况下，债权人有权基于基础法律关系向债务人主张债权请求权，但要遵从当事人之间的约定。在当事人未约定以票据交付代替债务履行的情况下，债权人选择依据基础法律关系主张债权请求权，人民法院应予支持（与主文案例观点相同）。

案例1：上海市浦东新区人民法院，费某托（中国）有限公司诉厦门市三某和机械有限公司买卖合同纠纷案［（2020）沪0115民初2571号］认为：

被告以背书涉案汇票的方式向原告支付货款，原告对该种付款方式的接受，并不意味着对其原因关系中债权的放弃。作为买方，被告按期、足额向原告支付货款既是约定义务又是法定义务，被告于2018年11月1日向原告出具还款计划，并承诺于2019年3月20日前付清全部货款，在原告主张权利的情况下，被告向原告背书转让涉案承兑汇票，原告取得汇票的行为，系取得相应权利，不能因此给债权人实现合法权益增设不必要的障碍。原告曾试图通过追索权主张票据权利，如果依据《中华人民共和国票据法》（以下简称《票据法》）的规定，原告必须先行使付款请求权后再行使追索权，无疑将增加诉累。作为前手，被告向原告背书涉案汇票的行为，既是对原告实现汇票权利的担保，亦是对自己能够履行付款义务的担保。本院认为，法律并未规定债务人为清偿债务而交付票据时，原因关系中的债务因票据的授受而消灭。原因关系中的债务与票据债务同时并存，票据债务不履行，原因关系中的债务不消灭，只有当票据权利实现时，原因关系中的债务才随之消灭。据此，被告的抗辩理由不能成立，在原告未能实现票据权利的情况下，应视作被告至今未能履行货款的支付义务。

裁判观点二：持票人遭到付款人拒付之后，应当依法行使票据追索权，而非基于基础法律关系向直接前手主张债权请求权（与主文案例观点相反）。

案例2：山西省临汾市中级人民法院，山西同某达煤化工集团隆某焦铁有限公司（以下简称隆某焦铁公司）、芦某子等与临汾振某益物流有限公司（以下简称振某益物流公司）买卖合同纠纷二审民事判决书［（2018）晋10民终366号］认为：

根据《票据法》规定，票据权利是指持票人向票据债务人请求支付票据金额的权利，包括付款请求权和追索权。该付款请求权是指向票据上载明的付款人请求付款的权利，并非向已完成基础交易关系的合同相对方请求付款。本案中，隆某焦铁公司在将案涉电子商业汇票背书转让给振某益物流公司后，已丧失了对该电子商业汇票的相关权利，振某益物流公司在电子商业汇票遭到付款人拒付后，其应当依法行使票据追索权，而非以合同买卖关系为由向隆某焦铁公司要求重新付款100万元。且振某益物流公司在未行使票据追索权的情况下，100万元电子商业汇票的持票人和权利人仍为振某益物流公司，原审法院在隆某焦铁公司已不享有票据权利的前提下，判决隆某焦铁公司向振某益物流公司支付100万元有违《票据法》的相关规定，应当予以纠正。如前所述，依据本案证据，在隆某焦铁公司与振某益物流公司的合同业已履行完毕的情况下，原审判决芦某子、逯某枝对振某益物流公司主张的货款承担连带责任缺乏依据，亦应予以纠正。综上，原审判决认定事实有误，适用法律不当，依法应予纠正。

裁判观点三：法院在判令支持持票人依据基础法律关系请求直接前手付款时，基于保护直接前手对其前手、出票人以及承兑人的票据权利的考量，会同时判令持票人将票据权利转移给直接前手。

案例3：江苏省淮安市中级人民法院，盱眙县顺某运输有限公司与江苏健某钢管有限公司运输合同纠纷二审民事判决书［（2021）苏08民终237号］认为：

关于争议焦点2，上诉人有权依据基础法律关系向被上诉人主张运费及相应利息。理由如下：上诉人与被上诉人之间签订的《运输业务承包协议书》合法有效，双方当事人均应依约履行。被上诉人以背书方式将票据金额为100万元的案涉电子银行承兑汇票转让给上诉人用以支付运费，上诉人提示付款后，承兑人宝某石化集团财务有限公司并未实际承兑。在此情况下，上诉人既可以选择票据法律关系主张权利，也可以选择基础法律关系主张权利，上诉人在一审中明确以运输合同法律关系要求被上诉人支付运费并无不当，鉴于被上诉人对上诉人主张的利息起算时点予以认可，被上诉人应向上诉人支付运费100万元及2019年1月20日之后的相应利息，以100万元为基数，以中国人民银行同期贷款基准利率为计算标准，自2019年1月20日起计算至2020年8月19日，以全国银行间同业拆借中心公布的一年期贷款市场报价利率，自2020年8月20日起计算至款项实际还清之日止。被上诉人在向上诉人清偿债务后，仍可以向其前手行使追索权。鉴于上诉人在二审审理中同意将案涉电子银行承兑汇票的票据权利转移给被上诉人，故本院确认自被上诉人履行完毕本判决确定的义务之日起，被上诉人成为案涉电子银行承兑汇票权利人。

案例4：江西省高级人民法院，上海鑫某钢铁有限公司（以下简称鑫某钢铁公司）、赣州江某钨合金有限公司（以下简称江某钨合金公司）买卖合同纠纷再审民事判决书［（2020）赣民再119号］认为：

本院再审认为，本案中江某钨合金公司和鑫某钢铁公司存在两种法律关系：一是买卖合同法律关系；二是票据债权债务法律关系。在本案所涉电子银行承兑汇票至今未能兑付的情况下，持票人江某钨合金公司享有两种请求权，即基于买卖合同法律关系的原因债权请求权和基于票据债权债务关系的票据追索请求权，江某钨合金公司有权择一选择票据权利或者原因债权提起诉讼。但因电子银行承兑汇票为有价证券权利凭证，故江某钨合金公司在以原因债权主张权利的同时，应当将原票据返还鑫某钢铁公司，以保障鑫某钢铁公司可以向前手及出票人、承兑人再行主张票据权利。然而，本案电子银行承兑汇票目前的票据状态为"逾期提示付款待签收""质押解除已签收"，江某钨合金公司客观上无法通过电子商业汇票系统将案涉电子银行承兑汇票返还给鑫某钢铁公司。二审判决依据原因债权买卖合同关系判决鑫某钢铁公司继续支付600万元货款，但又未对五张电子银行承兑汇票进行处理，导致江某钨合金公司对货款和票据双重占有，鑫某钢铁公司给付了双倍的货款，却不能依法取得票据权利进行追索，明显不当，应予纠正。由于本案电子银行承兑汇票目前仍处于无法返还给鑫某钢铁公司的状态，为保障鑫某钢铁公司的票据追索权，本院对江某钨合金公司基于买卖合同法律关系要求鑫某钢铁公司支付案涉汇票对应的600万元款项并承担逾期付款违约金的诉讼请求不予支持。江某钨合金公司可以依法行使其票据权利，另行向宝某石化集团财务有限公司、鑫某钢铁公司或其前手主张票据权利。

裁判观点四：持票人被拒付之后，依据基础法律关系对直接前手享有的债权请求权不以持票人享有追索权为前提，即债权请求权与追索权系两种互不冲突且互相独立的权利。

案例5：浙江省嘉兴市中级人民法院，浙江宝某建设有限公司（以下简称宝某公司）、桐乡市众某混凝土有限公司（以下简称众某公司）买卖合同纠纷再审审查与审判监督民事裁定书［（2021）浙04民申6号］认为：

本院审查后认为，宝某公司基于双方的买卖合同关系向众某公司交付了涉案汇票，众某公司据此可享有两种债权，即买卖合同项下的支付货款请求权（原因债权）与汇票上的付款请求权（票据债权），两种权利并存互不冲突。从现有证据来看，宝某公司与众某公司并未明确约定交付票据后即支付货款完毕，故在票据权利实现之前，原因债权并未消灭。现众某公司因向付款人提示承兑后没有收到回复，出票人和承兑人也无能力支付相应的票据利益，故众某公司的票据权利并未实现，其作为卖方未能获得买卖合同项下的相应对价，仍可依据合同权利请求宝某公司支付货款。原审判决宝某公司支付货款并无不当。综上，宝某公司认为，对前手依照基础法律关系主张权利，以持票人对前手有票据追索权为前提，没有法律依据。

案例6：重庆市第五中级人民法院，重庆铭某机械制造有限公司（以下简称铭某公司）与重庆彩某一科技发展有限责任公司（以下简称彩某一公司）合同纠纷二审民事判决书［（2019）渝05民终7173号］认为：

本院认为，本案的争议焦点主要系案涉三张商业承兑汇票载明的15万元款项是否应在货款中予以扣除。本案中，铭某公司基于其与彩某一公司之间的欠款关系向彩某一公司交付了商业承兑汇票，该票据交付系以清偿双方的债务为目的，汇票的交付并不当然表示原债权债务关系消灭，只有在彩某一公司得到相应付款时，方能认定原债务消灭。现由于付款人拒付的原因导致票据未能成功兑付，故彩某一公司基于双方的基础法律关系向铭某公司主张付款请求权并无不当。至于铭某公司所述由于彩某一公司未能及时向其行使追索权导致其丧失对前手的追索权问题，由于本案彩某一公司系基于基础法律关系提起的诉讼而并非行使的票据追索权，故铭某公司的该抗辩理由不能成立，本院不予采信。

006 持票人选择基础法律关系起诉并获得胜诉判决后，可否再提起票据追索权之诉？

裁判要旨

持票人选择以基础法律关系起诉并获得胜诉判决，但未能获得全部清偿的，持票人有权基于票据法律关系提起追索权之诉，并主张相应的票据权利，前诉和后诉不构成重复起诉。

案情简介[①]

一、2017年8月21日，富某公司分别与祁某公司、案外人陈某华、案外人叶某军、案外人张某辉、案外人袁某军五名借款人签订借款合同，由五名借款人各向富某公司借款1400万元，期限为6个月。同年8月29日，富某公司发放了借款。

二、2017年8月28日，祁某公司将五张由尤某公司签发的金额均为1400万

[①] 上海金融法院，深圳市富某小额贷款有限公司（以下简称富某公司）与上海祁某实业有限公司（以下简称祁某公司）、浙江尤某高新纤维股份有限公司（以下简称尤某公司）票据追索权纠纷二审民事裁定书［（2019）沪74民终63号］。

元、到期日均为2018年2月27日的电子商业汇票全部背书给了富某公司，用于归还上述五笔借款。汇票到期后，富某公司向尤某公司提示付款，但遭拒绝。

三、因祁某公司、案外人陈某华、案外人叶某军、案外人张某辉、案外人袁某军未归还前述借款，富某公司以借款合同纠纷为由向福田法院提起五案诉讼，分别诉请该五名借款人偿还借款本金1400万元等，福田法院于2018年9月14日就上述五案作出支持富某公司诉请的判决。

四、前述五份判决生效后，富某公司向法院申请强制执行，后因五名借款人无可供执行的财产，法院裁定终结执行程序。鉴于未能从借款合同纠纷中获得清偿，富某公司遂以出票人尤某公司和直接前手祁某公司为共同被告，向法院提起票据追索权之诉，请求法院判令各被告连带向其支付票据款本息。

五、一审上海市嘉定区人民法院认为就1400万元的借款本金获得清偿的诉请，富某公司享有两项请求权基础：其一为基于借款合同主张债权；其二为基于票据关系主张票据权利。但富某公司仅能从二请求权基础中择一主张，一旦选择以借款合同主张债权，则不能再依据票据关系主张票据权利，否则将构成重复起诉，并最终裁定驳回富某公司的起诉。

六、富某公司不服一审裁定，向上海金融法院提起上诉，上海金融法院则认为本案不构成重复起诉，并裁定撤销一审裁定，指令一审法院重新审理。

律师评析

本案的争议焦点为，持票人被拒付后，以基础法律关系提起合同纠纷并获得胜诉判决，其之后又基于票据法律关系提起追索权之诉，前诉和后诉是否构成重复起诉。上海金融法院认为，前诉和后诉不构成重复起诉，人民法院应依法受理后诉。我们认可法院的前述观点，理由如下：

1. 前诉和后诉的被告不完全相同；前诉中持票人基于合同债权请求权主张权利，后诉中持票人基于票据追索权主张权利，前诉和后诉的诉讼标的不同；前诉和后诉的诉讼请求也不当然一致，前诉中持票人可依据合同相关条款主张违约金、律师费等款项，而后诉中持票人只得依据《票据法》第七十条主张票据款本息及取得有关拒绝证明和发出通知书的费用。

2. 票据追索权和基础债权发生竞合时，如果要求持票人必须择一请求权主张，并且该等选择具有终局性，一旦选择其一主张，则另一诉权消灭。这就意味着以票据作为结算方式可能会成为持票人的负担，因为其一旦选择错误，就丧失了获得付款的权利。这种倾向无疑会促使当事人拒绝以票据作为支付手段,影响票据的流通使用。

实务经验总结

1. 在票据被拒付后,持票人可基于基础法律关系主张相应的合同权利,也可基于票据法律关系主张票据权利,两种主张权利的途径无先后次序,持票人享有选择权,可择一行使。

2. 鉴于实践中,法院对"票据追索权和基础债权发生竞合时,持票人择一请求权行使后,是否有权再次主张另一请求权"持有不同的观点,我们建议持票人在起诉之前考察不同法律关系项下各被告的偿债能力,选择偿债能力强的主体作为被告,并根据该被告确定选择票据法律关系还是基础法律关系起诉。在两种法律关系项下各被告偿债能力基本一致的情况下,我们建议持票人优先选择基于票据法律关系提起追索权之诉,因为相比于合同纠纷,持票人在追索权之诉中承担的举证负担较轻。

相关法律规定

《中华人民共和国民事诉讼法》(2021年修正)

第一百二十七条 人民法院对下列起诉,分别情形,予以处理:

(一)依照行政诉讼法的规定,属于行政诉讼受案范围的,告知原告提起行政诉讼;

(二)依照法律规定,双方当事人达成书面仲裁协议申请仲裁、不得向人民法院起诉的,告知原告向仲裁机构申请仲裁;

(三)依照法律规定,应当由其他机关处理的争议,告知原告向有关机关申请解决;

(四)对不属于本院管辖的案件,告知原告向有管辖权的人民法院起诉;

(五)对判决、裁定、调解书已经发生法律效力的案件,当事人又起诉的,告知原告申请再审,但人民法院准许撤诉的裁定除外;

(六)依照法律规定,在一定期限内不得起诉的案件,在不得起诉的期限内起诉的,不予受理;

(七)判决不准离婚和调解和好的离婚案件,判决、调解维持收养关系的案件，没有新情况、新理由，原告在六个月内又起诉的，不予受理。

《最高人民法院关于适用〈中华人民共和国民事诉讼法〉的解释》（2022年修正）

第二百四十七条　当事人就已经提起诉讼的事项在诉讼过程中或者裁判生效后再次起诉，同时符合下列条件的，构成重复起诉：

（一）后诉与前诉的当事人相同；

（二）后诉与前诉的诉讼标的相同；

（三）后诉与前诉的诉讼请求相同，或者后诉的诉讼请求实质上否定前诉裁判结果。

当事人重复起诉的，裁定不予受理；已经受理的，裁定驳回起诉，但法律、司法解释另有规定的除外。

《中华人民共和国票据法》

第十九条　汇票是出票人签发的，委托付款人在见票时或者在指定日期无条件支付确定的金额给收款人或者持票人的票据。

汇票分为银行汇票和商业汇票。

裁判意见

以下为该案在法院审理阶段，判决书中"本院认为"就该问题的论述：

本院认为，根据《民事诉讼法》第一百二十七条第五项及《最高人民法院关于适用〈中华人民共和国民事诉讼法〉的解释》第二百四十七条之规定，对判决、裁定、调解书已经发生法律效力的案件，当事人又起诉的，告知原告申请再审。当事人就已经提起诉讼的事项在诉讼过程中或者裁判生效后再次起诉，同时符合下列条件的，构成重复起诉：第一，后诉与前诉的当事人相同；第二，后诉与前诉的诉讼标的相同；第三，后诉与前诉的诉讼请求相同，或者后诉的诉讼请求实质上否定前诉裁判结果。本案中，前诉与后诉的当事人不尽相同，富某公司没有起诉前诉的借款人，而是作为持票人起诉出票人尤某公司和背书转让人祁某公司，其中祁某公司只是前诉中被告之一。前诉与后诉的诉讼标的不尽相同，本案富某公司是基于票据权利提起诉讼，前诉富某公司是行使借款合同中的债权人权利提起诉讼。前诉与后诉的诉讼请求也不相同，富某公司在本案中请求行使票据权利，前诉富某公司则是要求借款人还款。

根据《票据法》第十九条之规定，汇票是出票人签发的，委托付款人在见票时或者在指定日期无条件支付确定的金额给收款人或者持票人的票据。票据持票人享有向票据债务人请求支付票据金额的权利，汇票到期提示付款遭拒的，持票人有权对出票人及其他票据债务人行使追索权。而根据票据的无因性，票据原因关系与基础关系虽有牵连，但仍为两个不同的法律关系，所涉及的实体法权利义务也不尽相同。本案中，富某公司与祁某公司曾因借款合同纠纷诉至法院，经深圳市福田区法院一审作出判决并已生效进入执行阶段。就前诉系借款合同纠纷，当事人诉请所主张的系借款合同相关法律上权利义务关系，并未对本案系争的票据法律关系作出处理一节情况，双方当事人予以认可。且涉祁某公司的案件并未就该案系争的借款与本案系争的票据之间的关系作出认定。故虽有前诉关于借款合同纠纷案件经法院作出生效判决，但与后诉本案中票据追索权纠纷案不属同一诉讼标的，也不属同一诉讼请求，当事人亦不尽相同，不构成重复起诉。一审法院以可能双重受偿的理由驳回富某公司起诉有所不当，应予纠正。

延伸阅读

裁判观点一：基于票据法律关系的票据权利与基于基础法律关系的合同债权发生竞合时，持票人的选择具有可逆性，选择其一主张未获实现时，可以再次主张另一请求权。但因给付目的具有同一性，为免双重受偿，在部分债务人已履行债务的范围内，其他债务人应免除相应责任（与主文案例裁判观点相同）。

案例1：江苏省苏州市工业园区人民法院，某海银行股份有限公司苏州分行、菡某（上海）建筑装饰有限公司等金融借款合同纠纷民事一审民事判决书〔（2021）苏0591民初11143号〕认为：

原告自述，本案在审理过程中，就本案所贴现商业汇票已另向广州市中级人民法院以广州艺某装饰设计工程有限公司、青岛中某德汽车贸易有限公司、恒某地产集团有限公司为被告起诉追索票据权利，广州市中级人民法院指定移送广州市黄埔区人民法院管辖（2021）粤0112民初42414号案件。原告明确尚未从该案获得票据权利。

本院认为，原、被告签订的《某海银行股份有限公司商业承兑汇票贴现协议》《某海银行股份有限公司最高额保证协议（自然人）》均系各方真实意思表示，依法成立生效，对各方均有约束力。原告依被告菡某（上海）建筑装饰有限公司申请办理了票据贴现业务，双方以票据贴现形式实现的金融借款合同关系合法成立有效，贴现后原告于票据到期日遭承兑人拒付而发生垫款，有权依照贴现协议约定要求被告蔺某（上海）建筑装饰有限公司支付垫付票款本金及利息。

与此同时，原告作为案涉商业汇票持票人亦有权依照《票据法》行使相应票据权利，原告依照不同法律关系，对不同主体享有数个请求权，均以同一给付为目的，债务人之间构成不真正连带关系。原告同时向不同主体主张权利并未构成重复起诉。但因给付目的具有同一性，为免双重受偿，在一债务人已履行债务的范围内，其他债务人应免除相应责任。

在本案被告清偿债务时，如原告债权已在另案中得到部分清偿，则本案被告承担的数额应扣除原告在另案中得到清偿的债权数额；因被告蔺某（上海）建筑装饰有限公司亦为案涉商业汇票被背书人，被告蔺某（上海）建筑装饰有限公司清偿后与其余不真正连带债务人之间的关系，可基于相应基础法律关系另案解决；就原告通过本案和另案获得清偿的总额中超出本案债权的部分，本案被告可另行解决。

案例2：安徽省高级人民法院，南京新某棉纺织印染有限公司（以下简称新某棉公司）、合肥德某小额贷款股份有限公司（以下简称德某小贷公司）票据追索权纠纷再审审查与审判监督民事裁定书［（2018）皖民申1822号］认为：

关于本案是否构成重复起诉的问题。本案系德某小贷公司作为票据权利人提起的票据追索权纠纷，与其在安徽省合肥市蜀山区人民法院起诉的（2017）皖0104民初1125号借款合同纠纷案，依据的事实和法律关系均不相同，且两案当事人、诉讼请求也不相同，故本案不构成重复起诉。案涉票据系瑞某棉业公司质押给德某小贷公司，德某小贷公司如基于票据权利取得的债权数额超过（2017）皖0104民初1125号案确定的数额，德某小贷公司应当返还给瑞某棉业公司，故德某小贷公司不会因一笔债权两次受偿。此外，权利放弃应当明示，新某棉公司以德某小贷公司在另案中未向其提起诉讼，主张德某小贷公司放弃要求其承担责任不能成立，本院不予支持。

裁判观点二：基于票据法律关系的票据权利与基于基础法律关系的合同债权发生竞合时，持票人的选择具有终局性，选择其一主张，无论是否实现，另一诉权消灭（与主文案例裁判观点相反）。

案例3：福建省漳州市中级人民法院，绵阳市维某电子有限责任公司（以下简称维某电子公司）、福建大某光电有限公司（以下简称大某光电公司）等票据付款请求权纠纷民事二审民事判决书［（2021）闽06民终136号］认为：

本院认为，维某电子公司与富某光电公司发生买卖合同关系，并因收取货款经背书从富某光电公司处取得案涉票据，依法享有票据权利。维某电子公司在承兑涉案票据过程中，大某光电公司以资金周转出现困难为由拒付款项。因票据遭到拒付，维某电子公司没有实际取得货款，其既可以向富某光电公司主张合同债权，也可以向大某光电公司、富某光电公司主张票据追索权，两者发生竞合时，维某电子公司仅可以择一诉权行使其权利。维某电子公司已于2018年10月19日起诉至一审法院，向富某光电公司主张买卖合同关系及付款义务，并与富某光电公司就买卖合同纠纷达成调解协议，在富某光电公司未依生效调解书履行付款义务的情形下向一审法院申请强制执行。维某电子公司既已选择向富某光电公司提起买卖合同纠纷之诉，并双方已达成调解，则其不能再以票据追索权为由向大某光电公司主张票据权利。维某电子公司上诉主张缺乏依据，不能成立。

案例4：山东省济南高新技术产业开发区人民法院，南京新某电子股份有限公司（以下简称新某公司）、积某电子股份有限公司（以下简称积某电子公司）买卖合同纠纷民事一审民事判决书〔（2021）鲁0191民初2122号〕认为：

本院认为，新某公司与积某电子公司之间订立了购销合同，由新某公司向积某电子公司提供相应的货物。后积某电子公司向新某公司背书转让了银行承兑汇票一张，以此支付了部分货款。在新某公司向承兑人兑付该承兑时，承兑人既不明确表示拒付，又不及时承兑该汇票，导致该汇票处于事实上的拒付状态。本院认为，因承兑人不积极承兑汇票，导致了新某公司没有实际得到货款，此时新某公司既可以向积某电子公司主张合同债权，又可以向积某电子公司主张票据追索权，两者发生竞合时，新某公司可以择一诉权行使。新某公司于2020年5月28日以票据法律关系将出票人宁夏灵武宝某大古储运有限公司、承兑人宝某石化集团财务有限公司、前手背书人积某电子公司诉至宁夏回族自治区银川市中级人民法院，后经法院审理，作出了（2020）宁01民初718号民事判决书，该案件已经进入执行阶段，无论新某公司是否已经就案涉价款得到执行，均不影响其在票据追索请求权与原因债权请求权竞合时作出的选择后导致的法律后果。其已经就案件选择了票据追索权之诉救济自己的汇票无法承兑的损失，后再以原因债权要求积某电子公司承担还款责任，无事实及法律依据，本院不予支持。

007 票据未到期之前，持票人可否基于基础法律关系向直接前手主张债权？

裁判要旨

在持票人能举证证明汇票到期后将无法兑付的，持票人有权在汇票未到期之前，以预期违约为由，向直接票据前手主张合同权利。

案情简介①

一、2018年4月3日，华某公司（供方）与楚某公司（需方）签订购销合同，需方向供方购买电解钨粉并签订本合同，货物金额为150万元。

二、合同签订后，华某公司依约向楚某公司供应了货物，楚某公司向华某公司背书转让了四张总计面额为150万元的电子商业承兑汇票，汇票到期日为2019年3月29日至4月19日，票据承兑人均为宝某石化集团。

三、2018年11月26日，宁夏回族自治区发布公告，称鉴于宝某财务公司有关票据涉嫌违法犯罪，公安机关正在调查取证，请到期票据持有人进行登记。

四、2019年4月1日，华某公司以楚某公司为被告向法院提起买卖合同纠纷，要求楚某公司支付150万元货款。诉讼中，楚某公司主张已背书转让的三张商业承兑汇票未到期，未被拒付，华某公司无权基于买卖合同主张权利。

五、二审陕西省西安市中级人民法院认为，华某公司已经提供了足够的证据证明汇票存在兑付困难，其有权行使预期违约救济请求权，并在票据到期之前提起买卖合同之诉，并最终判决支持了华某公司的诉讼请求。

律师评析

本案的争议焦点为，商业承兑汇票到期前，持票人可否基于基础法律关系向直接前手主张债权。陕西省西安市中级人民法院认为，如持票人确能证明汇票到期后自身无法获得清偿，则持票人有权在汇票到期前主张合同权利。法院的裁判理由如下：

---

① 陕西省西安市中级人民法院，武汉楚某布料溜槽制造有限公司（以下简称楚某公司）与西安华某钨制品有限公司（以下简称华某公司）买卖合同纠纷二审民事判决书［（2019）陕01民终11042号］。

1. 债务人以签发或背书转让商业承兑汇票方式履行债务，新形成的票据权利与原合同债权构成新债清偿关系，在新形成的票据权利不能实现的情况下，债权人仍有权主张原合同债权。

2. 新形成的票据权利不能实现的表现形式多样，最常见的形式为票据到期后承兑人拒绝付款，对持票人而言，汇票到期被拒付属于直接前手实际违约的情形，持票人当然有权基于基础法律关系向直接前手主张支付货款的违约责任；新形成的票据权利不能实现的另外一种表现形式为，承兑人陷入兑付风波，持票人到期被拒付的可能达到高度盖然性，对持票人而言，这属于直接前手预期违约的情形，持票人可以行使预期违约救济请求权。

法院的说理逻辑为，债务人预期违约，则债务加速到期。我们认为前述逻辑值得商榷。

第一，《民法典》合同编项下，债权人面对债务人预期违约的救济方式为行使法定合同解除权，并要求债务人承担违约责任，即债务人预期违约，则债权人可立即行使法定解除权，而不是债务立即到期。本案中，持票人并未要求法院确定或判令解除买卖合同，而是基于买卖合同要求直接前手支付货款，即要求直接前手继续履行合同。我们理解为，这并不属于法院认为的"行使预期违约救济请求权"。

第二，鉴于通常情况下债务履行截止日期早于汇票到期日，债权人同意债务人以签发或背书转让电子商业承兑汇票的方式履行债务，实际上相当于同意为债务人履行债务展期，展期至汇票到期日，因此汇票到期之前，持票人无权向直接前手主张债权。

实务经验总结

鉴于实践中法院对"汇票到期前，持票人是否有权向直接前手主张合同权利"所持观点不同，为稳妥起见，我们建议，持票人在被承兑人拒付后再向直接前手主张合同权利，否则可能会面临败诉的风险。

相关法律规定

《中华人民共和国民法典》

第五百六十三条　有下列情形之一的，当事人可以解除合同：

（一）因不可抗力致使不能实现合同目的；

（二）在履行期限届满前，当事人一方明确表示或者以自己的行为表明不履行主要债务；

（三）当事人一方迟延履行主要债务，经催告后在合理期限内仍未履行；

（四）当事人一方迟延履行债务或者有其他违约行为致使不能实现合同目的；

（五）法律规定的其他情形。

以持续履行的债务为内容的不定期合同，当事人可以随时解除合同，但是应当在合理期限之前通知对方。

裁判意见

以下为该案在法院审理阶段，判决书中"本院认为"就该问题的论述：

本院认为，民事主体依照法律规定履行民事义务，承担民事责任。本案二审争议的焦点问题是，楚某公司应否向华某公司支付涉案货款。根据一审查明，涉案双方之间的买卖合同合法有效，依法予以保护。买卖合同的主要义务之一是货款的支付，本案中，楚某公司向华某公司选择以票据支付方式支付部分货款。票据支付作为合法的支付方式应当受到法律保护，但票据支付方式毕竟不同于实际支付。票据支付本质上仍然是一种债权，而不是义务全面真实的履行。所有的债权都存在最终无法履行的可能性，本案中，双方争议的票据出现了兑付困难，也就是票据债权无法实现的问题，尽管华某公司提起诉讼的时候，该争议票据部分尚未到期，但华某公司已经提供了足够的证据证明楚某公司存在预期违约的风险。事实上，截至二审判决作出之前，该票据票面记载兑付时间已经截止，依照《合同法》（现已失效）的相关规定，债权人依法行使预期违约的救济权利，合法有据。……最后，至于票据的兑付出现兑付风险，在未到期之前能否提前行使付款请求权，《票据法》没有明确规定。按照《票据法》与《合同法》是特别法与一般法的关系理论，《票据法》没有规定的，可以适用《合同法》，在这种情况下，华某公司可以行使《合同法》规定的预期违约救济请求权，华某公司在票据未到期之前即提起诉讼并无不妥。

延伸阅读

裁判观点：商业承兑汇票未到期的，持票人无权基于基础法律关系向直接前手主张债权（与主文案例裁判观点相反）。

重庆市江津区（县）人民法院，上海全某装饰有限公司与重庆恒某珞城房地产开发有限公司建设工程合同纠纷一审民事判决书［（2021）渝0116民初18369号］认为：

关于原告主张被告应支付工程款580670.98元和质保金39673.26元的请求，根据《样板房装修工程施工合同委托付款协议》规定，原告收到该商业承兑汇票之日，视为被告已支付该商业承兑汇票所载票面金额的工程款。2021年9月7日，原告签收尾号6611的电子商业承兑汇票，原、被告确认即是原告主张的580670.98元工程款，涉案汇票到期日为2022年8月31日，原告作为持票人，在到期后享有向票据债务人请求支付票据金额的权利。现该汇票尚未到期，原告未提供证据证明被告存在《票据法》第六十一条第二款"汇票到期日前，有下列情形之一的，持票人也可以行使追索权：（一）汇票被拒绝承兑的；（二）承兑人或者付款人死亡、逃匿的；（三）承兑人或者付款人被依法宣告破产的或者因违法被责令终止业务活动的"情形，因此，原告现无权依据票据原因关系主张被告支付580670.98元工程款。

008 票据前手在未实际承担票据责任前，是否可基于基础法律关系向其前手主张债权？

裁判要旨

票据被承兑人拒付后，票据前手面临被持票人追索并承担票据责任的现实风险，但在票据前手事实上向持票人履行票据责任之前，其无权基于基础法律关系向其直接前手主张债权。

案情简介[①]

一、2017年4月开始，森某麟轮胎公司陆续为力某乘用车公司供应汽车零部件产品。供货后，力某乘用车公司向森某麟轮胎公司签发5张电子商业承兑汇票

---

① 重庆市高级人民法院，重庆力某乘用车有限公司（以下简称力某乘用车公司）与青岛森某麟轮胎股份有限公司（以下简称森某麟轮胎公司）买卖合同纠纷上诉案［（2020）渝民终506号］。

支付货款，金额合计为 255 万元。

二、森某麟轮胎公司收到 5 张汇票后，又背书转让给第三方最终持票人。汇票到期后，承兑人拒绝付款，持票人于电子商业汇票系统向森某麟轮胎公司发起了追索。

三、森某麟轮胎公司收到持票人的线上追索通知后，以力某乘用车公司为被告提起买卖合同纠纷，请求力某乘用车公司支付前述 5 张汇票对应的货款 255 万元。

四、二审重庆市高级人民法院认为，森某麟轮胎公司尚未向持票人承担票据责任，且森某麟轮胎公司是否承担票据责任尚处于不确定状态，此种情况下，其无权直接要求力某乘用车公司支付票据款对应的货款。法院最终判决驳回了森某麟轮胎公司的诉讼请求。

律师评析

本案的争议焦点为，票据被拒付后，面临被追索风险但尚未实际承担票据责任的票据前手是否可以基于基础法律关系主张债权？重庆高院对此持否定态度，我们认可法院的前述裁判观点，理由如下：

票据被拒付后，原则上持票人有权向全部票据前手追索票据款本息，在票据前手系多个民事主体时，某一前手是否承担票据责任处于不确定状态。如果承兑人或出票人在接收到持票人追索通知后积极承担了票据责任，则其他票据前手无须再承担票据责任。有鉴于此，在票据追索事实确定之前，未实际承担票据责任的前手无权向其直接前手主张债权。

实务经验总结

1. 以如下票据流转过程为例，A：出票人；B：收款人；C：票据当事人；D：持票人。背书情况：B→C→D。C 作为票据当事人，将承兑汇票背书转让给 D 之后，虽然 C 对 B 基于基础法律关系享有的债权并不当然消灭，但该债权转化为附生效条件之债权，条件为"票据到期被拒付后，C 应 D 之请求支付了票据款项"，在前述条件达成之前，C 无权基于基础法律关系向 B 主张债权。

2. 有鉴于前述裁判规则，我们提示票据前手：面临持票人的追索，在尚未实际承担票据之前，无须向直接前手基于基础法律关系主张债权。

相关法律规定

无

裁判意见

以下为该案在法院审理阶段，判决书中"本院认为"就该问题的论述：

力某乘用车公司向森某麟轮胎公司开具5张承兑人均为重庆力某财务有限公司的电子商业承兑汇票支付本案货款，金额合计255万元。森某麟轮胎公司收到前述255万元的汇票后，均已背书转让给第三人。目前，森某麟轮胎公司不是案涉255万元汇票的最后持票人，其票据权利已经处分。即使案涉汇票未经兑付，森某麟轮胎公司面临持票人追索，鉴于森某麟轮胎公司现并未实际承担责任，也并非案涉票据的最后债务人，在追索过程中也不必然成为承担责任的人。森某麟轮胎公司是否会实际承担票据责任尚未最终确定，因此本院对其请求力某乘用车公司支付与票据相关的255万元货款的诉讼请求不予支持。森某麟轮胎公司可以待票据追索事实确定后另行主张权利。

009 持票人因逾期付款丧失对前手追索权后，是否可基于基础法律关系向前手主张债权？

裁判要旨

持票人因逾期付款丧失对前手追索权，于票据被拒付后另行以基础法律关系对直接前手提起诉讼的，人民法院对持票人的诉讼请求不予支持，但持票人可基于票据法律关系对出票人和承兑人提出票据追索权之诉。

案情简介①

一、江某钨合金公司与鑫某钢铁公司签订货物销售合同，约定江某钨合金公司向鑫某钢铁公司出售规格为FeW80-C钨铁合计100吨，并约定买方不按期支

---

① 江西省高级人民法院，上海鑫某钢铁有限公司（以下简称鑫某钢铁公司）、赣州江某钨合金有限公司（以下简称江某钨合金公司）买卖合同纠纷再审民事判决书［（2020）赣民再119号］。

付货款的，违约方向对方偿付未按期付款的货款总值10%的违约金。

二、合同签订后，江某钨合金公司依约向鑫某钢铁公司交付了钨铁100吨，鑫某钢铁公司向江某钨合金公司提供电子商业承兑汇票用于支付上述货款。但其中有5笔承兑汇票（出票人宝某盛华商贸集团有限公司，收款人北京宝某国际经济技术合作有限公司，承兑人宝某石化集团财务有限公司）合计600万元，到期无法兑付，票据状态为"逾期提示付款待签收"。

三、之后，江某钨合金公司以鑫某钢铁公司为被告提起买卖合同纠纷之诉，请求法院判令鑫某钢铁公司向江某钨合金公司支付600万元的货款及60万元的违约金。

四、一审江西省赣州市赣县区人民法院认为，在汇票到期被拒付的情况下，持票人有权以买卖合同为请求权基础提起诉讼，要求直接前手清偿货款，并判决鑫某钢铁公司向江某钨合金公司支付货款600万元及逾期付款违约金60万元。二审江西省赣州市中级人民法院对一审判决予以维持。

五、鑫某钢铁公司不服生效判决，向江西省高级人民法院申请再审，其主张：鉴于票据状态显示逾期提示付款，江某钨合金公司客观上无法通过电子商业汇票系统向鑫某钢铁公司退还票据，票据权利的享有者维持为江某钨合金公司。在此等情况下判决鑫某钢铁公司向江某钨合金公司清偿600万元货款，则江某钨合金公司构成重复受偿。因此，江某钨合金公司不能以买卖合同关系主张相应款项，只得以票据关系要求出票人和承兑人支付票据款。江西省高级人民法院认可了鑫某钢铁公司的前述主张，提审后最终撤销了一审和二审判决，并判决驳回了江某钨合金公司的全部诉讼请求。

律师评析

本案的争议焦点为，在汇票无法通过电子商业汇票系统退回直接前手的情况下，持票人是否有权以基础法律关系向直接前手主张相应债权。本案中，江西高院对此持有否定态度。法院承认在汇票被拒付后，持票人有权基于基础法律关系或票据法律关系提起诉讼，并获得清偿。但强调持票人以基础法律关系起诉并获得支持的前提系票据客观上能通过电子商业汇票系统退回直接前手，以保障直接前手可以继续向其他票据前手追索。

实践中，绝大多数法院并未简单因汇票无法退还直接前手而断然否认持票人基于基础法律关系享有的债权请求权。法院在判决直接前手应依据基础合同相关约定向持票人支付合同款的同时，还会确认直接前手在履行完毕判决项下的义务后，即成为票据权利人，依法享有再追索权（详见延伸阅读裁判观点一）。

我们认可延伸阅读的裁判观点一，但同时认为该等判决方式依然存在局限性。这是因为在电子商业汇票系统之外以司法判决的形式另行确立、确认其他票据状态，其本质是以司法判决的方式创设了新的电票规则，而电子商业汇票系统并不能识别和支持这种未记载在系统内的规则，导致法院判决认定的票据状态与电子商业汇票系统中登记的票据状态不一致，造成该等票据实际上只能在电子商业汇票系统外循环、流转，脱离中国人民银行及其他金融监管机构对电票领域的监管，势必会加大电票参与者的经营风险，将严重冲击甚至破坏已经建立的电子商业汇票规则和市场秩序，威胁票据金融市场安全，违背公序良俗，损害国家及社会公共利益。

我们认为，法院可以在判决支持持票人诉讼请求的同时，明确直接前手履行完毕判决项下义务后即成为票据权利人，并进一步要求上海票据交易所协助生效判决执行，将票据信息恢复至真实权利状态（协助将汇票退还至直接前手名下）。此等判决方式可以规避法院判决认定的票据状态与电子商业汇票系统中登记的票据状态不一致的问题。

实务经验总结

1. 票据到期被拒付，持票人享有两项权利：基于基础法律关系的债权请求权和基于票据法律关系的票据追索权，持票人可择一行使。

2. 本文主文案例中，之所以票据客观上无法通过电子商业汇票系统退还至直接前手名下，是因为持票人存在逾期提示付款的情况。根据主文案例裁判观点，持票人因逾期提示付款，同时丧失了对前手的票据追索权和基于基础法律关系的债权请求权。

3. 除了提示付款时间不符合法律规定可以导致"票据无法通过电子商业汇票系统退还直接前手"，持票人未在被拒付后6个月内向直接前手发起线上追索，以至于超过追索权权利时效的，也会出现票据无法退还直接前手的状况。鉴于此，我们建议持票人在被拒付后6个月内向全部票据前手发起线上追索（如能）。

相关法律规定

《中华人民共和国票据法》

第六十一条第一款 汇票到期被拒绝付款的，持票人可以对背书人、出票人以及汇票的其他债务人行使追索权。

《中华人民共和国民法典》

第五百七十七条 当事人一方不履行合同义务或者履行合同义务不符合约定的，应当承担继续履行、采取补救措施或者赔偿损失等违约责任。

裁判意见

以下为该案在法院审理阶段，判决书中"本院认为"就该问题的论述：

本院再审认为，本案中江某钨合金公司和鑫某钢铁公司存在两种法律关系，一是买卖合同法律关系，二是票据债权债务法律关系。在本案所涉电子商业承兑汇票至今未能兑付的情况下，持票人江某钨合金公司享有两种请求权，即基于买卖合同法律关系的原因债权请求权和基于票据债权债务关系的票据追索请求权，江某钨合金公司有权择一选择票据权利或者原因债权提起诉讼。但因电子商业承兑汇票为有价证券权利凭证，故江某钨合金公司在以原因债权主张权利的同时，应当将原票据返还鑫某钢铁公司，以保障鑫某钢铁公司可以向前手及出票人、承兑人再行主张票据权利。然而，本案电子商业承兑汇票目前的票据状态为"逾期提示付款待签收"，江某钨合金公司客观上无法通过电子商业汇票系统将案涉电子商业承兑汇票返还给鑫某钢铁公司。二审判决依据原因债权买卖合同关系判决鑫某钢铁公司继续支付600万元货款，但又未对5张电子商业承兑汇票进行处理，导致江某钨合金公司对货款和票据双重占有，鑫某钢铁公司给付了双倍的货款，却不能依法取得票据权利进行追索，明显不当，应予纠正。由于本案电子商业承兑汇票目前仍处于无法返还给鑫某钢铁公司的状态，为保障鑫某钢铁公司的票据追索权，本院对江某钨合金公司基于买卖合同法律关系要求鑫某钢铁公司支付案涉汇票对应的600万元款项并承担逾期付款违约金的诉讼请求不予支持。江某钨合金公司可以依法行使其票据权利，另行向宝某石化集团财务有限公司、鑫某钢铁公司或其前手主张票据权利。

延伸阅读

裁判观点一：人民法院判令直接前手承担合同义务后，同时确认直接前手履行完毕本判决载明的义务后，成为票据权利人，依法享有再追索权。

案例1：江苏省无锡市中级人民法院，苏州市溢某金属制品有限公司（以下简称溢某公司）与无锡永某特种金属有限公司（以下简称永某公司）买卖合同纠纷二审民事判决书［（2020）苏02民终784号］认为：

本院认为，汇票的出票人、背书人、承兑人和保证人对持票人承担连带责任。持票人可以不按照汇票债务人的先后顺序，对其中任何一人、数人或者全体行使追索权。本案中，永某公司是案涉10万元的电子承兑汇票持有人，而溢某公司曾经是该汇票的背书人，永某公司对溢某公司提起诉讼，合法有据，应予支持。溢某公司上诉认为其不是适格主体，无事实和法律依据，本院不予支持。

被追索人清偿债务后，与持票人享有同一权利。由于汇票已到期无法返还，溢某公司在清偿债务后，依法享有追偿权。

案例2：河南省平顶山市中级人民法院，中某六局集团有限公司建筑安装分公司（以下简称中某六局建筑安装公司）、河南省巨某实业有限公司（以下简称巨某公司）等票据追索权纠纷民事二审民事判决书［（2021）豫04民终3109号］认为：

一审法院认为，汇票到期后持票人通过票据交换系统向付款人提示付款的，应视同持票人提示付款，付款人必须在当日足额付款。电子银行承兑汇票票据状态长期处于处理中，应当视为拒绝付款。2020年12月15日，科某杰公司通过光某银行电子商业承兑汇票系统向承兑人鑫某公司提示付款，承兑人既不签收票据进行付款，也不进行拒付操作。2020年12月29日，科某杰公司再次向承兑人鑫某公司提示付款被拒付。以上情形则视为承兑人鑫某公司拒绝付款。本案中，2020年1月19日，巨某公司从久某公司合法取得案涉汇票，该汇票记载事项完备、背书连续，系有效票据。2020年6月29日，巨某公司又将上述汇票背书转让给科某杰公司。2021年1月，科某杰公司因案涉汇票到期被承兑人鑫某公司拒绝付款，故诉至新乡县人民法院，要求巨某公司支付货款200万元，巨某公司与科某杰公司达成了调解协议。2021年3月9日，巨某公司依据新乡县人民法院(2021)豫0721民初214号民事调解书向后手科某杰公司支付了票据款项200万元。该付款行为虽系履行买卖合同纠纷民事调解书的行为，但本质上亦属票据清偿行为。根据法律规定，持票人可以不按照汇票债务人的先后顺序，对其中任何一人、数人或者全体行使追索权。被追索人清偿债务后，与持票人享有同一权利，可以向其他汇票债务人行使再追索权。虽然目前案涉电子商业承兑汇票科某杰公司无法退还给巨某公司，但是并非因巨某公司过错所导致。因此，巨某公司在清偿债务 200 万元后，与持票人享有同一权利。巨某公司有权向其前手及其他汇票债务人行使票据再追索权。即有权向鑫某公司、中某六局建筑安装公司、久某公司追索票据款及利息（利息自清偿日起至再追索清偿日止，按照中国人民银行规定的利率计算）。鑫某公司、中某六局建筑安装公司、久某公司依法应对巨某公司承担连带责任。

二审法院认可一审法院裁判观点，并对一审判决予以维持。

案例3：安徽省巢湖市人民法院（原巢湖市居巢区人民法院），巢湖市鸿某新型建材有限公司（以下简称鸿某建材公司）、江苏省苏某建设集团股份有限公司（以下简称苏某建设公司）买卖合同纠纷民事一审民事判决书［（2021）皖0181民初6642号］认为：

被告苏某建设公司背书给原告鸿某建材公司的××号汇票因承兑人账户余额不足被拒付，原告鸿某建材公司的相应货款未得到实现，故该汇票的票面金额1752811.89元不应计入已付货款，被告苏某建设公司仍应就该笔货款履行支付义务。因此，被告苏某建设公司未付货款为6453712.43元。但原告鸿某建材公司应将××号汇票的票据权利退还被告苏某建设公司，因客观上该汇票现处于无法退还被告苏某建设公司的状态，为保障被告苏某建设公司向其前手，也即该汇票出票人兼承兑人长春信某房地产开发有限公司的票据追索权，本院确认自被告苏某建设公司向原告鸿某建材公司履行完毕本判决确定的义务之日起，被告苏某建设公司成为该汇票的票据权利人。

裁判观点二：对于无法通过电子商业汇票系统退还至真实票据权利人的，人民法院在判决中要求上海票据交易所协助生效判决执行，将票据信息恢复至真实权利状态，即协助将汇票退还至真实权利人名下。

案例4：江西省高级人民法院，江西升某新材料有限公司（以下简称江西升某公司）、九某银行股份有限公司宜春分行（以下简称九某银行宜春分行）质押合同纠纷二审民事判决书［（2021）赣民终114号］认为：

九某银行宜春分行在主债务清偿完毕且质押期间届满后已无继续占有案涉票据的法律依据，九某银行宜春分行应继续履行退还义务，根据电票规则，案涉票据当前不能由九某银行宜春分行在电子商业汇票系统操作解押退还，造成案涉票据的实际权利状态与电子商业汇票系统记载的权利状态不符。在主债务清偿完毕且质押期间届满后，电子商业承兑汇票的退还实为单纯交付行为而非票据行为，不违反《票据法》第三十六条关于票据被拒绝承兑、被拒绝付款或者超过付款提示期限不得背书转让的规定。在当前电票规则尚未修改的情况下，江西升某公司作为案涉票据的实际权利人可以诉请九某银行宜春分行继续履行返还案涉票据的义务并确认其为案涉票据的持票人，人民法院对其该项诉请应予支持。在取得生效裁判后，上海票据交易所负有协助执行的义务，有义务将票据信息恢复至真实权利状态，即将江西升某公司变更为持票人，江西升某公司有权以持票人的身份行使票据权利。此外，由于通过诉讼确认和通过生效裁判的执行来变更持票人的时间较长，若为了及时实现票据权利，江西升某公司也可以选择与九某银行宜春分行协商，由其委托九某银行宜春分行以持票人的身份对外行使票据权利并将获取的票据利益返还给江西升某公司，九某银行宜春分行依法负有协助配合的义务。

第三章　持票人基于票据法律关系维权

第一节　票据追索权与提示付款

010 持票人可否于票据到期日当日提示付款？

裁判要旨

持票人于票据到期日当天提示付款的，符合法律规定，不构成期前提示付款。

案情简介[①]

一、2018年1月25日，沃某玛公司签发了一张电子商业承兑汇票，收款人为沃某通公司，到期日为2019年1月25日，票据金额为20万元，承兑人为沃某玛公司。背书情况如下：沃某通公司背书转让给辉某公司，辉某公司背书转让给恒某公司，恒某公司背书转让给沸某德公司。

二、票据到期当日，即2019年1月25日，持票人沸某德公司向承兑人沃某玛公司提示付款，但于2019年1月29日因"商业承兑汇票承兑人账户余额不足"被拒付。

三、沸某德公司被拒付之后，于法定期限内以出票人沃某玛公司、收款人沃某通公司以及背书人恒某公司为被告提起票据追索权之诉，请求法院判令前述三被告连带向其支付票据款本息。

---

① 江苏省无锡市中级人民法院，东莞市沃某通新能源有限公司（以下简称沃某通公司）与上海沸某德表面处理有限公司（以下简称沸某德公司）、无锡恒某电源配件有限公司（以下简称恒某公司）等票据追索权纠纷二审民事判决书〔（2020）苏02民终534号〕。

四、诉讼中，收款人沃某通公司主张：汇票提示付款期限应当自到期日次日开始计算十天，沸某德公司于票据到期日当日提示付款，该日不落入法定提示付款期间，属于期前提示付款的情形。鉴于沸某德公司未在法定期间内再次提示付款，其丧失对除出票人和承兑人外的其他票据前手的追索权。

五、二审江苏省无锡市中级人民法院对沃某通公司前述抗辩不予认可，并判决支持了沸某德公司的诉讼请求。

律师评析

本案的争议焦点为，沸某德公司于票据到期当日提示付款是否系在法定期间内提示付款。

本案中，二审江苏省无锡市中级人民法院认为，持票人在票据到期日当日提示付款的，属于依法提示付款的情形，不构成期前提示付款。对案涉争议焦点问题，我们与无锡市中级人民法院的观点一致，理由如下：

1. 文义解释的层面：汇票的法定提示付款期为票据到期日起十日，该期间起算日存在两种理解：一种是从到期日当天起算，另一种是从次日开始起算。持票人于票据到期当日提示付款并不超出法条文义的射程。

2. 目的解释的层面：在《票据法》明确规定提示付款，即票据付款请求权行使起始日的前提下，《民法典》第二百零一条规定"按照年、月、日计算期间的，开始的当日不计入"的立法目的，并非为了排除权利人在起始日行使权利，而是为了明确行使权利期间的截止时间，同时也为避免因开始当日计入期间造成权利人行权期限被不当缩短的情形。

实务经验总结

《票据法》第五十三条规定，汇票的持票人应当自到期日起十日内向承兑人提示付款，为避免因提示付款时间节点选择不当而丧失对除出票人和承兑人外其他票据前手的追索权，我们有以下两点建议：

1. 持票人尽早通过电子商业汇票系统提示付款，最早可以于汇票到期日当日进行。

2. 法定的提示付款的截止时间为汇票到期日之次日起算十日，持票人须在此之前完成提示付款。

相关法律规定

《中华人民共和国民法总则》（已失效，《民法典》第二百零一条的规定与之完全一致）

第二百零一条　按照年、月、日计算期间的，开始的当日不计入，自下一日开始计算。

按照小时计算期间的，自法律规定或者当事人约定的时间开始计算。

《中华人民共和国票据法》

第五十三条　持票人应当按照下列期限提示付款：

（一）见票即付的汇票，自出票日起一个月内向付款人提示付款；

（二）定日付款、出票后定期付款或者见票后定期付款的汇票，自到期日起十日内向承兑人提示付款。

持票人未按照前款规定期限提示付款的，在作出说明后，承兑人或者付款人仍应当继续对持票人承担付款责任。

通过委托收款银行或者通过票据交换系统向付款人提示付款的，视同持票人提示付款。

裁判意见

以下为该案在法院审理阶段，判决书中"本院认为"就该问题的论述：

涉案电子商业承兑汇票到期日为 2019 年 1 月 25 日，沸某德公司系票据合法持票人，有权自到期日起十日内向承兑人提示付款。沃某通公司认为，根据法律规定按日计算期间的则开始当天不计入，故沸某德公司在票据到期日当天提示付款不在提示付款期内。但是，对法律的解释应当符合其文义、体系和目的。《票据法》已明确规定涉案类型票据可自到期日起十日内提示付款，从字面意思理解，持票人当然可以在起始日当天即票据到期日行使权利。虽然根据《中华人民共和国民法总则》（以下简称《民法总则》，已失效）第二百零一条第一款规定，按照年、月、日计算期间的，开始的当日不计入，自下一日开始计算。但是在其他法律明确规定权利行使起始日的前提下，民法总则规定开始当天不计入期间，从立法目的而言，并非为了排除权利人在起始日行使权利，而是为了明确期间的截止时间。比如，本案中的付款提示期为自到期日起十日，则提示付款截止时间应从到期日次日起算十天，按照该方法计算，本案持票人可以提示付款的期间应为 2020 年 1 月 25 日至 2 月 4 日。据此，一审认定沸某德公司在票据到期日当天提示付款符合法律规定，并无不当。

延伸阅读

裁判观点：持票人于票据到期日当日提示付款后遭拒付的，有权向全部票据前手行使票据追索权。

案例 1：北京市第一中级人民法院，无锡宝某科技股份有限公司（以下简称宝某公司）与国某电力投资集团有限公司物资装备分公司（以下简称电力公司）票据追索权纠纷二审民事判决书［（2021）京 01 民终 1220 号］认为：

对此本院认为，涉案汇票到期日为 2019 年 5 月 1 日，通过宝某公司（持票人）二审提交的新证据可知，其于 2019 年 5 月 1 日到期日当天即提示付款，该事实亦与票据拒付理由为"承兑人账户余额不足"的事实相互印证。电力公司（持票人的直接票据前手、票据背书人之一）主张宝某公司未在提示付款期内提示付款，丧失对其的追索权，缺乏事实和法律依据，本院不予支持。根据《票据法》第六十一条第一款规定："汇票到期被拒绝付款的，持票人可以对背书人、出票人以及汇票的其他债务人行使追索权"，本院对宝某公司要求电力公司向宝某公司支付票据款 100 万元的诉讼请求予以支持。

案例 2：浙江省嘉兴市中级人民法院，上海融某实业有限公司（以下简称融某公司）、山东永某工程设备有限公司（以下简称永某公司）票据追索权纠纷二审民事判决书［（2019）浙 04 民终 2964 号］认为：

本院认为，本案系票据追索权纠纷，案涉票据为电子商业汇票，根据已查明的案件事实，案涉电子汇票的出票人为宁夏灵武宝某大古储运有限公司，收票人为宁夏宝某能源化工有限公司，承兑人为宝某石化集团财务有限公司，票据的出票日为 2018 年 2 月 1 日，到期日为 2019 年 2 月 1 日。该票据后经连续背书流转现为永某公司持有，永某公司与其直接前手持票人德某公司之间存在基础买卖关系，系合法的最终持票人，有权行使相关票据权利。现永某公司（持票人）在票据到期日当天通过其开户的银行系统向宝某石化集团财务有限公司提示付款，但直至 2019 年 7 月 8 日，系统一直显示为"提示付款待签收"的状态，永某公司的行为可视为行使了付款请求权……因德某公司及融某公司均系案涉票据的前手背书人，故永某公司作为最终的持票人对两人行使票据追索权有法律依据，本院予以支持。

案例3：山东省日照市东港区人民法院，浙江蓝某制衣有限公司与日某港股份有限公司票据追索权纠纷一审民事判决书［（2019）鲁1102民初5443号］认为：

涉案票据到期日为2019年3月23日，原告（持票人）于到期日当日提示付款被变相拒绝，于2019年7月10日提起本案诉讼，虽原案由为买卖合同纠纷，经本院释明后，原告于2019年10月15日变更诉讼请求，变更诉讼请求后的案由为票据追索权纠纷。本院认为，原告提起买卖合同纠纷诉讼系因涉案票据到期被拒绝付款，继而向被告（持票人的直接票据前手、票据背书人之一）主张权利，应当认定原告于起诉之日，也即2019年7月10日向被告行使了追索权，系在被拒绝付款之日起六个月内，故对被告的该项答辩意见本院不予采纳。

011 提示付款的法定期限，是从票据到期日当日还是从次日起算？

裁判要旨

电子商业承兑汇票的法定提示付款期为票据到期日起10日，该期间从票据到期日之次日开始起算，而非从票据到期日当日开始起算。

案情简介[①]

一、2019年9月23日，红花岗城某公司向建某公司签发一张电子商业承兑汇票，票面信息显示：汇票到期日为2020年3月23日，承兑人为红花岗城某公司，收款人为建某公司，票据金额50万元。

二、2019年9月29日，建某公司将案涉票据背书转让给南某公司，南某公司于2019年10月23日转让给常某藤公司；持票人常某藤公司于2020年4月2日向承兑人红花岗城某公司提示付款，且于2020年4月8日因商业承兑汇票承兑人账户余额不足被拒付。

三、之后，持票人常某藤公司以出票人红花岗城某公司、收款人建某公司、背书人南某公司为共同被告提起票据追索权之诉，请求法院判令各被告连带向其

---

① 贵州省遵义市中级人民法院，遵义建某（集团）有限公司（以下简称建某公司）、常某藤科技发展有限公司（以下简称常某藤公司）票据追索权纠纷二审民事判决书［（2021）黔03民终1464号］。

支付票据款本息。诉讼中，收款人建某公司主张，法定提示付款期间从票据到期日当日（2020年3月23日）起算，常某藤公司于2020年4月2日提示付款超过法定10日的提示付款期，丧失对付款人和背书人的追索权。

四、二审贵州省遵义市中级人民法院对建某公司前述抗辩不予认可，并判决支持了常某藤公司的诉讼请求。

律师评析

本案的争议焦点为，常某藤公司是否超过法定期限提示付款。贵州省遵义市中级人民法院认为，案涉汇票的到期日为2020年3月23日，则只要常某藤公司在2020年3月23日（含当日）至4月2日（含当日）提示付款的，就符合法律以及部门规章的规定，有权对全部票据前手行使票据追索权。我们认可法院的观点，理由如下：

1. 《票据法》第五十三条规定，汇票的法定提示付款期为票据到期日起10日，该条并未明确该10天是从票据到期日当日起算还是从次日起算，此种情况下需要运用解释规则对该条进行解释。

2. 鉴于票据法律关系属于平等主体之间财产关系，相关期间的起算应受民法基本规范的调整和约束。鉴于《民法典》第二百零一条第一款规定，按照年、月、日计算期间的，开始的当日不计入，自下一日开始计算。根据体系解释规则，汇票的法定提示付款期的起算点为到期日之次日。

实务经验总结

1. 对于票据付款人和背书人而言，鉴于持票人有权于票据到期日当日提示付款，且提示付款的法定期间截止时间为汇票到期日之次日起算10日，如果持票人进行提示付款的操作落入前述期间，则付款人和背书人便没有必要以提示付款期限不符合法律规范进行抗辩。

2. 对于持票人而言，我们建议持票人积极行使票据付款请求权，在票据到期后尽早向承兑人提示付款，最早可以于汇票到期日当日进行，最晚于汇票到期日之次日起算10日内进行。

相关法律规定

《中华人民共和国票据法》

第五十三条 持票人应当按照下列期限提示付款：

（一）见票即付的汇票，自出票日起一个月内向付款人提示付款；

（二）定日付款、出票后定期付款或者见票后定期付款的汇票，自到期日起十日内向承兑人提示付款。

持票人未按照前款规定期限提示付款的，在作出说明后，承兑人或者付款人仍应当继续对持票人承担付款责任。

通过委托收款银行或者通过票据交换系统向付款人提示付款的，视同持票人提示付款。

《电子商业汇票业务管理办法》

第五十八条 提示付款是指持票人通过电子商业汇票系统向承兑人请求付款的行为。

持票人应在提示付款期内向承兑人提示付款。

提示付款期自票据到期日起 10 日，最后一日遇法定休假日、大额支付系统非营业日、电子商业汇票系统非营业日顺延。

《中华人民共和国民法总则》（已失效，《民法典》第二百零一条的规定与之完全一致）

第二百零一条 按照年、月、日计算期间的，开始的当日不计入，自下一日开始计算。

按照小时计算期间的，自法律规定或者当事人约定的时间开始计算。

裁判意见

以下为该案在法院审理阶段，判决书中"本院认为"就该问题的论述：

本院认为，本案的争议焦点为，常某藤公司是否超过法定期限提示付款。

根据《票据法》第五十三条中关于"持票人应当按照下列期限提示付款：……（二）定日付款、出票后定期付款或者见票后定期付款的汇票，自到期日起十日内向承兑人提示付款。持票人未按照前款规定期限提示付款的，在作出说明后，承兑人或者付款人仍应当继续对持票人承担付款责任"、《电子商业汇票业务管理办法》第五十八条关于"提示付款是指持票人通过电子商业汇票系统向承兑人请求付款的行为。持票人应在提示付款期内向承兑人提示付款。提示付款期自票据到期日起 10 日，最后一日遇法定休假日、大额支付系统非营业日、电子商业汇票系统非营业日顺延"的规定，汇票的法定提示付款期为票据到期日起 10 日。但从文义解释的角度，该期间起算日存在两种理解：一种是从到期日当天起算，另一种是从次日开始起算，而前述法律法规并未明确该 10 日是从票据到期日当日起算还是从次日起算。因涉案票据行为涉及的是平等主体之间财产关系，属于民事法律行为的一种，故在票据方面的特别法无规定的情况下，相关期间的起算应受民法基本规范的调整和约束。根据《民法总则》（现已失效）第二百零一条第一款关于"按照年、月、日计算期间的，开始的当日不计入，自下一日开始计算"的规定，涉案票据的到期日为 2020 年 3 月 23 日，法定提示付款期应从前述日期的次日，即 2020 年 3 月 24 日开始起算。由此，持票人常某藤公司于 2020 年 4 月 2 日提示付款，并未超过法定的提示付款期，故依法并不丧失对前手建某公司、南某公司的追索权。建某公司认为，常某藤公司提示付款超过法定提示付款期的上诉理由不能成立，不予采纳。

延伸阅读

裁判观点：虽然持票人于票据当日提示付款的，属于在法定期间内提示付款的情形，但 10 日的法定提示付款期间自票据到期日之次日开始起算，而非自票据到期日当日起算。

案例：江苏省无锡市中级人民法院，东莞市沃某通新能源有限公司（以下简称沃某通公司）与上海沸某德表面处理有限公司（以下简称沸某德公司）、无锡恒某电源配件有限公司等票据追索权纠纷二审民事判决书［（2020）苏 02 民终 534 号］认为：

涉案电子商业承兑汇票到期日为 2019 年 1 月 25 日，沸某德公司系票据合法持票人，有权自到期日起 10 日内向承兑人提示付款。沃某通公司认为，根据法律规定按日计算期间的则开始当天不计入，故沸某德公司在票据到期日当天提示付款不在提示付款期内。但是，对法律的解释应当符合其文义、体系和目的。《票据法》已明确规定涉案类型票据可自到期日起 10 日内提示付款，从字面意思理解，持票人当然可以在起始日当天即票据到期日行使权利。虽然根据《民法总则》（现已失效）第二百零一条第一款规定，按照年、月、日计算期间的，开始的当日不计入，自下一日开始计算。但是在其他法律明确规定权利行使起始日的前提下,《民法总则》规定开始当天不计入期间,从立法目的而言,并非为了排除权利人在起始日行使权利,而是为了明确期间的截止时间。比如,本案中的付款提示期为自到期日起 10 日,则提示付款截止时间应从到期日次日起算 10 天,按照该方法计算,本案持票人可以提示付款的期间应为 2020 年 1 月 25 日至 2 月 4 日。

012 期前提示付款且承兑人期内拒付的,持票人是否有权向全体前手追偿?

裁判要旨

持票人不是在票据到期日起十日内在电子商业汇票系统向承兑人提示付款,而是在票据到期之前提示付款的,如果承兑人于法定提示付款期内拒绝付款的,则持票人有权向全部票据前手行使追索权,并不丧失对除出票人和承兑人外其他票据前手的追索权。

案情简介①

一、2017 年 6 月,出票人中某工公司签发电子商业承兑汇票八张,金额均为 5000 万元,到期日均为 2018 年 6 月 8 日,收款人均为阜阳俊某公司。后收款人阜某俊某公司将上述汇票背书转让给龙里国某村镇银行,龙里国某村镇银行又背书转让给吉林集某农商行,吉林集某农商行将八张票据背书转让给新疆博某农商行以办理贴现。

二、票据到期日前,新疆博某农商行于 2018 年 6 月 6 日在电子商业汇票系统中提示付款,并向中某工公司发送了《提示付款函》。中某工公司于 6 月 12 日(该期间落入法定提示付款期间内)在《提示付款回复信息》中载明:拒绝付款;拒付理由均显示为"商业承兑汇票承兑人账户余额不足"。

三、鉴于八张汇票未获得兑付,持票人新疆博某农商行以背书人龙里国某村

---

① 最高人民法院,吉林集某农村商业银行股份有限公司(以下简称吉林集某农商行)、龙里国某村镇银行有限责任公司(以下简称龙里国某村镇银行)票据追索权纠纷二审民事判决书〔(2020)最高法民终 888 号〕。

镇银行和吉林集某农商行作为共同被告向法院提起了票据追索权之诉，请求法院判令各被告连带向其支付票据款本息。

四、诉讼中，龙里国某村镇银行和吉林集某农商行均认为，新疆博某农商行未在法定期间内提示付款，丧失了对前手的追索权。一审新疆维吾尔自治区高级人民法院和二审最高人民法院均未采纳二被告的抗辩理由，并判决支持了原告新疆博某农商行的诉讼请求。

律师评析

本案的争议焦点为，持票人于期前提示付款的，持票人是否丧失对除出票人和承兑人外的其他票据前手的追索权。最高人民法院认为，这取决于承兑人拒绝付款的时间，本案中承兑人于法定提示付款期间内作出拒付的意思表示，此等情况下，持票人有权向全部票据前手追索。我们认可前述裁判观点，理由如下：

法定提示付款期间设置的目的有两个：一是基于提高经济交易的便捷和效率的考量，因为10日的期间设置可以督促持票人及时行使票据权利、消灭票据上的全部权利义务关系。二是基于保护除承兑人和出票人之外的其他票据前手的可预见性考量，防止这些票据前手是否应承担相应票据责任在汇票到期后长期处于不确定的状态，以保障票据债务人得以预见其责任是否解除，并合理安排生产经营活动。在"期前提示付款，期内被拒付"的情形下保留持票人对全部票据前手的追索权并不违背前述法定提示付款期间设置的目的。

"期前提示付款，期内被拒付"相比于"期内提示付款，期内或期后被拒付"，更有利于提升交易效率，更快明确各方在票据上的权利义务关系。

"期前提示付款，期内被拒付"并不导致票据权利义务关系长期处于不确定的状态，且原则上，无论期前提示付款还是期内提示付款，一旦承兑人在期内作出拒绝付款的应答，除出票人和承兑人外的其他票据前手就具有其可能会承担支付票据款项的心理预期。因此，在"期前提示付款，期内被拒付"的情况下保留持票人对付款人和背书人的追索权，并未侵害票据前手的信赖利益。

实务经验总结

1. 我们建议，持票人于法定期间内行使票据付款请求权，在票据到期后再向承兑人提示付款，最早可以于汇票到期日当日进行，最晚于汇票到期日之次日起算 10 日内进行。

2. 如果出票人于票据到期日之前即在电子商业汇票系统提示付款的，且承兑人在票据到期日前作出拒付应答的，则持票人应于法定期间内再次提示付款。

3. 如果承兑人未在到期前作出应答的，那么，在票据到期日后，我们建议以下两点：

（1）持票人撤回前次提示付款的操作，并于法定期间内重新提示付款。

（2）持票人与承兑人或接入机构沟通，要求前述主体于法定期间内作出拒付应答。

鉴于法院对"期前提示付款，期后被拒付的情况下，持票人是否丧失对除出票人和承兑人外的票据前手的追索权"观点不一致，我们不建议持票人选择第二种途径解决期前提示付款的问题。因为该种途径对时间要求程度较高，一旦拒付应答落入法定期间后，则持票人很可能丧失对除出票人和承兑人外的票据前手的追索权。

相关法律规定

《电子商业汇票业务管理办法》

第六十六条 持票人在票据到期日前被拒付的，不得拒付追索。持票人在提示付款期内被拒付的，可向所有前手拒付追索。持票人超过提示付款期提示付款被拒付的，若持票人在提示付款期内曾发出过提示付款，则可向所有前手拒付追索；若未在提示付款期内发出过提示付款，则只可向出票人、承兑人拒付追索。

裁判意见

以下为该案在法院审理阶段，判决书中"本院认为"就该问题的论述：

持票人是否丧失对前手的追索权，关键取决于承兑人拒绝付款的时间，即只要承兑人未在票据到期日前拒付，持票人即享有对所有前手的追索权。本案中，持票人虽系提前提示付款，但承兑人中某工公司是在提示付款期内作出拒绝付款的意思表示。鉴于承兑人中某工公司在到期日起 10 日内，即在提示付款期内作出拒绝付款的意思表示，故持票人博某农商行并不丧失对所有前手，即吉林集某农商行、龙里国某村镇银行的追索权。

延伸阅读

裁判观点：持票人是否丧失对前手的追索权，关键取决于承兑人拒绝付款的时间。只要承兑人未明确在未在到期日前作出拒付的意思表示，即便其亦未在期内、期后作出拒付应答，以至于票据状态长期维持提示付款待签收状态的，持票人也不丧失对除出票人和承兑人外的票据前手的追索权（该裁判观点相比于主文裁判观点更前进了一步，但司法实践中存在与之相反的观点）。

案例：天津市第三中级人民法院、中某塑料有限公司、某钢股份有限公司等票据追索权纠纷民事二审民事判决书〔（2021）津03民终8548号〕认为：

《票据法》第五十三条第一款第二项规定了定日付款汇票的持票人应当自到期日起十日内向承兑人提示付款，但未对持票人在票据到期日前提示付款作出限制性规定。本案中，持票人德某公司虽系提前提示付款，但该提示付款由于承兑人未予回复而在电子商业汇票系统中呈持续状态，汇票到期后承兑人在系统中可以看到该提示付款申请，故德某公司期前提示付款的效力及于汇票到期后的提示付款期，具有法定提示付款期内提示付款的效力。根据《电子商业汇票业务管理办法》第六十六条中关于"持票人在票据到期日前被拒付的，不得拒付追索。持票人在提示付款期内被拒付的，可向所有前手拒付追索"的规定，持票人是否丧失对前手的追索权，关键取决于承兑人拒绝付款的时间。持票人德某公司在提前提示付款后，承兑人并未在到期日前作出拒付的意思表示，而在到期日后的十日内既未回复也未付款，可以认定承兑人是在提示付款期内拒绝付款。故持票人德某公司并不丧失对所有前手的追索权。

013 期前提示付款，票据维持于"提示付款待签收"的，是否会丧失对前手的追索权？

裁判要旨

持票人于汇票到期日之前向承兑人提示付款，承兑人未予应答，票据维持于提示付款待签收的，持票人丧失对除出票人和承兑人外的前手的追索权。

案情简介[①]

一、2018年5月21日，钛某公司作为出票人出具了电子商业承兑汇票一张，

---

① 北京金融法院、北京航天某立科技有限公司（以下简称航天某立公司）与济源市丰某特钢实业有限公司（以下简称济源丰某公司）票据追索权纠纷二审民事判决书〔（2021）京74民终198号〕。

收款人为航天某立公司，票据金额189.5万元，汇票到期日为2019年5月21日，承兑人钛某公司，汇票已经被承兑且可转让。汇票背书情况为，航天某立公司背书转让给中某公司，中某公司背书转让给济源丰某公司。

二、2019年5月20日（汇票未到期），济源丰某公司向承兑人提示付款，但承兑人未予应答，票据状态维持于"提示付款待签收"。

三、之后，济源丰某公司以收款人航天某立公司为被告提起票据追索权之诉，请求法院判令被告向其支付票据款本息。

四、诉讼中，航天某立公司主张，济源丰某公司于汇票到期日之前提示付款，且未于汇票到期日后十日内再次提示付款，属于未于法定期间提示付款的情形，丧失对除出票人/承兑人的追索权。北京金融法院认可了航天某立公司的前述主张，并判决驳回了济源丰某公司的诉讼请求。

律师评析

本案中的争议焦点为，期前提示付款的效力是否及于票据到期后的提示付款行为。北京金融法院对此持有否定态度。

最高人民法院持有与北京金融法院相反的观点：由于电子商业汇票的数据电文在信息系统可持续存储，持票人的提示付款行为具有持续性，持票人在到期日前提示付款，承兑人不做拒绝付款操作的，汇票到期后发生到期日已经提示付款的效力［详见《人民司法》2022年6月中旬（总第964期）第89—91页］。

我们认可最高人民法院的观点，理由如下：

1. 期前提示付款的操作在汇票到期后，依旧可为承兑人查收并予以应答，在此等情况下，没有必要要求持票人撤回之前的提示付款操作，并于汇票到期后十日内再次提示付款。

2. 持票人期前提示付款的行为并非其怠于行权，相反这属于积极行权的表现。

3. 承认期前提示付款的效力并不碍于票据前手的预期利益。期前提示付款后，如承兑人长期不予以应答的，票据状态持续维持于"提示付款待签收"状态，而持票人于期内提示付款的，票据状态也是维持于该种状态。因此，对于票据前手而言，无论期前还是期内提示付款，其通过电子商业汇票系统核查到的票据信息完全一致，对接下来是否承担票据责任的预期、如何安排生产经营也应当别无二致。在预期完全一致的情况下，承认期前提示付款的效力完全不会影响票据债务人的期限利益。

4. 2022 年 1 月 10 日上海票据交易所发布了《上海票交所关于规范电子商业承兑汇票提示付款应答的通知》（票交所发〔2022〕2 号，）规定："持票人在电子商业承兑汇票的票据到期日前提示付款，承兑人在票据到期日的次日起第 3 日（遇法定休假日、大额支付系统非营业日、电子商业汇票系统非营业日顺延）仍未应答，承兑人接入机构也未在下一日（遇法定休假日、大额支付系统非营业日、电子商业汇票系统非营业日顺延）代为应答的，则电子商业汇票系统在该日日终时将票据状态'提示付款待签收'变更为拒付状态。"该规定对承兑人在票据到期后仍然不作为的消极行为进行了否定评价，并明确在到期日前提示付款的，如承兑人在到期日次日起三日内仍未应答，票据状态将自动变更为拒付状态。票据权利状态最终呈现为：期前提示付款，期内被拒付，持票人不因期前提示付款而丧失对除出票人和承兑人的追索权。我们认为，上海票据交易所的前述逻辑应在法院的裁判中予以适用，以保证电子商业汇票系统规则与裁判观点的一致性。

实务经验总结

鉴于实践中对期前提示付款效力认定存在争议，我们建议持票人于法定期间内（汇票到期日当日至汇票到期日之次日起十日）提示付款，既不提前也不延后。

相关法律规定

《电子商业汇票业务管理办法》

第五十九条 持票人在票据到期日前提示付款的，承兑人可付款或拒绝付款，或于到期日付款。承兑人拒绝付款或未予应答的，持票人可待票据到期后再次提示付款。

第六十六条 持票人在票据到期日前被拒付的，不得拒付追索。持票人在提示付款期内被拒付的，可向所有前手拒付追索。持票人超过提示付款期提示付款被拒付的，若持票人在提示付款期内曾发出过提示付款，则可向所有前手拒付追索；若未在提示付款期内发出过提示付款，则只可向出票人、承兑人拒付追索。

裁判意见

以下为该案在法院审理阶段，判决书中"本院认为"就该问题的论述：

对于电子商业汇票期前提示付款效力的认定，应注重持票人与票据债务人利益衡平，以促进电子商业汇票流通，营造良好金融法治环境为解释论出发点。

票据具有无因性、要式性、文义性，电子商业汇票则明确要求电子汇票交易应于电子商业汇票系统上进行，强调电子商业汇票的外观主义与要式性，以保证电子商业汇票具有高度可流通性。出票人、背书人、保证人、付款人等票据债务人在电子商业汇票高度可流通条件下所面对的是高度不确定的债权人。电子商业汇票提示付款期的安排一方面可以督促持票人及时行使付款请求权，明确票据上的权利义务关系，让付款人及其他票据债务人在合理期限内获知权利主体，提高交易效率与可预期性；另一方面明确票据债务人期限利益的范围，保障票据债务人正常的经营活动，避免票据债务人无期限地被请求付款与追索。

如何认定电子商业汇票期前提示付款的效力，则直接影响票据债务人的期限利益，因此对此效力的认定应注重持票人与票据债务人利益衡平，秉持"两害相权取其轻"之方法。若票据债务人自愿放弃期限利益，法院仅需审查权利放弃的正当性。若票据债务人并未放弃期限利益，并未追认期前提示付款的效力，此时若赋予期前提示付款具有票据法上提示付款的积极效力，则票据债务人将面对不可捉摸的交易对手与变化无常的交易模式，电子商业汇票法律关系的稳定性与可预测性将受到冲击。相比较而言，若否认期前提示付款行为具有票据法上提示付款的积极效力，仅持票人承受了违反电子商业汇票要式性规范的失权后果，并不会牵涉票据债务关系全链条，作为票据流通基础的票据无因性与要式性得到了维护，电子商业汇票的流通性与可预期性得到保障，而且持票人还可能向出票人、承兑人进行拒付追索，持票人亦有相应权利救济途径。

综上所述，一审法院认定济源丰某公司期前提示付款行为的效力及于票据到期后的提示付款行为，具有提示付款期内提示付款的效力，本院难以认同。

延伸阅读

裁判观点一：持票人期前提示付款，且承兑人未于法定提示付款期限内拒付的，持票人期内提示付款效力不及于汇票到期后，其丧失对除出票人和承兑人外的其他票据前手的追索权（与主文案例观点相同）。

案例1：浙江省嘉兴市中级人民法院，浙江德某基础工程有限公司（以下简称浙江德某公司）、利某行机械（昆山）有限公司（以下简称利某行昆山公司）票据追索权纠纷二审民事判决书［（2019）浙04民终3141号］认为：

利某行昆山公司认为，案涉票据到期被拒绝付款，故根据《票据法》第六十一条第一款的规定向浙江德某公司和上海怡某公司主张行使追索权。但案涉票据为定日付款汇票，利某行昆山公司作为合法持票人，依法只有在案涉票据到期日（2019年5月4日）起的十日内向承兑人宝某财务公司提示付款，才能产生票据法上"提示付款"的效力。利某行昆山公司却于案涉票据到期日前的2019年4月30日就通过电子商业汇票系统向承兑人宝某财务公司发出提示付款申请，在宝某财务公司对该申请既未付款也未应答的情况下，利某行昆山公司亦未按《电子商业汇票业务管理办法》第五十九条的规定，在案涉票据到期后的提示付款期内再次向宝某财务公司发出提示付款申请，故根据前述规定，利某行昆山公司因其未在案涉票据的提示付款期内发出有效的提示付款申请，实际上已丧失了向除案涉票据出票人、承兑人外的其他前手进行追索的权利，利某行昆山公司要求向浙江德某公司和上海怡某公司行使追索权的主张不能成立。利某行昆山公司所提其在案涉票据到期日前通过电子商业汇票系统向宝某财务公司发出的提示付款申请的效力可一直延续到案涉票据到期后的提示付款期内的意见，缺乏法律依据，本院不予采信。

裁判观点二：持票人是否丧失对前手的追索权，关键取决于承兑人拒绝付款的时间。持票人期前提示付款的，只要承兑人未于汇票到期前拒绝付款的，期前提示付款的效力及于票据到期后的提示付款行为，具有期内提示付款的效力（与主文案例观点相反）。

案例2：天津市第三中级人民法院，中某塑料有限公司、某钢股份有限公司（以下简称某钢公司）等票据追索权纠纷民事二审民事判决书［（2021）津03民终8548号］认为：

本院认为，本案的争议焦点为某钢公司对其前手是否享有再追索权。《票据法》第五十三条第一款第二项规定了定日付款汇票的持票人应当自到期日起十日内向承兑人提示付款，但未对持票人在票据到期日前提示付款作出限制性规定。本案中，持票人德某公司虽系提前提示付款，但该提示付款由于承兑人未予回复而在电子商业汇票系统中呈持续状态，汇票到期后承兑人在系统中可以看到该提示付款申请，故德某公司期前提示付款的效力及于汇票到期后的提示付款期，具有法定提示付款期内提示付款的效力。根据《电子商业汇票业务管理办法》第六十六条中关于"持票人在票据到期日前被拒付的，不得拒付追索。持票人在提示付款期内被拒付的，可向所有前手拒付追索"的规定，持票人是否丧失对前手的追索权，关键取决于承兑人拒绝付款的时间。持票人德某公司在提前提示付款后，承兑人并未在到期日前作出拒付的意思表示，而在到期日后的十日内既未回复也未付款，可以认定承兑人是在提示付款期内拒绝付款。故持票人德某公司并不丧失对所有前手的追索权。辽宁省丹东市中级人民法院（2020）辽06民终702号案件已就德某公司行使追索权作出生效判决，某钢公司依照前述判决清偿后，可以向其他汇票债务人行使再追索权。中某塑料有限公司称某钢公司不享有对中某塑料有限公司的追索权，该意见缺乏法律依据，本院不予支持。

案例3：上海金融法院，上海际某物流有限公司（以下简称际某公司）与昆山天某商业保理有限公司（以下简称天某公司）等票据付款请求权纠纷［（2020）沪74民终739号］认为：

关于天某公司仅在到期日前提示付款，是否因此丧失请求付款的权利，本院认为，《票据法》第五十三条第一款第二项规定了定日付款票据的持票人应当自票据到期日起十日内向承兑人提示付款，《中国人民银行关于印发〈支付结算办法〉的通知》第三十六条明确了持票人超过规定期限提示付款的法律后果，但两者均未对持票人在票据到期日前提示付款作出限制性规定。提示付款期间的设置主要是为了敦促持票人早日行使票据权利、消灭票据上的全部权利义务关系，以提高经济交易的快捷和效率，并使除承兑人或付款人外的前手能够合理预期其责任是否解除，防止除承兑人或者付款人外的前手是否应承担相应票据责任在汇票到期后长期处于不确定的状态，或者承担因持票人长期未提示付款而导致被拒绝付款后的风险。天某公司于2018年4月8日对案涉票据提示付款后，该提示付款由于际某公司未予应答而在电子商业汇票系统中呈持续状态，汇票到期后际某公司在系统中可以看到该提示付款申请，故天某公司期前提示付款的效力及于汇票到期后的提示付款期，具有法定提示付款期内提示付款的效力。一审认定天某公司有权行使付款请求权，并无不妥，本院予以认可。

014 持票人逾期提示付款的，会产生怎样的后果？

裁判要旨

电子商业承兑汇票的持票人超过法定期限提示付款的，丧失对除出票人和承兑人外的其他票据前手的追索权。

案情简介[①]

一、大某公司天津分公司于2018年6月15日以背书转让电子商业承兑汇票方式向宁夏煤某公司支付工程款，该商票的出票日期为2017年11月27日，票面金额为500万元，到期日为2018年11月27日。出票人为宁夏灵武宝某大古储运有限公司，承兑人为宝某石化集团财务有限公司。

二、商票到期后，持票人宁夏煤某公司于2018年12月8日在电子商业汇票系统中向承兑人宝某石化集团财务有限公司提示付款，但承兑人未予应答，票据状态一直维持于"逾期提示付款待签收"。

三、鉴于迟迟未获得兑付，宁夏煤某公司遂以出票人宁夏灵武宝某大古储运有限公司、承兑人宝某石化集团财务有限公司以及直接票据前手大某公司天津分公司作为共同被告提起了票据追索权纠纷之诉，请求法院判令各被告连带向其承担支付票据本金和利息的义务。

四、诉讼中，大某公司天津分公司主张，宁夏煤某公司理应于2017年11月27日（含当日）到2018年12月7日（含当日）期间提示付款，但事实上其于2018年12月8日才在电子商业汇票系统中向承兑人宝某石化集团财务有限公司提示付款，丧失对除出票人和承兑人外的其他票据前手的追索权。

五、二审天津市第一中级人民法院认可了大某公司天津分公司的前述抗辩，并判决驳回了宁夏煤某公司对大某公司天津分公司的诉讼请求。

律师评析

提示付款期间的设置主要是为了敦促持票人早日行使票据权利、消灭票据上

[①] 天津市第一中级人民法院，宁夏煤某基本建设有限公司（以下简称宁夏煤某公司）、大某工程开发（集团）有限公司天津分公司（以下简称大某公司天津分公司）票据追索权纠纷二审民事判决书[（2020）津01民终4151号]。

的全部权利义务关系，以提高经济交易的快捷和效率，并使除承兑人或付款人外的前手能够合理预期其责任是否解除，防止除承兑人或者付款人外的前手是否应承担相应票据责任在汇票到期后长期处于不确定的状态，或者承担因持票人长期未提示付款而导致被拒绝付款后的风险。因此，持票人逾期提示付款的，须为其怠于行权付出相应的代价。故而，相关规范性文件规定，在此种情况下剥夺持票人对除出票人和承兑人外的其他票据前手的追索权。

实务经验总结

1. 持票人未在法定期限内向承兑人提示付款的，丧失对除出票人和承兑人外的其他票据前手的追索权。

2. 我们建议持票人积极行使票据付款请求权，在票据到期后尽早向承兑人提示付款，最早可以于汇票到期日当日进行，最晚于汇票到期日之次日起算十日内进行。

相关法律规定

《电子商业汇票业务管理办法》

第六十六条　持票人在票据到期日前被拒付的，不得拒付追索。持票人在提示付款期内被拒付的，可向所有前手拒付追索。持票人超过提示付款期提示付款被拒付的，若持票人在提示付款期内曾发出过提示付款，则可向所有前手拒付追索；若未在提示付款期内发出过提示付款，则只可向出票人、承兑人拒付追索。

裁判意见

以下为该案在法院审理阶段，判决书中"本院认为"就该问题的论述：

上诉人宁夏煤某公司主张其向宝某石化集团财务有限公司进行了提示付款，未超过十日的提示付款期限，但其未提供在到期日起十日内在电子商业承兑汇票系统中提示付款的证据，相反票面信息显示其于2018年12月8日提示付款，该时间已经超过了法定的提示付款期限。商业汇票的持票人超过规定期限提示付款的，丧失对其前手的追索权，持票人在作出说明后，仍可以向承兑人请求付款。本案中上诉人宁夏煤某公司超过付款期限提示付款，丧失了对前手大某公司天津分公司的追索权，故其无权要求二被上诉人承担案涉票据款项及利息的给付责任。

延伸阅读

裁判观点一：电子商业承兑汇票持票人未在法定期限内提示付款的，只得向持票人和承兑人行使票据追索权（与主文案例裁判观点相同）。

案例1：最高人民法院，烟某银行股份有限公司胜利路支行诉烟台鑫某投资咨询有限公司（以下简称烟台鑫某公司）等票据追索权纠纷上诉案［（2017）最高法民终249号］认为：

关于案涉票据在烟台鑫某公司提示付款时是否已过提示付款期限问题，案涉六张商业承兑汇票中，到期日为2012年1月5日的有四张，到期日为2012年2月21日的有两张。根据《票据法》第五十三条第一款第二项的规定，定日付款、出票后定期付款或者见票后定期付款的汇票，持票人应当自到期日起十日内向承兑人提示付款。本案中，烟台鑫某公司于2012年3月6日委托其开户行中某银行股份有限公司烟台芝某支行向付款人烟台裕某木业有限公司的开户行烟某银行股份有限公司胜利路支行收款，此时，已经超过十日的提示付款期限。参照中国人民银行发布的《支付结算办法》第三十六条第一款的规定，商业汇票的持票人超过规定期限提示付款的，丧失对其前手的追索权，持票人在作出说明后，仍可以向承兑人请求付款。本案中，因烟台鑫某公司委托银行收款时已过提示付款期限，其已经丧失对其前手的追索权，故其无权要求案涉票据的背书人哈尔滨高某丰公司和烟某银行股份有限公司胜利路支行承担案涉票据款及利息的给付责任。

案例2：重庆市高级人民法院，江苏海某智光科技有限公司（以下简称海某科技公司）与杭州伯某车辆电气工程有限公司（以下简称伯某车辆公司）等票据追索权纠纷二审民事判决书［（2021）渝民终13号］认为：

关于海某科技公司是否能对案涉票据前手行使追索权的问题，根据《最高人民法院关于审理票据纠纷案件若干问题的规定》（法释〔2000〕32号）第六十三条第二款"中国人民银行制定并公布施行的有关行政规章与法律、行政法规不抵触的，可以参照适用"的规定，因《票据法》未对持票人未在规定期限内提示付款是否丧失对前手的追索权进行明确规定，故应参照适用中国人民银行制定的《支付结算办法》第三十六条第一款"商业汇票的持票人超过规定期限提示付款的，丧失对其前手的追索权，持票人在作出说明后，仍可以向承兑人请求付款"

的规定，因海某科技公司未在规定期限内向承兑人力某财务公司提示付款，其已经丧失对除承兑人力某财务公司和出票人力某乘用车公司之外的前手，即伯某科技公司、伯某车辆公司、腾某欣科技公司的票据追索权。

裁判观点二：虽然持票人于票据到期日当日向承兑人提示付款的，属于在法定期间内提示付款的情形，但法定提示付款期间自票据到期日次日开始起算，持票人可以于票据到期日当日至到期日次日起在电子商业汇票系统提示付款。

案例3：江苏省无锡市中级人民法院，东莞市沃某通新能源有限公司（以下简称沃某通公司）与上海沸某德表面处理有限公司（以下简称沸某德公司）、无锡恒某电源配件有限公司等票据追索权纠纷二审民事判决书〔（2020）苏02民终534号〕认为：

涉案电子商业承兑汇票到期日为2019年1月25日，沸某德公司系票据合法持票人，有权自到期日起十日内向承兑人提示付款。沃某通公司认为，根据法律规定按日计算期间的则开始当天不计入，故沸某德公司在票据到期日当天提示付款不在提示付款期内。但是，对法律的解释应当符合其文义、体系和目的。《票据法》已明确规定涉案类型票据可自到期日起十日内提示付款，从字面意思理解，持票人当然可以在起始日当天，即票据到期日行使权利。虽然根据《民法总则》（现已失效）第二百零一条第一款规定，按照年、月、日计算期间的，开始的当日不计入，自下一日开始计算。但是在其他法律明确规定权利行使起始日的前提下，《民法总则》规定开始当天不计入期间，从立法目的而言，并非为了排除权利人在起始日行使权利，而是为了明确期间的截止时间。比如，本案中的付款提示期为自到期日起十日，则提示付款截止时间应从到期日次日起算十天，按照该方法计算，本案持票人可以提示付款的期间应为2020年1月25日至2月4日。据此，一审认定沸某德公司在票据到期日当天提示付款符合法律规定，并无不当。

015 未向承兑人提示付款，能否直接行使追索权？

裁判要旨

付款请求权是持票人享有的第一顺序权利，追索权是持票人享有的第二顺序权利。在不存在承兑人被依法宣告破产的或者因违法被责令终止业务活动的情况下，持票人未向承兑人提示付款的，不得直接行使追索权。

案情简介[①]

一、2018年4月3日，海某集团公司作为出票人向海南海某航空进出口有限公司签发了一张电子商业承兑汇票，票据金额为100万元，汇票到期日为2019年4月3日，承兑人海某财务公司。背书情况：海南海某航空进出口有限公司将汇票背书转让给国某电力永川分公司；国某电力永川分公司将汇票背书转让给畅某公司。

二、票据到期后，持票人畅某公司分别于2019年4月3日、4月4日、4月8日三次进行提示付款申请的操作，但状态均显示为"操作失败"，4月8日还有一次提示付款申请的操作状态显示为"已撤回"。

三、提示付款操作失败后，持票人畅某公司以直接前手国某电力永川分公司为被告向法院提起票据追索权之诉，请求法院判令国某电力永川分公司向其支付票据款本息。

四、诉讼中，重庆市第五中级人民法院认为，持票人畅某公司未能举证证明其已经向承兑人提示付款，属于"未行使作为第一顺序的票据付款请求权，而径行提起票据追索权之诉"的情况，并最终裁定驳回起诉。

律师评析

票据权利作为特殊的金钱债权，其特殊性在于票据权利为二次性权利，持票人可以对不同的票据债务人行使两次请求权，即付款请求权和追索权。付款请求权是持票人享有的第一顺序权利，是基本票据权利。追索权是持票人享有的第二顺序权利，在付款请求权被拒绝或者法定情形出现时才可以行使，具体而言如以下两点：

1. 被拒绝付款（拒付追索）：票据到期后持票人向承兑人提示付款，但承兑人拒绝付款；

2. 法定情形（非拒付追索）：承兑人被依法宣告破产的或者因违法被责令终止业务活动的。

[①] 重庆市第五中级人民法院，江苏畅某电气设备有限公司（以下简称畅某公司）与国某重庆市电力公司永川供电分公司（以下简称国某电力永川分公司）票据追索权纠纷二审民事裁定书［（2020）渝05民终446号］。

实务经验总结

1. 持票人应于法定期间内在电子商业汇票系统向承兑人提示付款,最早可于票据到期日当天进行,最晚可于票据到期日之次日起十日内进行。

2. 如确实出现本文主文案例之情形,持票人无法通过电子商业汇票系统提示付款的,我们有以下两点建议:

(1) 持票人尽快与上海票据交易所进行沟通,以寻求解决方案;

(2) 进行前述操作的同时,以线下发函的方式向承兑人提示付款,并说明无法线上提示付款的情况。

相关法律规定

《中华人民共和国票据法》

第六十一条第一款 汇票到期被拒绝付款的,持票人可以对背书人、出票人以及汇票的其他债务人行使追索权。

《最高人民法院关于审理票据纠纷案件若干问题的规定》(2020年修正)

第四条 持票人不先行使付款请求权而先行使追索权遭拒绝提起诉讼的,人民法院不予受理。除有票据法第六十一条第二款和本规定第三条所列情形外,持票人只能在首先向付款人行使付款请求权而得不到付款时,才可以行使追索权。

《电子商业汇票业务管理办法》

第六十五条 追索分为拒付追索和非拒付追索。拒付追索是指电子商业汇票到期后被拒绝付款,持票人请求前手付款的行为。

非拒付追索是指存在下列情形之一,持票人请求前手付款的行为:

(一)承兑人被依法宣告破产的;

(二)承兑人因违法被责令终止业务活动的。

裁判意见

以下为该案在法院审理阶段,判决书中"本院认为"就该问题的论述:

畅某公司是否有权向国某电力永川分公司进行追索。畅某公司上诉称,本案所涉汇票到期后,俊某公司向海某财务公司进行了提示付款,海某财务公司一直未承兑,本案中的电子承兑汇票长期维持"提示付款待签收"状态,海某集团公司存在债务危机，海某财务公司构成实质性的拒付，本案符合追索条件。本院认为，畅某公司的上诉理由不能成立，本院不予采纳。《票据法》第六十一条第一款规定："汇票到期被拒绝付款的，持票人可以对背书人、出票人以及汇票的其他债务人行使追索权。"《最高人民法院关于审理票据纠纷案件若干问题的规定》第四条规定："持票人不先行使付款请求权而先行使追索权遭拒绝提起诉讼的，人民法院不予受理。除有票据法第六十一条第二款和本规定第三条所列情形外，持票人只能在首先向付款人行使付款请求权而得不到付款时，才可以行使追索权。"本案所涉汇票于2019年4月3日到期，根据畅某公司在二审中举示的俊某公司向海某财务公司提示付款的截图，俊某公司于2019年4月3日、4月4日、4月8日三次付款提示申请的操作状态均显示为"操作失败"，4月8日还有一次提示付款申请的操作状态显示为"已撤回"。畅某公司并未举证证明本案所涉汇票长期处于"提示付款待签收"的状态，根据本案现有证据并不足以证明俊某公司就本案所涉汇票向承兑人进行过有效的提示付款，海某财务公司存在拒绝付款的情形。根据前述规定，在没有证据证明持票人行使付款请求权后被拒绝付款的情况下，畅某公司不得向其前手国某电力永川分公司行使追索权，一审法院裁定驳回畅某公司的起诉并无不当。

延伸阅读

裁判观点一：付款请求权为第一次序的请求权，追索权为第二次序的请求权，持票人须按次序行使前述票据权利。

案例1：江西省高级人民法院，江西升某新材料有限公司、九某银行股份有限公司宜春分行质押合同纠纷二审判决书［（2021）赣民终114号］认为：

案涉质物为票据，票据权利包括付款请求权和追索权。付款请求权为第一次序的请求权，追索权为第二次序的请求权，只有在付款请求权不能实现或出现法定事由时才可以行使追索权，如果付款请求权得以实现，追索权也随之消灭。

案例2：山东省梁山县人民法院，兖州煤某股份有限公司（以下简称兖州煤某公司）与海某集团有限公司、海某集团财务有限公司票据追索权纠纷一审民事判决书［（2020）鲁0832民初390号］认为：

原告兖州煤某公司能否行使追索权的问题。本院认为，票据权利包括付款请求权和追索权，付款请求权是指票据持票人向票据主债务人或者其他付款义务人请求按照票据记载的金额付款的一种票据权利，是持票人享有的第一顺序权利；追索权是指票据持有人行使付款请求权遭到拒绝或有其他法定原因时，向其前手请求偿还票据金额及其他法定费用的权利，是持票人享有的第二顺序权利。

016 电子商业承兑汇票显示"提示付款待签收"，持票人可否行使追索权？

阅读提示

在电子商业承兑汇票逾期兑付纠纷中，持票人行使票据追索权时必须提交行使票据付款请求权被拒绝后承兑人出具的拒付证明。在提示付款期限内持票人发起提示付款，而部分承兑人持有不签收付款、不拒绝付款的消极态度，接入机构也未依法代为作出付款或者拒付应答，导致电子承兑汇票持续处于"提示付款待签收"的状态，此等情况是否可以被认定为承兑人拒绝付款呢？

裁判要旨

承兑人怠于作出指令，故意不应答使得电子商业承兑汇票长期处于"提示付款待签收"的状态。即使接入机构未依法代为作出拒付应答，"提示付款待签收"状态的持续本身也已经构成实质上的拒付行为，不会成为合法持票人行使票据追索权的障碍。

案情简介[①]

一、2018年7月9日，志某配件厂从案外人云某公司取得可转让的电子银行承兑汇票一张，该票据的承兑人为宝某财务公司，到期日为2018年11月8日。

二、2018年11月6日，志某配件厂进行提示付款，承兑人未予签收，系争票据呈"提示付款待签收"状态。11月26日，宝某石化集团工作组发布公告，称自身面临到期票据违约相关问题。12月6日，宝某财务公司向志某配件厂出具《回执函》，载明："今收到志某配件厂交来的票据兑付资料……将根据相关

---

① 上海金融法院，南京丰某电力科技有限公司（以下简称丰某公司）与上海金某晟东电力科技有限公司、上海展某电力科技有限公司等票据追索权纠纷二审民事判决书［（2020）沪74民终859号］。

三、2019 年 1 月 2 日，山东省聊城市某公证处对该系争电子银行承兑汇票出具的《公证书》显示，系争票据的状态为"提示付款待签收"，未显示已完成付款及票据拒绝等提示信息。

四、2019 年 3 月 28 日，志某配件厂起诉至法院，请求行使票据的追索权。一审的上海市徐汇区人民法院和二审的上海金融法院均支持了志某配件厂的诉请。

律师评析

宝某财务公司故意推诿对"提示付款"的指令既不签收又不驳回，放之任之，导致电子承兑汇票长期处于"提示付款待签收"状态，这种持续的状态既是拒绝付款的行为，同时又是拒绝付款的证明。此外，宝某财务公司通过发布公告的方式自认出现票据未能如期兑付，加之其至今未向志某配件厂履行相关义务。综合上述情形判断，可认定宝某财务公司已"拒绝付款"，因此，法院判决支持志某配件厂基于追索权请求前手承担票据责任的诉请。

实务经验总结

1. 电子商业承兑汇票到期后及时通过电票系统提示付款，提示付款后承兑人未付款，票据显示"提示付款待签收"的，持票人应及时与承兑人沟通，请求承兑人付款或者作出拒付应答，同时请求接入机构代为付款或者在承兑人账户余额不足以支付票据款项时请求接入机构代承兑人作出拒付应答。

2. 如果承兑人拒绝出具拒付证明并且接入机构也未依法代承兑人作出拒付应答，持票人可以电话催促承兑人和接入机构签收或驳回、去承兑人住所地要求对方付款或出具拒付证明、委托律师发律师函提示付款、请求公证人员对拒付情况予以公证并出具公证文书，保留上述书面、视频、语音资料并进一步收集视为承兑人拒付的证据。

3. 在电票系统显示"提示付款待签收"的情形下，持票人需格外关注六个月的法定追索期限，建议持票人在第一次提示付款之日起不超过六个月行使追索权，以避免因法院对"提示付款待签收"持续状态的性质认定不同而错过追索时效丧失对前手的追索权。

相关法律规定

《中华人民共和国票据法》

第十七条　票据权利在下列期限内不行使而消灭：

（一）持票人对票据的出票人和承兑人的权利，自票据到期日起二年。见票即付的汇票、本票，自出票日起二年；

（二）持票人对支票出票人的权利，自出票日起六个月；

（三）持票人对前手的追索权，自被拒绝承兑或者被拒绝付款之日起六个月；

（四）持票人对前手的再追索权，自清偿日或者被提起诉讼之日起三个月。

票据的出票日、到期日由票据当事人依法确定。

第五十四条　持票人依照前条规定提示付款的，付款人必须在当日足额付款。

第六十一条　汇票到期被拒绝付款的，持票人可以对背书人、出票人以及汇票的其他债务人行使追索权。

汇票到期日前，有下列情形之一的，持票人也可以行使追索权：

（一）汇票被拒绝承兑的；

（二）承兑人或者付款人死亡、逃匿的；

（三）承兑人或者付款人被依法宣告破产的或者因违法被责令终止业务活动的。

第六十二条　持票人行使追索权时，应当提供被拒绝承兑或者被拒绝付款的有关证明。

持票人提示承兑或者提示付款被拒绝的，承兑人或者付款人必须出具拒绝证明，或者出具退票理由书。未出具拒绝证明或者退票理由书的，应当承担由此产生的民事责任。

第六十三条　持票人因承兑人或者付款人死亡、逃匿或者其他原因，不能取得拒绝证明的，可以依法取得其他有关证明。

《最高人民法院关于审理票据纠纷案件若干问题的规定》（2020年修正）

第七十条　票据法第六十三条所称"其他有关证明"是指：

（一）人民法院出具的宣告承兑人、付款人失踪或者死亡的证明、法律文书；

（二）公安机关出具的承兑人、付款人逃匿或者下落不明的证明；

（三）医院或者有关单位出具的承兑人、付款人死亡的证明；

（四）公证机构出具的具有拒绝证明效力的文书。

承兑人自己作出并发布的表明其没有支付票款能力的公告，可以认定为拒绝证明。

《电子商业汇票业务管理办法》

第六十条 持票人在提示付款期内提示付款的，承兑人应在收到提示付款请求的当日至迟次日（遇法定休假日、大额支付系统非营业日、电子商业汇票系统非营业日顺延）付款或拒绝付款。

持票人超过提示付款期提示付款的，接入机构不得拒绝受理。持票人在作出合理说明后，承兑人仍应当承担付款责任，并在上款规定的期限内付款或拒绝付款。

电子商业承兑汇票承兑人在票据到期后收到提示付款请求，且在收到该请求次日起第3日（遇法定休假日、大额支付系统非营业日、电子商业汇票系统非营业日顺延）仍未应答的，接入机构应按其与承兑人签订的《电子商业汇票业务服务协议》，进行如下处理：

（一）承兑人账户余额在该日电子商业汇票系统营业截止时足够支付票款的，则视同承兑人同意付款，接入机构应扣划承兑人账户资金支付票款，并在下一日（遇法定休假日、大额支付系统非营业日、电子商业汇票系统非营业日顺延）电子商业汇票系统营业开始时，代承兑人作出付款应答，并代理签章；

（二）承兑人账户余额在该日电子商业汇票系统营业截止时不足以支付票款的，则视同承兑人拒绝付款，接入机构应在下一日（遇法定休假日、大额支付系统非营业日、电子商业汇票系统非营业日顺延）电子商业汇票系统营业开始时，代承兑人作出拒付应答，并代理签章。

裁判意见

以下为该案在法院审理阶段，判决书中"本院认为"就该问题的论述：

一审法院认为，本案中，票据到期日为2018年11月8日，志某配件厂在2018年11月6日提示付款，虽然志某配件厂在票据到期后十日的提示付款期限内没有再次作出提示付款的行为，但因其在2018年11月6日的提示付款，由于承兑人未予签收而在电子商业汇票系统中呈持续状态，故该提示付款行为的效力及于汇票到期后的提示付款期内，即志某配件厂已在实际上完成了对系争汇票到期后的提示付款，故志某配件厂作为持票人在汇票到期被拒绝付款的情况下可以向背书人行使追索权。根据《票据法》第四十一条第一款规定："付款人对向其提示承兑的汇票，应当自收到提示承兑的汇票之日起三日内承兑或者拒绝承兑。"本案中，涉案票据状态一直显示为"提示付款待签收"，付款人这一长期的不签收提示付款信息、不作拒绝承兑的网上操作、不实际付款的行为应视为付款人实质上的拒绝兑付，该系争票据长期处于"提示付款待签收"状态的《公证书》可作为系争票据被拒绝兑付的有关证明，故志某配件厂行使追索权的条件已满足。

二审法院认为，丰某公司另主张，志某配件厂未提供法定的拒付证明，不能证明其已被拒绝付款，且目前宝某财务公司没有停止兑付行为，志某配件厂无权行使票据追索权。对此本院认为，《票据法》规定持票人行使票据追索权应当提供拒绝证明等文件，其目的在于约束持票人按照《票据法》规定的行权顺序行使票据权利，拒绝证明等文件的作用在于证明持票人确实已依法提示付款但被拒绝或因法定原因无法提示付款。案涉票据性质为电子银行承兑汇票，根据目前的电子商业汇票系统，若该种类型汇票的承兑人对于持票人的提示付款不应答，持票人客观上无法通过电子商业汇票系统取得拒付证明。宝某财务公司在电子商业汇票系统中对于志某配件厂的提示付款请求一直不予应答，通过发布公告的方式自认出现票据未能如期兑付的情形，并在接收志某配件厂提交的申报材料后直至本案诉讼，始终未向志某配件厂履行相关义务，综合上述情形判断，可认定宝某财务公司已"拒绝付款"。

延伸阅读

关于电子承兑汇票持续显示"提示付款待签收"，是否被认定为承兑人拒付，实务中存在不同认识和裁判观点。

裁判观点一：司法实践中主流观点认为，即使接入机构未按照《电子商业汇票业务管理办法》第六十条规定代承兑人作出付款或拒付应答，"提示付款待签收"的持续状态实质上系承兑人消极履行兑付义务，构成拒绝兑付（与主文案例观点相同）。

案例1：陕西省高级人民法院，武汉楚某布料溜槽制造有限公司（以下简称楚某公司）与西安华某钨制品有限公司（以下简称华某公司）买卖合同纠纷申诉、申请再审民事裁定书〔（2020）陕民申2237号〕认为：

本案的争议焦点为，一、二审判决楚某公司向华某公司支付货款150万元是否适当。本案中，华某公司与楚某公司签订买卖合同后，华某公司向楚某公司交付了货物，楚某公司向华某公司支付了价款。其中150万元价款是以背书转让电子银行承兑汇票形式支付。

在案涉汇票到期日前的2018年11月26日，由于宁夏回族自治区人民政府进驻宝某石化集团有限公司，工作组第一次公告案涉电子银行承兑汇票的承兑人宝某石化集团财务有限公司（以下简称宝某石化财务公司）有关票据活动涉嫌违法犯罪，公告要求到期持票人进行登记以便配合公安机关调查，华某公司为此与楚某公司进行交涉，并于2019年1月30日以背书转让形式将案涉四张汇票向楚某公司退票，并提起诉讼。

本院认为，华某公司已经签收的楚某公司背书转让的四张金额共计150万元的电子银行承兑汇票（电子商业汇票的一种）属于有价证券，但是华某公司签收票据后，票据未获得承兑付款前，双方之间的债权债务关系并未实际消灭。案涉票据尚未提示付款时，华某公司在知晓承兑人宝某石化财务公司有关票据活动涉嫌违法犯罪后以背书转让形式向楚某公司退票（2019年1月30日公证了该行为），然楚某公司最终未签收。本案二审期间，华某公司也提交了2019年9月16日对所持案涉票据的现状打印件，并书面说明是按照票据结算要求，在提示付款期内发出提示付款指令，楚某公司认可其真实性，该票据现状显示是"提示付款待签收"。但是，承兑人宝某石化财务公司并未按照《票据法》第五十四条规定，收到提示付款请求当日足额付款，案涉电子商业汇票所涉及的直接接入电子商业汇票系统的金融机构也未按照《电子商业汇票业务管理办法》第六十条规定，代承兑人作出付款或拒付应答，由此可见，案涉汇票事实上已经被拒付，能够证实楚某公司以汇票形式支付的150万元货款最终华某公司没有实际收到，该部分债权债务并未消灭，原判据此判令楚某公司向华某公司支付该150万元货款并无不当。至于双方之间的票据纠纷，可以另行解决。

裁判观点二：有部分法院认为，"提示付款待签收"的持续状态还不足以认定承兑人拒绝付款，不符合《票据法》的拒付证明，持票人不享有对前手的追索权。

案例2：福建省三明市中级人民法院，三明市龙某化工有限公司（以下简称龙某公司）、沙县成某商贸有限公司票据追索权纠纷二审民事判决书［（2019）闽04民终1951号］认为：

虽然电子汇票系统对案涉六张汇票到期日的提示付款申请没有应答信息，对提示付款后的追索信息显示为"非拒付追索",但该内容尚不足以证明承兑人宝某财务公司拒绝付款的事实从而驳回了上诉人的上诉请求。

裁判观点三:根据《最高人民法院关于审理票据纠纷案件若干问题的规定》第七十条第二款可知"承兑人自己作出并发布的表明其没有支付票款能力的公告"以及其他可以证明付款人客观上无力履行付款义务的文件,具有"拒付证明"的效力,持票人可以依据上述文件向前手行使追索权。

案例3:福建省三明市中级人民法院,福建三明汇某贸易有限公司(以下简称汇某公司)、三明市龙某化工有限公司(以下简称龙某公司)票据追索权纠纷二审民事判决书[(2020)闽04民终562号]认为:

虽然龙某公司在本案一审诉讼中没有提供被宝某财务公司的拒绝证明,但提供了《宝某石化集团财务有限公司公告》《宝某石化集团财务有限公司关于票据兑付事项第一次公告》《宝某石化集团财务有限公司票据兑付材料提交回执函》《警情通报》等其他有关被拒绝付款的合法证明。并且在本案二审中提交了2020年4月1日银川市国信公证处出具的《公证书》,证明龙某公司于2020年1月16日申请公证保全证据,以证实被拒绝付款但不能取得拒绝证明的事实。因此,龙某公司并未丧失对其前手汇某公司的追索权,龙某公司向汇某公司主张支付再追索金额的诉讼请求,应当予以支持。

裁判观点四:在承兑人未签收提示付款并且接入机构也未代承兑人作出拒付应答的情形下,电子商业承兑汇票会显示"提示付款待签收"状态,如果持票人在此情况下再次提示付款,票据状态即会显示"逾期提示付款待签收",但是在此等情况下,不能以"逾期"二字机械地认定为持票人逾期提示付款。

案例4:安徽省蚌埠市中级人民法院,蚌埠中某新材料科技有限责任公司、合肥众某商贸有限公司(以下简称众某商贸公司)票据追索权纠纷二审民事判决书[(2020)皖03民终3816号]认为:

本院认为,关于众某商贸公司是否逾期提示付款。根据众某商贸公司提供的电子银行承兑汇票记载:"汇票到期日:2019年2月13日,票据状态:提示付款待签收。"电票查询记录显示:"票据状态:逾期提示付款待签收。"《电子商业汇票业务管理办法》第六十条第三款规定:"电子商业承兑汇票承兑人在票据到期后收到提示付款请求,且在收到该请求次日起第3日(遇法定休假日、大额支付系统非营业日、电子商业汇票系统非营业日顺延)仍未应答的,接入机构应按其与承兑人签订的《电子商业汇票业务服务协议》,进行如下处理:(一)承兑人账户余额在该日电子商业汇票系统营业截止时足够支付票款的，则视同承兑人同意付款，接入机构应扣划承兑人账户资金支付票款，并在下一日（遇法定休假日、大额支付系统非营业日、电子商业汇票系统非营业日顺延）电子商业汇票系统营业开始时，代承兑人作出付款应答，并代理签章；（二）承兑人账户余额在该日电子商业汇票系统营业截止时不足以支付票款的，则视同承兑人拒绝付款，接入机构应在下一日（遇法定休假日、大额支付系统非营业日、电子商业汇票系统非营业日顺延）电子商业汇票系统营业开始时，代承兑人作出拒付应答，并代理签章。"根据上述要求，在承兑人未签收的情况下，接入机构应代承兑人作出付款应答或拒付应答。但实践中，承兑人账户余额不足以支付票据款项时，接入机构可能存在未代承兑人作出拒付应答的情形，此时票据会显示"提示付款待签收"状态，如果持票人在此情况下再次提示付款，票据状态即会显示"逾期提示付款待签收"。根据宝某石化集团财务有限公司关于票据兑付事项第一次公告，2018年宝某石化集团财务有限公司就存在大量到期票据不能兑付的问题，票据兑付处于无人签收的停滞状态，众某商贸公司再次提示付款，票据状态显示"逾期提示付款待签收"符合电子商业汇票系统运作特征，不能以"逾期提示付款待签收"中有"逾期"二字即认定众某商贸公司逾期提示付款。

裁判观点五：法院认为在接入机构未依法代承兑人作出拒付应答情况下，电子承兑汇票持续显示"提示付款待签收"视为承兑人拒绝付款，持票人未按照法律规定的时间在被拒绝付款后6个月内向前手行使追索权，则错过追索时效而丧失对前手的追索权。

案例5：山东省高级人民法院，东营市金某源建材有限公司（以下简称金某源公司）、东营市旭某置业有限公司票据追索权纠纷再审审查与审判监督民事裁定书〔（2020）鲁民申2170号〕认为：

本案再审审查的焦点问题是，原审认定金某源公司行使追索权已过票据权利时效是否具有事实和法律依据。根据原审在卷证据和已查明事实，涉案汇票的到期日为2016年11月30日，金某源公司于2016年12月1日向工某银行江城支行提示付款，但一直未获得相应付款，后于2018年9月6日向承兑人浙某大学对外技术贸易公司及接入机构工某银行江城支行寄送律师函，要求工某银行江城支行按照相应规定出具拒付证明并代理签章。本院认为，根据《电子商业汇票业务管理办法》第六十条第三款第二项的规定，金某源公司在工某银行江城支行于2016年12月4日仍未付款时，就应当认识到付款被拒绝，其应及时要求承兑人或承兑人的开户行出具拒绝付款证明书并及时行使追索权，但其在此后6个月内未采取合理措施主张权利，其怠于行使权利情形明显，故原审认定金某源公司丧失对其前手的追索权并无不当。

017 票据状态显示为"逾期提示付款待签收"，是否一定说明持票人逾期提示付款？

裁判要旨

持票人于法定期限内在电子商业汇票系统上提示付款的，即产生有效行使了票据付款请求权的效果，即便此后持票人撤回该次提示付款操作、于法定期限外再次提示付款，以至于系统显示票据状态为"逾期提示付款待签收"，持票人也不丧失对收款人、背书人的追索权。

案情简介①

一、2018年9月5日，瑞某公司向都某公司背书转让了两张电子承兑汇票，汇票金额均为10万元，出票人和承兑人均为宝某公司，收款人均为中某公司，到期日为2019年4月28日。背书情况均为：收款人中某公司背书转让给瑞某公司，瑞某公司又背书转让给都某公司。

二、2019年4月28日，都某公司在电子商业汇票系统中就上述两张汇票向承兑人宝某公司提示付款。因宝某公司未予应答，同年5月13日都某公司进行了提示付款撤回，次日都某公司重新提示付款，以至于系统显示票据状态为"逾期提示付款待签收"。

三、鉴于迟迟未获得兑付，都某公司以出票人宝某公司、收款人中某公司和背书人瑞某公司为共同被告提起票据追索权之诉，请求判令各被告连带向其支付票据款本息。

四、诉讼中，收款人中某公司认为，根据《电子商业汇票业务管理办法》

---

① 吉林省长春市中级人民法院，长春市中某医药药材有限责任公司（以下简称中某公司）、吉林省都某药业股份有限公司（以下简称都某公司）等票据追索权纠纷民事二审民事判决书［（2020）吉01民终3491号］。

第十一条"电子商业汇票信息以电子商业汇票系统的记录为准"的规定，票据状态应当以票面信息为准，鉴于案涉票据票面信息均显示"逾期提示付款待签收"，都某公司丧失对付款人和背书人的追索权。

五、二审吉林省长春市中级人民法院对中某公司前述抗辩不予认可，并判决支持了都某公司的诉讼请求。

律师评析

本案的争议焦点为，都某公司于法定期间内提示付款后，撤回该提示付款，且于法定期间后再次提示付款的，是否属于已在法定期内有效行使了票据付款请求权的情形。法院对此持肯定态度，认为都某公司已经在规定期限内有效行使了付款请求权，故并不丧失对于出票人、承兑人之外其他前手的追索权。我们认可法院的裁判观点，理由如下：

1. 持票人向承兑人提示付款系行使票据付款请求权的具体表现形式，属于法定期间内向义务人主张权利的情形，理应产生类似于诉讼时效中断的法律效果。之所以如此类比，正是因为诉讼时效制度与提示付款期间设置的目的均是敦促权利人积极行权。在诉讼时效制度框架下，权利人重复积极行权的，会导致诉讼时效中断，诉讼时效重新起算，权利人并不因此丧失任何权利。那么，在票据关系背景下，持票人积极多次行使票据付款请求权，当然也不应减损其合法权益。

2. 持票人于法定期间内提示付款，后撤回该提示付款操作，并于法定期间外提示付款的，票据状态显示为"逾期提示付款待签收"，该等显示完全系电子商业汇票系统设置以及承兑人、接入机构怠于应答所致，不可归责于持票人。

实务经验总结

1. 持票人于法定期间内向承兑人提示付款，如果承兑人迟迟未予以应答的，我们有以下几点建议：

（1）持票人直接与接入机构取得联系，要求其代承兑人作出应答；

（2）虽然持票人在法定期间内提示付款的，即产生有效行使票据付款请求权的效果，而不论票据状态是否显示逾期提示付款，我们依然不建议在此等情况下撤回此前的提示付款操作。因为如果后续提示付款操作落入法定提示付款期限之外，则票面信息便会显示逾期提示付款，即便此后承兑人进行拒付应答，此时持票人也无法在电子商业汇票系统上对除出票人和承兑人外的其他票据前手发起线上追索，这也就意味着撤回期内提示付款对持票人行使票据追索权无任何裨益，相反还可能成为行权的障碍。

2. 虽然《电子商业汇票业务管理办法》第十一条有"电子商业汇票信息以电子商业汇票系统的记录为准"的规定，但票面信息显示逾期提示付款的，并不直接等同于持票人丧失对背书人和收款人的追索权，实践中，法院会进行实质审查。我们建议此等情况下，持票人可与接入机构进行沟通，取得汇票业务明细查询情况，并提交法院，以证明已在法定提示付款期间内在电子商业汇票系统中向承兑人提示付款。

3. 提请注意，《上海票交所关于规范电子商业承兑汇票提示付款应答的通知》（票交所发〔2022〕2号）第一条第一款第一项载明："票据到期日在2022年3月21日及之后的电子商业承兑汇票处理规则 1. 持票人在电子商业承兑汇票的提示付款期内或超过提示付款期提示付款，承兑人在收到提示付款请求的次日起第3日（遇法定休假日、大额支付系统非营业日、电子商业汇票系统非营业日顺延）仍未应答，承兑人接入机构也未在下一日（遇法定休假日、大额支付系统非营业日、电子商业汇票系统非营业日顺延）代为应答的，则电子商业汇票系统在该日日终时将票据状态'提示付款待签收'和'逾期提示付款待签收'变更为拒付状态。"因此，到期日在2022年3月21日及之后的电子商业承兑汇票原则上不会再出现因承兑人迟迟不予应答、接入机构怠于代为应答，而导致票据状态持续维持于提示付款待签收或逾期提示付款待签收的情况。

相关法律规定

《电子商业汇票业务管理办法》

第六十六条 持票人在票据到期日前被拒付的，不得拒付追索。持票人在提示付款期内被拒付的，可向所有前手拒付追索。持票人超过提示付款期提示付款被拒付的，若持票人在提示付款期内曾发出过提示付款，则可向所有前手拒付追索；若未在提示付款期内发出过提示付款，则只可向出票人、承兑人拒付追索。

裁判意见

以下为该案在法院审理阶段，判决书中"本院认为"就该问题的论述：

关于都某公司是否已在提示付款期内有效行使了票据付款请求权的问题。《票据法》第五十三条第一款第二项规定了"定日付款、出票后定期付款或者见票后定期付款的汇票，自到期日起十日内向承兑人提示付款"。《中国人民银行关于印发〈支付结算办法〉的通知》第三十六条第一款规定："商业汇票的持票人超过规定期限提示付款的，丧失对其前手的追索权，持票人在作出说明后，仍可以向承兑人请求付款。"本案中，该问题的争议在于都某公司对于到期日为2019年4月28日的两张案涉票据是否有效行使了票据付款请求权。本院认为，都某公司于2019年4月28日对两张汇票提示付款后，该提示付款宝某公司未予应答。虽然都某公司在2019年5月13日又撤销了两张争议汇票原先的提示付款，重新发起提示付款，系统显示票据状态为"逾期提示付款待签收"，但都某公司已于2019年4月28日在规定期限内有效行使了付款请求权，故并不丧失对于出票人、承兑人之外其他前手的追索权。中某公司称都某公司未依法行使票据付款请求权并因此丧失对其的追索权，该意见缺乏事实及法律依据，本院不予支持。

延伸阅读

裁判观点一：持票人于法定期间内提示付款后，撤回该次提示付款，并于法定期间外再次提示付款的，即便票面信息显示"逾期提示付款"的，也属于有效提示付款，产生有效行使票据付款请求权的效果，并不丧失对除出票人和承兑人外的其他票据前手的追索权。

案例1：江西省高级人民法院，江西升某新材料有限公司（以下简称江西升某公司）、湖南升某科技有限公司（以下简称湖南升某公司）票据追索权纠纷二审民事判决书［（2019）赣民终598号］认为：

关于案涉尾号为7885号和7713号的两张商票是否逾期提示付款的问题。上诉人主张7885号和7713号的两张商票均存在逾期提示付款，锂某公司既不是持票人，依法也不能向前手江西升某公司进行再追索。本院认为，2018年4月5日汇票到期后，九某银行新余分行于2018年4月8日提示付款，其中7885号和7713号显示未签收，系因票据交易系统升级处理。根据系统要求，对对手方未应答的提示付款于2018年9月30日前撤回，撤回后再次提示付款时，7885号和7713号电子商业汇票系统中显示逾期提示付款。汇票系统上显示的逾期提示付款字样是对再次提示付款的状态反映，该状态的出现是深圳市沃某玛电池有限公司未签收答复所致，九某银行新余分行已在法定期限内提示付款，系统显示逾期提示付款是因深圳市沃某玛电池有限公司未签收答复和系统升级造成的，并非持票人未提示付款。故江西升某公司和湖南升某公司主张 7885 和 7713 号两张商票没在法定期限内提示付款的理由不能成立，锂某公司依法享有向上诉人追索的权利。

案例 2：安徽省蚌埠市中级人民法院，蚌埠中某新材料科技有限责任公司、合肥众某商贸有限公司（以下简称众某商贸公司）票据追索权纠纷二审民事判决书［（2020）皖 03 民终 3816 号］认为：

关于众某商贸公司是否逾期提示付款。根据众某商贸公司提供的电子银行承兑汇票记载："汇票到期日：2019 年 2 月 13 日，票据状态：提示付款待签收。"电票查询记录显示："票据状态：逾期提示付款待签收。"根据上述要求，在承兑人未签收的情况下，接入机构应代承兑人作出付款应答或拒付应答。但实践中，承兑人账户余额不足以支付票据款项时，接入机构可能存在未代承兑人作出拒付应答的情形，此时票据会显示"提示付款待签收"状态，如果持票人在此情况下再次提示付款，票据状态即会显示"逾期提示付款待签收"。根据宝某石化集团财务有限公司关于票据兑付事项第一次公告，2018 年宝某石化集团财务有限公司就存在大量到期票据不能兑付的问题，票据兑付处于无人签收的停滞状态，众某商贸公司再次提示付款，票据状态显示"逾期提示付款待签收"符合电子商业汇票系统运作特征，不能以"逾期提示付款待签收"中有"逾期"二字即认定众某商贸公司逾期提示付款。

案例 3：安徽省宿州市中级人民法院，溧水天某水泥有限公司（以下简称天某水泥公司）、安徽界某矿业有限公司（以下简称界某矿业公司）票据追索权纠纷［（2020）皖 13 民终 1170 号］认为：

关于天某水泥公司主张涉案票据目前处于逾期提示付款状态、界某矿业公司未在法定期限内提示付款的上诉主张，经审理认为，界某矿业公司二审举证的有关提示付款信息证据材料能够证明"两张汇票已分别在 2018 年 6 月 8 日及 6 月 20 日通过电子商业汇票系统向承兑人提示付款"的事实（备注：2018 年 6 月 8 日提示付款系法定期间内提示付款，后界某矿业公司撤回该次操作，并于 6 月 20 日再次提示付款，该次提示付款时间落入法定期间外），因此，天某水泥公司认为界某矿业公司已丧失对上诉人的追索权的上诉意见，本院不予支持。

018 被拒付的情况下，是否有必要再重复提示付款？

裁判要旨

持票人被拒付后又数次向承兑人提示付款，且均被拒付的，追索权权利时效期间起算点以第一次被拒绝付款之日为准，后续重复提示付款构成持票人向承兑人行使票据追索权。

案情简介①

一、2018年8月2日，国某公司作为出票人签发了一张电子商业承兑汇票，汇票到期日为2019年8月2日，收票人为开某公司，国某公司于2018年8月2日承兑。背书情况为：开某公司将该票据背书转让给荣某公司，荣某公司将该票据背书转让给天某公司。

二、汇票到期后，天某公司于2019年8月8日通过电子商业汇票系统向承兑人提示付款，2019年8月13日被承兑人拒绝付款，拒付理由为商业承兑汇票承兑人账户余额不足。后天某公司向国某公司多次提示付款，最后一次提示付款日期为2020年4月8日，2020年4月14日被回复拒绝签收，拒付理由仍为商业承兑汇票承兑人账户余额不足。

三、2020年4月23日，持票人天某公司以出票人/承兑人国某公司、收款人开某公司和直接前手荣某公司为共同被告向法院提起票据追索权之诉，请求法院判令各被告连带向其清偿票据款本息。

四、诉讼中，法院认为被拒绝付款之日以第一次被拒付为准，后续提示付款的操作属于持票人对承兑人行使追索权的情形，鉴于天某公司在第一次被拒付之日起六个月未向开某公司和荣某公司主张过权利，丧失对开某公司和荣某公司的追索权。

律师评析

本案的争议焦点为，持票人被拒付后又重复进行提示付款，且均被拒付的情

---

① 天津市第三中级人民法院，文安县天某再生资源有限公司（以下简称天某公司）、天津万某盛达科技有限公司等票据追索权纠纷民事二审民事判决书［（2021）津03民终968号］。

况下，票据追索权权利时效的起算点究竟是以第一次被拒绝付款之日还是最后一次被拒绝付款之日为准。本案中，法院认为，应当以第一次被拒付之日作为追索权权利时效的起算点，此后的提示付款构成持票人向承兑人行使追索权。我们认可法院的前述观点，理由如下：

1. 票据属于流通性证券，为了充分有效发挥其功能，相关票据立法立足于促进其高效安全流通，赋予了其完全有价证券性、文义性、无因性、设权性、要式性、提示性等法律特征。鉴于原则上在票据到期日起两年内，持票人均可持续进行提示付款操作。如以最后一次提示付款后被拒付之日作为追索权权利时效期间的起算点，票据前手是否承担票据责任将长时间处于不确定状态，票据款持续处于待清结状态，有害于票据高效安全流通。

2. 票据付款请求权的权利时效期间为票据到期日起至被拒付（或票据到期日起两年），一旦持票人被拒付，票据付款请求权消灭。此后持票人要求承兑人支付票据款的，属于行使追索权的情形。

实务经验总结

持票人提示付款被拒付后没有必要再次提示付款，而应该直接发起线上追索（不能发起线上追索的，直接进行线下追索），有以下两点理由：

1. 追索权权利时效起算点以第一次被拒付之日为准。

2. 后续提示付款仅系针对承兑人行权，不构成对其他票据前手行权，如持票人在第一次被拒付之日起六个月内一直重复提示付款而不向其他票据前手行权，则丧失对相应前手的追索权。

相关法律规定

《中华人民共和国票据法》

第十七条 票据权利在下列期限内不行使而消灭：

（一）持票人对票据的出票人和承兑人的权利，自票据到期日起二年。见票即付的汇票、本票，自出票日起二年；

（二）持票人对支票出票人的权利，自出票日起六个月；

（三）持票人对前手的追索权，自被拒绝承兑或者被拒绝付款之日起六个月；

（四）持票人对前手的再追索权，自清偿日或者被提起诉讼之日起三个月。

票据的出票日、到期日由票据当事人依法确定。

裁判意见

以下为该案在法院审理阶段，判决书中"本院认为"就该问题的论述：

一审法院认为，国某公司出具电子商业承兑汇票后，经过连续背书转让，最后持票人为天某公司，背书连续、有效。天某公司取得汇票的行为合法，应认定天某公司享有票据权利。在票据到期后，天某公司于2019年8月8日向承兑人提示付款，被拒绝付款日为2019年8月13日。根据《票据法》第十七条第一款第三项规定，持票人对前手的追索权，自被拒绝承兑或者被拒绝付款之日起六个月，天某公司自2019年8月13日被拒绝付款后，其虽连续不断提示付款，但都是向承兑人国某公司主张权利，并无证据证明自2019年8月13日后向其所有前手主张过权利，故天某公司于2020年4月23日起诉向其所有前手即开某公司、荣某公司行使追索权，因超过了票据权利时效而丧失了票据权利，故对天某公司要求开某公司、荣某公司承担连带清偿责任的诉讼请求，不予支持。

二审法院认为，票据权利时效是《票据法》中关于票据权利期限的特别规定，除《票据法》中明确规定因持票人行使票据权利而发生的中断事由外，并无其他中止、中断、延长等法律规定，票据权利时效经过，直接导致票据权利消灭的法律后果。本案中，天某公司在涉诉汇票拒付后，除在法定期限内向出票人和承兑人国某公司主张权利外，未提供充分证据证实在法定期限内向其他前手依法行使追索权，因法律规定持票人对前手的追索权应自被拒绝承兑或者被拒绝付款之日起六个月内行使，截至天某公司向一审法院起诉时已超过六个月未进行有效追索，其向相应前手的追索权因票据权利时效经过而归于消灭。

延伸阅读

无

第二节 票据追索权权利时效

019 持票人应在何期限内向出票人行使追索权？

裁判要旨

持票人对汇票出票人及承兑人的追索权是自票据到期日起二年。超出前述期限的，持票人对出票人及承兑人的追索权消灭。

案情简介[①]

一、俊某公司通过电子商业承兑汇票系统接收了弼某公司背书给俊某公司的电子商业承兑汇票一张，出票日期为2018年2月10日；汇票到期日为2019年2月10日；票面金额为300万元；出票人和承兑人均为天某公司；收款人为弼某公司。

二、2019年2月10日，汇票到期后，俊某公司向承兑人提示付款被拒付。2020年1月22日，俊某公司以出票人/承兑人天某公司为被告提起票据追索权之诉，请求法院判令天某公司向其支付票据款本息。

三、诉讼中，天某公司主张"持票人俊某公司行使追索权的时间超过了法定的六个月的权利期限，丧失对前手的追索权"。河北省邯郸市中级人民法院认为，持票人对出票人/承兑人的追索权的权利时效期间为自票据到期日起两年，对天某公司的前述主张不予支持，并判决支持了俊某公司的诉讼请求。

律师评析

本案的争议焦点为，持票人对出票人/承兑人享有的票据追索权的权利时效期间为何期限。根据《最高人民法院研究室对〈票据法〉第十七条如何理解和适用问题的复函》（法〔研〕明传〔2000〕21号）第一条规定："《中华人民共和国票据法》第十七条第一款第（一）项规定的'持票人对票据的出票人和承

[①] 河北省邯郸市中级人民法院，南通俊某经贸有限公司（以下简称俊某公司）、邯郸天某冶金科技有限公司（以下简称天某公司）票据纠纷二审民事判决书〔（2021）冀04民终1830号〕。

兑人的权利'，包括付款请求权和追索权"可知，持票人对汇票出票人及承兑人的追索权是自票据到期日起二年。

实务经验总结

持票人对汇票出票人及承兑人的追索权是自票据到期日起二年，对除出票人和承兑人外的其他票据前手的追索权是被拒绝付款之日起六个月。

我们提请注意的是，持票人对出票人和承兑人、其他票据前手享有的追索权的期限和起算点均不相同。

相关法律规定

《中华人民共和国票据法》

第十七条 票据权利在下列期限内不行使而消灭：

（一）持票人对票据的出票人和承兑人的权利，自票据到期日起二年。见票即付的汇票、本票，自出票日起二年；

（二）持票人对支票出票人的权利，自出票日起六个月；

（三）持票人对前手的追索权，自被拒绝承兑或者被拒绝付款之日起六个月；

（四）持票人对前手的再追索权，自清偿日或者被提起诉讼之日起三个月。

票据的出票日、到期日由票据当事人依法确定。

《最高人民法院研究室对〈票据法〉第十七条如何理解和适用问题的复函》（法[研]明传〔2000〕21号）

一、《中华人民共和国票据法》第十七条第一款第（一）项规定的"持票人对票据的出票人和承兑人的权利"，包括付款请求权和追索权；第（三）项规定的"持票人对前手的追索权"，不包括对票据出票人的追索权。

《最高人民法院关于审理票据纠纷案件若干问题的规定》（2020年修正）

第十七条 票据法第十七条第一款第（三）、（四）项规定的持票人对前手的追索权，不包括对票据出票人的追索权。

裁判意见

以下为该案在法院审理阶段，判决书中"本院认为"就该问题的论述：

本院认为，关于上诉人行使票据的追索权是否超过诉讼时效问题。根据《票据法》第十七条第一款第一项规定："持票人对票据的出票人和承兑人的权利，自票据到期日起二年……"第三项规定："持票人对前手的追索权，自被拒绝承兑或者被拒绝付款之日起六个月。"根据《最高人民法院关于审理票据纠纷案件若干问题的规定》（2008年调整）第十八条："票据法第十七条第一款第（三）、（四）项规定的持票人对前手的追索权，不包括对票据出票人的追索权。"被上诉人天某公司作为出票人，依法应适用二年时效的有关规定。故自案涉汇票到期日至上诉人俊某公司向一审法院提起诉讼并未超过追索时效。

延伸阅读

裁判观点：持票人对出票人和承兑人享有的追索权和再追索权是自票据到期日起二年，而非六个月。

案例1：山东省东营市中级人民法院，胜某油田万某石油化工有限责任公司（以下简称万某石化公司）、滨州市辉某建筑工程有限公司（以下简称滨州辉某公司）等票据追索权纠纷民事二审民事判决书［（2021）鲁05民终1295号］认为：

《票据法》第十七条规定："票据权利在下列期限内不行使而消灭：（一）持票人对票据的出票人和承兑人的权利，自票据到期日起二年。见票即付的汇票、本票，自出票日起二年；（二）持票人对支票出票人的权利，自出票日起六个月；（三）持票人对前手的追索权，自被拒绝承兑或者被拒绝付款之日起六个月；（四）持票人对前手的再追索权，自清偿日或者被提起诉讼之日起三个月。票据的出票日、到期日由票据当事人依法确定。"《最高人民法院关于审理票据纠纷案件若干问题的规定》第十二条规定："票据法第十七条第一款第（一）、（二）项规定的持票人对票据的出票人和承兑人的权利，包括付款请求权和追索权。"第十七条规定："票据法第十七条第一款第（三）、（四）项规定的持票人对前手的追索权，不包括对票据出票人的追索权。"根据上述规定，持票人对汇票出票人及承兑人的付款请求权和追索权是自票据到期日起二年，对前手的追索权是被拒绝付款之日起六个月。故滨州辉某公司向东营佳某公司、万某石化公司行使票据追索权的期限，应为自被拒绝付款之日起六个月内。但滨州辉某公司一直怠于行使其权利，直至2021年1月17日该票据状态显示"已逾票据权利失效日"，在其对出票人和承兑人的付款请求权和追索权均已超过二年时效期间的情况下，才于2021年1月25日向一审法院提起诉讼，向东营佳某公司、万某石化公司主张票据追索权，显然已经超过票据追索权的时效期间。

案例2：四川省成都市中级人民法院，中建西某建设西南有限公司、神某长城股份有限公司（以下简称神某长城公司）等票据追索权纠纷民事二审民事判决书［（2021）川01民终22801号］认为：

案涉票据到期日为2018年9月20日。恒某达公司作为最后持票人，依据《票据法》相关规定向出票人和承兑人神某长城公司提示付款被拒后，向其前手顺某矿业公司行使追索权。顺某矿业公司清偿后，作为持票人于2020年12月1日起诉向其前手以及神某长城公司行使追索权（再追索权）。上述事实充分表明，案涉票据的持票人已自票据到期日起二年内向票据的出票人和承兑人神某长城公司主张票据权利。因此，持票人向出票人和承兑人主张票据权利的时效发生中断。

020 持票人应在何期限内向票据前手行使追索权？

裁判要旨

持票人对除出票人和承兑人外的票据前手的追索权应自被拒绝付款之日起六个月内行使。超出前述期限的，持票人对票据前手的追索权归于消灭。

案情简介[①]

一、2020年3月5日，道某公司作为出票人和承兑人向作为收票人的景某园林公司出具了四张电子商业承兑汇票，到期日期均为2021年3月5日。景某园林公司收到汇票后，四张票据经过连续背书，最后背书转让到嘉某禾公司名下。

二、嘉某禾公司收到票据后，在汇票到期后提示付款，并于到期日当日即2021年3月5日被拒，目前票据状态为"提示付款已拒付"。

三、2021年12月，嘉某禾公司以出票人/承兑人道某公司和收款人景某园林公司为被告向法院提起票据追索权之诉，请求法院判令二被告连带向其支付票据

---

① 贵州省遵义市红花岗区人民法院，遵义嘉某禾园林有限公司（以下简称嘉某禾公司）、遵义道某建设（集团）有限公司（以下简称道某公司）等票据追索权纠纷民事一审民事判决书［（2021）黔0302民初22986号］。

款本息。

四、诉讼中，贵州省遵义市红花岗区人民法院认为，嘉某禾公司未于被拒付之日起六个月内向收款人行使票据追索权，无权要求收票人景某园林公司支付票据款本息。

律师评析

本案的争议焦点为，持票人被拒付后对除出票人和承兑人外票据前手享有的追索权的权利时效期间为何期限。根据《票据法》第十七条第一款第三项之规定"票据权利在下列期限内不行使而消灭：（三）持票人对前手的追索权，自被拒绝承兑或者被拒绝付款之日起六个月"可知，持票人对除出票人和承兑人外票据前手享有的追索权的权利时效期间为被拒付之日起六个月，超过该期限未行权的，持票人将丧失对相应前手的追索权。

实务经验总结

1. 持票人被承兑人拒付后，如能在电子商业汇票系统上向全部票据前手发起追索的，则务必在被拒付之日起六个月内发起拒付追索。

2. 如确实不能通过电子商业汇票系统向前手发起线上追索，我们建议持票人在被拒付之后六个月内通过发律师函、催款函等线下方式积极向前手主张追索权，并留存行权证据，以便在后续纠纷解决中主张权利时效中断。

相关法律规定

《中华人民共和国票据法》

第十七条 票据权利在下列期限内不行使而消灭：

（一）持票人对票据的出票人和承兑人的权利，自票据到期日起二年。见票即付的汇票、本票，自出票日起二年；

（二）持票人对支票出票人的权利，自出票日起六个月；

（三）持票人对前手的追索权，自被拒绝承兑或者被拒绝付款之日起六个月；

（四）持票人对前手的再追索权，自清偿日或者被提起诉讼之日起三个月。

票据的出票日、到期日由票据当事人依法确定。

裁判意见

以下为该案在法院审理阶段,判决书中"本院认为"就该问题的论述:

嘉某禾公司要求景某园林公司承担责任。景某园林公司作为票据的收票人,相当于嘉某禾公司的前手,根据《票据法》第十七条第一款第三项"票据权利在下列期限内不行使而消灭:(三)持票人对前手的追索权,自被拒绝承兑或者被拒绝付款之日起六个月"的规定,票据被拒付日为2021年3月5日,而嘉某禾公司提起主张的时间为2021年12月,远远超过六个月的时间,嘉某禾公司已经丧失对景某园林公司的票据权利,本院对于嘉某禾公司的该项诉讼请求不予支持。

延伸阅读

裁判观点:持票人应当在被承兑人拒付之后的六个月内向票据前手主张权利,否则将丧失对除出票人和承兑人外其他票据前手的追索权。

案例1:宁夏回族自治区高级人民法院,中某油天然气股份有限公司青海销售分公司(以下简称中某油青海分公司)与宁夏灵武宝某大古储运有限公司、宝某石化集团财务有限公司等票据追索权纠纷二审民事判决书[(2020)宁民终421号]认为:

一审法院认定,中某油青海分公司至迟应于2019年1月6日已知被拒绝付款并无不当。中某油青海分公司于2019年11月11日起诉本案,已经超过6个月的票据追索权利时效期间。中某油青海分公司上诉提出其于2019年7月向被上诉人邮寄律师函提出支付票据金额,诉讼时效应中断的主张,没有提交相应证据予以证明,故对该上诉理由本院不予支持。

案例2:浙江省杭州市中级人民法院,太原重某股份有限公司(以下简称太原重某公司)与沈阳华某风能有限公司、通辽华某风能有限公司(以下简称通辽华某公司)票据付款请求权纠纷一审民事判决书[(2020)浙01民初2167号]认为:

至于太原重某公司对通辽华某公司所提诉讼主张,现未有证据表明太原重某公司曾于其被拒绝付款之日起六个月内行使追索权,故其对宁夏重某公司的案涉票据权利,因未在法定票据时效期限内行使而消灭。

案例3:天津市第三中级人民法院,文安县天某再生资源有限公司(以下简称天某公司)、天津万某盛达科技有限公司等票据追索权纠纷民事二审民事判决书〔(2021)津03民终968号〕认为：

一审法院认为，国某公司出具电子商业承兑汇票后，经过连续背书转让，最后持票人为天某公司，背书连续、有效。天某公司取得汇票的行为合法，应认定天某公司享有票据权利。在票据到期后，天某公司于2019年8月8日向承兑人提示付款，被拒绝付款日为2019年8月13日，根据《票据法》第十七条第一款第三项规定，持票人对前手的追索权，自被拒绝承兑或者被拒绝付款之日起六个月，天某公司自2019年8月13日被拒绝付款后，其虽连续不断提示付款，但都是向承兑人国某公司主张权利，并无证据证明自2019年8月13日后向其所有前手主张过权利，故天某公司于2020年4月23日起诉向其所有前手即开某公司、荣某公司行使追索权，因超过了票据权利时效而丧失了票据权利，故对天某公司要求开某公司、荣某公司承担连带清偿责任的诉讼请求，不予支持。

二审法院认为，票据权利时效是票据法上关于票据权利期限的特别规定，除《票据法》中明确规定因持票人行使票据权利而发生的中断事由外，并无其他中止、中断、延长等法律规定，票据权利时效经过，直接导致票据权利消灭的法律后果。本案中，天某公司在涉诉汇票拒付后，除在法定期限内向出票人和承兑人国某公司主张权利外，未提供充分证据证实在法定期限内向其他前手依法行使追索权，因法律规定持票人对前手的追索权应自被拒绝承兑或者被拒绝付款之日起六个月内行使，截至天某公司向一审法院起诉时已超过六个月未进行有效追索，其向相应前手的追索权因票据权利时效经过而归于消灭。

021 票据权利时效属于除斥期间还是诉讼时效？

阅读提示

票据权利时效的性质一直是个有争议的问题。一种观点认为，《票据法》第十七条使用了"权利消灭"的措辞，票据权利时效应属于除斥期间或者消灭时效。另一种观点认为，《最高人民法院关于审理票据纠纷案件若干问题的规定》第十九条规定票据权利时效可以发生中断，因此，票据时效应属于诉讼时效。那么，票据权利时效的性质究竟为何呢？

裁判要旨

票据权利时效不属于除斥期间，持票人被拒付之后，在六个月内的追索权时效期内向票据前手主张权利的，发生票据权利时效中断的效果。

案情简介①

一、2019 年 9 月 23 日，团某公司（出票人）向中某二局三公司（收款人）出具电子银行承兑汇票（以下简称案涉汇票），到期日为 2020 年 9 月 23 日。

二、2019 年 9 月 25 日，中某二局三公司将案涉汇票背书转让给金某公司。2019 年 9 月 27 日，金某公司将案涉汇票背书给筑某义经销部。2020 年 9 月 28 日，作为持票人的筑某义经销部向团某公司提示付款，但被拒付。

三、2020 年 10 月 16 日，筑某义经销部将团某公司、中某二局三公司和金某公司诉至法院，行使对案涉汇票的票据追索权。后因筑某义经销部未在法律规定的时间内交纳诉讼费，该案按其撤回起诉处理。

四、2021 年 4 月 9 日，筑某义经销部再次以团某公司、中某二局三公司和金某公司为被告行使票据追索权。诉讼过程中，中某二局三公司主张"2020 年 9 月 28 日筑某义经销部提示付款被拒付，到 2021 年 4 月 9 日筑某义经销部行使票据追索权，已经经过了六个月的除斥期间，筑某义经销部享有的票据追索权消灭"，一审北京市丰台区人民法院和二审北京金融法院均不支持中某二局三公司的前述主张。

律师评析

根据《最高人民法院关于审理票据纠纷案件若干问题的规定》（2008 年调整）② 第二十条的规定，票据权利时效发生中断的，只对发生时效中断事由的当事人有效。也就是说，票据权利时效是可以发生中断的，由此可知，中某二局三公司认为票据追索权属于除斥期间的主张，缺乏法律依据。

2020 年 10 月 16 日，筑某义经销部曾以提起诉讼的方式向中某二局三公司行使票据追索权，该行为使得票据权利时效发生中断，故而筑某义经销部于 2021

---

① 北京金融法院，中某二局第三建筑工程有限公司（以下简称中某二局三公司）等与太原市晋源区筑某义建材经销部（以下简称筑某义经销部）票据追索权纠纷二审民事判决书 [（2021）京 74 民终 610 号]。

② 现《最高人民法院关于审理票据纠纷案件若干问题的规定》（2020 年修正）第十九条。

年 4 月 9 日提起本案诉讼，未超过票据追索权行使期限。

实务经验总结

鉴于目前法院对票据权利时效的性质认识不统一，建议持票人严格遵循《票据法》第十七条的规定，在票据权利时效期内积极行使权利（而且原则上应以线上方式发起追索），不可过分仰赖票据权利时效中断制度。

相关法律规定

《中华人民共和国票据法》

第十七条 票据权利在下列期限内不行使而消灭：

（一）持票人对票据的出票人和承兑人的权利，自票据到期日起二年。见票即付的汇票、本票，自出票日起二年；

（二）持票人对支票出票人的权利，自出票日起六个月；

（三）持票人对前手的追索权，自被拒绝承兑或者被拒绝付款之日起六个月；

（四）持票人对前手的再追索权，自清偿日或者被提起诉讼之日起三个月。

票据的出票日、到期日由票据当事人依法确定。

《最高人民法院关于审理票据纠纷案件若干问题的规定》（2020 年修正）

第十九条 票据法第十七条规定的票据权利时效发生中断的，只对发生时效中断事由的当事人有效。

裁判意见

以下为该案在法院审理阶段，判决书中"本院认为"就该问题的论述：

本院认为，本案的争议焦点为中某二局三公司是否应向筑某义经销部支付 30 万元及利息。案涉汇票的出票日为 2019 年 9 月 23 日，到期日为 2020 年 9 月 23 日。2020 年 9 月 28 日，筑某义经销部提示付款被拒付。根据法律规定，筑某义经销部为案涉汇票的合法持票人，在汇票到期被拒绝付款后，依法有权向作为出票人和背书人的囤某公司、中某二局三公司、金某公司行使追索权，囤某公司、中某二局三公司、金某公司应当承担支付票据金额的义务，并支付自票据到期日或提示付款日起的利息。根据已查明的事实，2020 年 10 月 16 日筑某义经销部将囤某公司、中某二局三公司和金某公司诉至法院，要求行使对案涉汇票的票据追索权,虽然该案因筑某义经销部未在法律规定的时间内交纳诉讼费按其撤回起诉处理,但能够证明筑某义经销部在被拒绝承兑后六个月内通过提起诉讼的方式向团某公司、中某二局三公司和金某公司行使了票据追索权,且团某公司、中某二局三公司和金某公司也已经知晓该情况,应视为发生了票据时效的中断。中某二局三公司上诉认为筑某义经销部超过除斥期间怠于行使票据追索权,其的票据追索权于2021年3月28日消灭,但是根据《最高人民法院关于审理票据纠纷案件若干问题的规定》(2008年调整)第二十条的规定,票据权利时效发生中断的,只对发生时效中断事由的当事人有效。也就是说,票据权利时效是可以发生中断的。由此可知,中某二局三公司认为票据追索权属于除斥期间的上诉意见,缺乏法律依据,本院不予采信。筑某义经销部于2021年4月9日提起本案诉讼,未超过票据追索权行使期限,中某二局三公司应承担支付票据金额的义务,并支付自票据到期日或提示付款日起的利息。

延伸阅读

裁判观点一:票据权利时效系消灭时效而非除斥期间,类似于民法上的诉讼时效,在中断事由发生时,票据权利时效中断。持票人提示付款被拒付后,以诉讼方式向票据前手行使追索权的,发生时效中断的效果(与主文案例观点相似)。

案例1:浙江省嵊州市人民法院,嵊州市中某园林景观工程有限公司与嵊州市田野物资经营部、上海妃某实业有限公司票据追索权纠纷一审民事判决书[(2020)浙0683民初739号]认为:

本院认为,《票据法》第十七条第一款第四项中关于再追索权期限三个月的规定,属于消灭时效而非除斥期间,类似于民法上的诉讼时效,在中断事由发生时,票据权利时效中断。原告在2019年11月8日被其后手四川同某包装有限公司和遵义市春某瑞贸易有限公司以诉讼的方式追索后,即于同年12月2日起诉向上述各被告行使再追索权,且本院以公告方式向各被告发送了诉状副本等诉讼文书,后虽因未按时交纳诉讼费用于2020年2月27日被本院裁定按撤诉处理,但时效中断事由已经发生,因此,原告再次在2020年3月2日向本院起诉各被告行使票据再追索权时,并未超过《票据法》规定的行使再追索权的票据权利时效。

裁判观点二:票据权利时效系除斥期间,属于不变期间,不应适用民事诉讼时效中止、中断、延长的规定。

案例2:河南省平顶山市卫东区人民法院,蓝某(北京)化工机械有限公司

（以下简称蓝某公司）与河南神某氯碱发展有限责任公司票据追索权纠纷一审民事判决书［（2020）豫0403民初793号］认为：

关于蓝某公司主张的票据权利时效因不可抗力是否可发生中止、中断并顺延的问题。庭审中，蓝某公司主张受不可抗力影响而无法行使票据权利期间，申请应当适用诉讼时效中止的规定。本院认为《票据法》第十七条第一款第四项中的"三个月"应当为除斥期间，为法定的诉讼期限，不应适用民事诉讼时效中止、中断、延长的规定。

案例3：内蒙古自治区锡林郭勒盟中级人民法院，锡林郭勒盟诺某信运输有限公司（以下简称诺某信公司）、内蒙古康某爆破有限责任公司（以下简称康某公司）等与中国重某集团济南卡车股份有限公司（以下简称重某公司）、内蒙古大某国际锡林浩特矿业有限公司（以下简称大某锡林公司）票据追索权纠纷二审民事判决书［（2020）内25民终1185号］认为：

关于票据追索权是否超除斥期问题。根据庭审已查明事实，重某公司以大某锡林公司及诺某信公司为被告向原审法院起诉时间为2019年10月17日。之后，重某公司又向原审法院申请追加票据前手的背书人康某公司、金某公司、鑫某公司为共同被告时间为2019年10月30日，依照《票据法》第十七条第一款第三项规定，持票人对前手的追索权，自被拒绝承兑或者被拒绝付款之日起六个月内不行使而消灭。由此可见，重某公司向诺某信公司、康某公司、金某公司及鑫某公司行使票据追索权尚未超过法定六个月的除斥期间，且在一审中诺某信公司等四公司未提出时效抗辩，二审也未能举出新的已超时效证据，依照《最高人民法院关于审理民事案件适用诉讼时效制度若干问题的规定》第四条第一款规定，诺某信公司等四公司的前述主张，缺乏事实与法律依据，不予支持。

裁判观点三：票据权利时效制度有别于诉讼时效制度，票据时效届满则持票人的票据权利消灭而不是使得票据前手获得胜诉权。因此，不同于诉讼时效制度，人民法院可以主动适用票据权利时效。

案例4：上海市第二中级人民法院，招某银行股份有限公司上海创智天地支行等与上海善某坊贸易有限公司等票据追索权纠纷上诉案［（2017）沪02民终3928号］认为：

关于第二个争议焦点，本院认为，首先，上诉人招某银行股份有限公司上海创智天地支行称该行已在票据时效期间多次向上海善某坊贸易有限公司及周某龙、石某催讨，但未提供任何证据证明，故对此说法本院不予采信。其次，关于人民法院可否主动适用票据权利时效的问题。本院认为,《票据法》第十七条第一款第三项规定,持票人对前手的追索权,自被拒绝承兑或者被拒绝付款之日起六个月内不行使而消灭。该条文明确了票据权利人在一定期间不行使权利的法律后果,即为票据权利的消灭。票据权利时效有别于诉讼时效。诉讼时效期间届满,义务人可进行诉讼时效抗辩,权利人丧失了胜诉权,但实体权利依然存在,而票据时效的经过将直接导致票据权利的消灭。但同时,票据时效届满仅消灭了票据权利,也并不必然导致持票人其他实体上权利的丧失。因此,本院认为,票据权利时效是票据法上的特别规定,它与票据的流通功能相适应,旨在维护票据法律关系的稳定与秩序。原审法院主动适用票据权利时效的规定,认定上诉人招某银行股份有限公司上海创智天地支行票据权利对相应前手的票据权利归于消灭,符合法律规定,并无不当。至于上诉人招某银行股份有限公司上海创智天地支行所提及的"《票据法》第十七条规定的票据权利发生中断的,只对发生时效中断事由的当事人有效"这一条文,本院认为,该条目的在于区分票据上不同当事人(如出票人、背书人、保证人等)以认定票据权利时效,体现了票据行为的独立性,而不是将票据权利时效制度等同于诉讼时效制度。

  裁判观点四:票据权利时效是票据法上关于票据权利期限的特别规定,除票据法中明确规定因持票人行使票据权利而发生的中断事由外,并无其他中止、中断、延长等法律规定,票据权利时效经过,直接导致票据权利消灭的法律后果。

  案例5:天津市第三中级人民法院,文安县天某再生资源有限公司(以下简称天某公司)、天津万某盛达科技有限公司等票据追索权纠纷民事二审民事判决书〔(2021)津03民终968号〕认为:

  票据权利时效是票据法上关于票据权利期限的特别规定,除《票据法》中明确规定因持票人行使票据权利而发生的中断事由外,并无其他中止、中断、延长等法律规定,票据权利时效经过,直接导致票据权利消灭的法律后果。本案中,天某公司在涉诉汇票被拒付后,除在法定期限内向出票人和承兑人国某公司主张权利外,未提供充分证据证实在法定期限内向其他前手依法行使追索权,因法律规定持票人对前手的追索权应自被拒绝承兑或者被拒绝付款之日起六个月内行使,截至天某公司向一审法院起诉时已超过六个月未进行有效追索,其向相应前手的追索权因票据权利时效经过而归于消灭。至于天某公司主张适用因不可抗力致诉讼时效中止的相关意见,一则天某公司通过电子商业汇票系统行使追索权不受不可抗力因素影响,二则票据权利时效不属于诉讼时效,亦无中止之法律依据，故对天某公司上述理由不予采信。

022 票据状态显示为"提示付款待签收"的，六个月的追索权时效期间自何时起算？

裁判要旨

票据状态维持于"提示付款待签收"的，持票人对除出票人和承兑人外的其他前手享有的六个月追索权的权利时效期间，自法定提示付款期间届满之日起算。

案情简介[①]

一、2018年8月24日，中某油青海西宁分公司从兴某冶金公司处背书受让了电子商业承兑汇票一张，金额为10万元整。汇票出票人为宝某能源公司，收款人为宝某石化集团有限公司，到期日为2018年10月19日。背书情况为：宝某石化集团有限公司背书转让给兴某冶金公司，兴某冶金公司背书转让给中某油青海西宁分公司。

二、票据到期后，中某油青海西宁分公司向承兑人提示付款，但承兑人以及接入机构长期不予应答，以至于票据长期维持于"提示付款待签收"的状态。

三、2019年11月11日，中某油青海西宁分公司以宝某能源公司、宝某石化集团有限公司、兴某冶金公司为共同被告提起票据追索权之诉，请求法院判令各被告连带向其支付票据款本息。

四、诉讼中，法院认为，中某油青海西宁分公司至迟应于2018年10月29日（汇票到期日起10日）已知被拒绝付款，因此，其对宝某石化集团有限公司、兴某冶金公司享有的追索权权利期限自该日起算。现中某油青海西宁分公司于2019年11月11日才提起诉讼主张权利，超过了六个月的追索权权利时效期间，丧失了对除出票人/承兑人外的前手的追索权。

[①] 宁夏回族自治区高级人民法院，中某油天然气股份有限公司青海西宁销售分公司（以下简称中某油青海西宁分公司）与宁夏宝某能源化工有限公司（以下简称宝某能源公司）、宝某石化集团财务有限公司（以下简称宝某石化集团有限公司）等票据追索权纠纷二审民事判决书［（2020）宁民终432号］。

律师评析

本案的争议焦点为，票据状态维持于"提示付款待签收"的，持票人对除出票人和承兑人外的前手享有的六个月的追索权权利时效期间从何时起算。

法院认为，应从法定提示付款期间届满之日起算，其理由是，持票人法定提示付款期限的最后一日即为承兑人依法付款的最后一日，如承兑人超过该日而未予应答的，持票人应当知道被拒付，六个月的权利时效期间开始起算。

我们认可法院的前述观点，承兑人于法定提示付款期间内未予以应答，等同于承兑人拒绝付款，理由如下：

1. 持票人于法定期间内提示付款后，承兑人原则上应及时应答，即便承兑人迟延应答，接入机构也应依法及时代为应答。在承兑人和接入机构违反法定义务未于提示付款期间内作出应答的，持票人即应当知悉自身合法权利遭受侵害，并积极维权。

2. 法院观点符合票据权利时效制度的立法目的。汇票追索权权利时效制度设计的目的之一是"明确票据债务人期限利益的范围，保障票据债务人正常的经营活动，避免票据债务人无期限地被追索"。如将事实上的拒付时间点往后推延，一则票据债务关系全链条上主体将面临无期限地被追索的困境，二则这有碍于电子商业汇票的可流通性。

3. 法院的观点与上海票据交易所的如下通知精神相吻合：《上海票交所关于规范电子商业承兑汇票提示付款应答的通知》（票交所发〔2022〕2号）规定："票据到期日在2022年3月21日及之后的电子商业承兑汇票处理规则 1.持票人在电子商业承兑汇票的提示付款期内或超过提示付款期提示付款，承兑人在收到提示付款请求的次日起第3日（遇法定休假日、大额支付系统非营业日、电子商业汇票系统非营业日顺延）仍未应答，承兑人接入机构也未在下一日（遇法定休假日、大额支付系统非营业日、电子商业汇票系统非营业日顺延）代为应答的，则电子商业汇票系统在该日日终时将票据状态'提示付款待签收'和'逾期提示付款待签收'变更为拒付状态。"

实务经验总结

1. 票据状态为"提示付款待签收"的情况下，拒付时间从何起算？就该问题实践中法院持有不同的裁判观点：

（1）法定提示付款期届满之日为拒付时间点。

（2）提示付款之日后第三日为拒付时间点。

（3）期前提示付款的，汇票到期日为拒付时间点。

2. 持票人于法定期间内提示付款后应密切追踪承兑人的反馈，如法定提示付款期间经过后，承兑人仍未予以应答的，我们建议持票人积极向全部票据前手发函追索票据款本息，以使得票据权利时效中断；持票人发函后未获清偿的，持票人应在发函后六个月内再次发函或向法院提起诉讼。

相关法律规定

《中华人民共和国票据法》

第五十三条第一款　持票人应当按照下列期限提示付款：

（一）见票即付的汇票，自出票日起一个月内向付款人提示付款；

（二）定日付款、出票后定期付款或者见票后定期付款的汇票，自到期日起十日内向承兑人提示付款。

第五十四条　持票人依照前条规定提示付款的，付款人必须在当日足额付款。

裁判意见

以下为该案在法院审理阶段，判决书中"本院认为"就该问题的论述：

本院认为，本案中某油青海西宁分公司提交的汇票显示，票据出票当日承兑人办理了承兑，票据于2018年10月19日到期，票据状态为提示付款待签收，依据《票据法》第五十三条第一款第二项规定，定日付款的汇票，持票人应自到期日起十日内向承兑人提示付款。第五十四条规定，持票人提示付款的，付款人必须在当日足额付款。一审法院认定，中某油青海西宁分公司至迟应于2018年10月29日已知被拒绝付款并无不当。中某油青海西宁分公司于2019年11月11日起诉本案，已经超过六个月的票据追索权利时效期间。

延伸阅读

裁判观点一：承兑人于法定提示付款内未对持票人提示付款操作予以应答的，等同于承兑人拒绝付款，拒付时间点为法定提示付款期间之日。

案例1：重庆市第四中级人民法院，重庆大某国际武隆水电开发有限公司（以下简称重庆大某国际武隆公司）与秀山维某硅业有限公司（以下简称维某公司）票据追索权纠纷二审民事判决书［（2021）渝04民终249号］认为：

第一，《票据法》第五十三条第一款第二项规定，定日付款、出票后定期付款或者见票后定期付款的汇票，自到期日起十日内向承兑人提示付款。该法第五十四条规定，持票人依照前条规定提示付款的，付款人必须在当日足额付款。本案中，重庆大某国际武隆公司提交的汇票显示，宝某石化集团财务有限公司为该票据办理了承兑，汇票到期日为2018年12月4日，票据状态为"提示付款待签收"。一审认定，重庆大某国际武隆公司至迟应于2018年12月14日已知被拒绝付款并无不当。

……

第三，依照《票据法》第十七条第一款第三项规定，持票人对前手的追索权，自被拒绝承兑或者被拒绝付款之日起六个月期限内不行使而票据权利消灭。一审法院于2020年1月8日才受理重庆大某国际武隆公司提起本案的诉讼，明显超过了6个月的票据追索权时效期间，重庆大某国际武隆公司已经丧失了对维某公司、秀山供某分公司的追索权。

案例2：宁夏回族自治区银川市中级人民法院，南通凯某化工科技有限公司与菏泽市金某橡塑材料有限公司、昆山华某复合材料有限公司等票据追索权纠纷一审民事判决书［（2020）宁01民初92号］认为：

本院认为，票据追索权，是指票据到期不获付款或期前不获承兑或有其他法定原因时，持票人在依法履行了保全手续以后，向其前手请求偿还票据金额、利息及其他法定款项的一种票据权利。根据《票据法》第十七条第一款第三项的规定，持票人对前手的追索权，自被拒绝承兑或者被拒绝付款之日起六个月不行使而消灭。本案票据于2018年9月11日到期。根据《票据法》第五十三条第一款第二项规定，定日付款的汇票，持票人应自到期日起十日内向承兑人提示付款。根据《票据法》第五十四条的规定，持票人提示付款的，付款人必须在当日足额付款。案涉票据状态为提示付款待签收，故原告至迟应于2018年9月21日便已知被拒绝付款。原告于2019年9月27日向法院提起诉讼，已经超过了六个月的票据追索权利时效期间，故其他被告不承担付款责任。

案例3：江苏省海门市人民法院，任丘市浩某机电化工有限公司、汝州市温某水生态投资建设有限公司（以下简称温某公司）等票据追索权纠纷民事一审民事判决书［（2021）苏 0684 民初 6396 号］认为：

本院认为，票据追索权，是指票据到期不获付款或期前不获承兑或有其他法定原因时，持票人在依法履行了保全手续以后，向其前手请求偿还票据金额、利息及其他法定款项的一种票据权利。根据《票据法》第十七条第一款第三项的规定，持票人对前手的追索权，自被拒绝承兑或者被拒绝付款之日起六个月不行使而消灭。本案票据于 2021 年 1 月 15 日到期，根据《票据法》第五十三条第一款第二项的规定，定日付款的汇票，持票人应自到期日起十日内向承兑人提示付款。根据《票据法》第五十四条的规定，持票人提示付款的，付款人必须在当日足额付款。案涉票据状态为提示付款待签收、提示付款已拒付（可拒付追索，可以追索所有人），故原告至迟应于 2021 年 1 月 25 日便已知被拒绝付款。原告于 2021 年 10 月 11 日向本院提起诉讼，已经超过了六个月的票据追索权利时效期间，故除出票人被告温某公司外的其他被告不承担付款责任。

裁判观点二：持票人期前提示付款后，承兑人不予应答以至于票据维持于"提示付款待签收"的，持票人对除出票人和承兑人外其他前手的追索权权利时效自汇票到期日开始起算。

案例 4：江苏省苏州市中级人民法院，荆门市格某美新材料有限公司、株洲硬某合金集团有限公司等与绍兴市科某防腐设备有限公司（以下简称科某公司）、浙江东某过滤机制造有限公司等票据追索权纠纷二审民事判决书［（2019）苏 05 民终 9889 号］认为：

关于科某公司行使追索权是否超过追索时效的问题。根据《票据法》第十七条第一款第三项的规定，持票人对前手的追索权，自被拒绝承兑或者被拒绝付款之日起六个月不行使而消灭。案涉票据明确约定了承兑人履行付款义务的期限，且科某公司也于 2018 年 10 月 20 日前提示票据承兑人履行付款义务。但是票据承兑人始终未履行付款义务，其怠于履行义务的情形应认定为拒绝付款行为。根据《电子商业汇票业务管理办法》第六十条的规定，承兑人应在收到提示付款请求的当日至迟次日付款或拒绝付款。因此，承兑人在票据到期日未履行付款义务的，科某公司应当知道权利受侵犯。其直至 2019 年 7 月 9 日提起诉讼，已超过六个月的追索时效期间，票据追索权已消灭。

裁判观点三：《电子商业汇票业务管理办法》第六十条规定，承兑人对持票人的提示付款请求不予应答的，接入机构应于收到该请求次日起第三日代为应答。如承兑人不予应答且接入机构不代为应答，以至于票据维持于"提示付款待签收"的，持票人对除出票人和承兑人外其他前手的追索权权利时效自持票人提示付款之次日起第三日开始起算。

案例 5：山东省东营市中级人民法院，胜某油田万和石油化工有限责任公司、滨州市辉某建筑工程有限公司（以下简称滨州辉某公司）等票据追索权纠纷民事二审民事判决书〔（2021）鲁 05 民终 1295 号〕认为：

本院认为，《票据法》第五十三条第一款第二项规定："定日付款、出票后定期付款或者见票后定期付款的汇票，自到期日起十日内向承兑人提示付款。"第五十四条规定："持票人依照前条规定提示付款的，付款人必须在当日足额付款。"《电子商业汇票业务管理办法》第六十条规定："持票人在提示付款期内提示付款的，承兑人应在收到提示付款请求的当日至迟次日（遇法定休假日、大额支付系统非营业日、电子商业汇票系统非营业日顺延）付款或拒绝付款。……电子商业承兑汇票承兑人在票据到期后收到提示付款请求，且在收到该请求次日起第 3 日（遇法定休假日、大额支付系统非营业日、电子商业汇票系统非营业日顺延）仍未应答的，接入机构应按其与承兑人签订的《电子商业汇票业务服务协议》，进行如下处理：……"案涉汇票系电子商业承兑汇票，2019 年 1 月 17 日到期后，滨州辉某公司在提示付款期限内，于 2019 年 1 月 21 日向宝某石化集团财务有限公司提示付款，但宝某石化集团财务有限公司既未及时足额付款，亦未出具拒绝付款证明或退票理由书，导致票据一直处于"提示付款待签收"的状态。根据上述规定，滨州辉某公司在提示付款后至 2019 年 1 月 24 日，宝某石化集团财务有限公司这种"提示付款待签收"的持续状态，已经构成实质上的拒付行为，此时滨州辉某公司应认识到付款被拒绝，应依法及时向其前手行使追索权。

023 持票人向票据前手发线下追索函的，可否导致票据权利时效中断？

裁判要旨

电子商业承兑汇票的持票人在票据权利时效期间内向前手发线下追索函，可以导致票据权利时效中断。

案情简介[1]

一、2018年4月12日，因业务需要，优某公司向金某加工厂背书转让了一张电子商业承兑汇票，出票人为海某集团公司，收款人为海某航空公司，承兑人为海某财务公司，汇票到期日为2019年4月8日。该承兑汇票多次背书转让，背书人分别为：海某航空公司、博某公司、干某公司、齐某公司及优某公司。

二、该汇票到期当日，金某加工厂通过电子商业汇票系统向海某财务公司提示付款。2019年11月29日，海某财务公司向金某加工厂转账支付部分票款，此后海某财务公司再未支付任何票款。2020年4月24日，海某财务公司向背书人海某航空公司、优某公司、齐某公司、干某公司及博某公司发出追索通知的书面函件，但依然未获兑付，票据状态持续维持于"提示付款待签收"的状态。

三、鉴于迟迟未获兑付，金某加工厂于2020年8月20日以全部票据前手为被告提起票据追索权之诉，请求法院判令各被告连带向其支付票据款本息以及其他费用。

四、诉讼过程中，海某航空公司、优某公司、齐某公司、干某公司及博某公司主张金某加工厂未在被拒付后六个月内行使票据追索权，丧失对除出票人和承兑人外的其他票据前手的追索权。

五、北京市朝阳区人民法院认为，金某加工厂于2020年4月24日向票据前手发出追索通知的书面函件构成票据权利时效中断，追索权时效期间未经过，并判决支持了金某加工厂的诉讼请求。

律师评析

本案的争议焦点是，持票人在被拒付后，向票据前手线下发追索函的，能产生何种法律效果。对此，北京市朝阳区人民法院认为，线下发追索函属于"权利人向义务人提出履行请求"的情形，会导致票据权利时效中断。

实务经验总结

实践中，法院对"电子商业承兑汇票持票人未发起线上追索而直接线下追索

---

[1] 北京市朝阳区人民法院，临邑县金某棉业加工厂（以下简称金某加工厂）与海某集团有限公司（以下简称海某集团公司）等票据追索权纠纷一审民事判决书［（2020）京0105民初50558号］。

的，是否构成合法有效追索"存在截然不同的两种裁判观点。部分法院认为，电子商业汇票的持票人通过发送"追索函""律师函"的方式请求支付票款的行为，不构成有效追索。持票人行使票据付款请求权遭拒付后六个月内未通过电票系统在线上发起追索行使追索权的，持票人对除出票人和承兑人外的其他票据前手丧失追索权。对此，我们有以下两点建议：

1. 持票人提示付款后被拒付的，务必在被拒付之日起六个月内在电子商业汇票系统上进行追索操作，以防丧失对除出票人和承兑人外其他前手的追索权。

2. 如果确实不能在电子商业汇票系统中发起拒付追索的，持票人可通过线下发函的方式向票据前手主张权利，并在诉讼中主张线下发函追索属于"权利人向义务人提出履行请求"的情形，会导致票据权利时效中断，以尽量延长整体票据时效期间。

相关法律规定

《中华人民共和国票据法》

第十七条 票据权利在下列期限内不行使而消灭：

（一）持票人对票据的出票人和承兑人的权利，自票据到期日起二年。见票即付的汇票、本票，自出票日起二年；

（二）持票人对支票出票人的权利，自出票日起六个月；

（三）持票人对前手的追索权，自被拒绝承兑或者被拒绝付款之日起六个月；

（四）持票人对前手的再追索权，自清偿日或者被提起诉讼之日起三个月。

票据的出票日、到期日由票据当事人依法确定。

《最高人民法院关于审理票据纠纷案件若干问题的规定》（2020年修正）

第十九条 票据法第十七条规定的票据权利时效发生中断的，只对发生时效中断事由的当事人有效。

裁判意见

以下为该案在法院审理阶段，判决书中"本院认为"就该问题的论述：

关于金某加工厂是否对海某航空公司、优某公司、齐某公司、千某公司、博某公司享有追索权的问题。根据法律规定，票据权利在下列期限内不行使而消灭：（一）持票人对票据的出票人和承兑人的权利，自票据到期日起二年……

（三）持票人对前手的追索权，自被拒绝承兑或者被拒绝付款之日起六个月。票据的出票日、到期日由票据当事人依法确定。本案中，在承兑人海某财务公司在××号汇票到期后持续拒绝签收电子商业汇票系统中的提示付款申请；2019年11月29日，海某财务公司向金某加工厂转账支付部分票款10万元；2020年4月20日，金某加工厂向海某财务公司邮寄发出催款函后，海某财务公司再未支付任何票款。前述证据足以表明海某财务公司的拒付行为在2019年11月29日后持续至今，则金某加工厂于2020年4月24日向直接前手海某航空公司、优某公司、齐某公司、干某公司及博某公司发出追索通知的书面函件的行为，发生票据权利时效中断的法律效果。故对金某加工厂要求海某航空公司、优某公司、齐某公司、干某公司及博某公司与出票人、承兑人连带支付票据款项及利息的诉讼请求，本院予以支持。

延伸阅读

　　裁判观点：电子商业承兑汇票的持票人在票据权利时效期间内向前手发线下追索函，构成有效追索。

　　案例1：北京市海淀区人民法院，济源市丰某特钢实业有限公司（以下简称济源丰某公司）与北京航天某立科技有限公司（以下简称航天某立公司）票据追索权纠纷一审民事判决书［（2020）京0108民初42415号］认为：

　　关于航天某立公司抗辩的济源丰某公司主张追索权已超过6个月追索时效，票据权利业已消灭。本院认为，《票据法》第十七条第一款第三项规定："持票人对前手的追索权，自被拒绝承兑或者被拒绝付款之日起六个月。"济源丰某公司作为持票人，在票据到期日前进行了提示付款，但因出票人钛某公司的银行账户中无资金可支付，且长期未作应答，也未作拒绝承兑及拒绝付款的意思表示，导致电子商业汇票系统显示为"提示付款待签收"，依据本院上述阐述，应视为钛某公司拒绝承兑或拒绝付款，因而导致济源丰某公司至今未能获得票据款项。为此，济源丰某公司于2019年7月26日，分别向钛某公司、航天某立公司邮寄送达"电子商业承兑汇票追索通知"，且快递公司应航天某立公司市场与产业发展中心处长要求，于7月29日将该邮寄件放入快递柜，视为已签收，钛某公司已于同年7月27日签收。至此，济源丰某公司依法行使了票据权利，未超出上述法律规定的6个月的票据权利时效期间，从而发生票据权利时效中断，自票据权利时效中断时起至济源丰某公司向本院提起诉讼之日止，也未超出《中华人民共和国民法典》(以下简称《民法典》) 第一百八十八条规定的三年诉讼时效期间。故航天某立公司的该项抗辩理由, 无事实及法律依据, 本院不予采信。

案例2: 河南省郑州市中级人民法院, 郑州奥某包装有限公司、安阳市鑫某威贸易有限公司票据追索权纠纷二审民事判决书 [(2020) 豫01民终15677号] 认为:

本院认为,《票据法》第六十一条第一款规定:"汇票到期被拒绝付款的, 持票人可以对背书人、出票人以及汇票的其他债务人行使追索权。"本案中燕某公司通过合法方式获取票据权利, 并在电子商业汇票系统中发起电子银行承兑汇票提示付款操作, 但系统时至2020年9月25日仍显示为"提示付款待签收", 该行为实质上为拒绝付款。因此, 燕某公司作为持票人, 有权向背书人, 即四上诉人行使票据追索权。燕某公司于2019年5月21日起已向四上诉人邮寄书面的票据追索函, 故票据权利时效发生中断, 四上诉人应当承担票据责任。

024 以票据基础法律关系起诉, 是否构成票据权利时效中断?

裁判要旨

以票据基础法律关系起诉直接前手的, 不发生票据权利时效中断的法律效果。

案情简介[①]

一、原告系个体工商户"东莞市麻涌利某建材店"的经营者, 被告系个体工商户"广州市天河区东圃广某室内设计装饰服务部"的经营者。原告因与被告之间存在买卖合同关系而持有广州市天河区东圃广某室内设计装饰服务部出具的支票一张, 金额为15万元, 收款人为东莞市麻涌利某建材店, 出票日期为2010年12月23日。

二、之后, 原告就该支票向东某农村商业银行麻涌支行要求付款, 但被拒付。2011年1月4日, 东某农村商业银行麻涌支行向原告出具《退票理由书》,

---

① 广东省广州市中级人民法院, 李某流与冯某振票据纠纷二审民事判决书 [(2014) 穗中法金民终字第35号]。

告知退票理由为出票人账户余额不足以支付票据款项。

三、2011年5月11日，原告以买卖合同关系起诉至广州市天河区人民法院，案由为买卖合同纠纷。后原告撤诉，广州市天河区人民法院于2011年7月13日作出准许撤诉的民事裁定书（以下简称前诉）。

四、2011年7月25日，原告以票据纠纷为由诉至广州市天河区人民法院，请求法院判令被告向其支付票据款本息，天河区法院以原告未在票据权利时效期内主张权利，票据权利消灭为由驳回原告诉请。

五、原告不服一审判决，遂向广东省广州市中级人民法院提起上诉，诉讼中主张前诉构成票据权利时效中断，其并未丧失票据权利。广州中院则认为前诉请求权基础系买卖合同，而非票据法律关系，不发生票据权利时效中断的法律效果，并最终判决维持了一审判决。

律师评析

本案的争议焦点为，以票据基础法律关系起诉直接前手的，是否是票据权利时效中断的法律效果。对此，广州市中级人民法院持否定态度，我们认可法院的裁判观点，这是因为票据法律关系和基础法律关系，二者相互独立，并行不悖。持票人选择以基础法律关系作为请求权基础自然就不是在行使票据权利，当然不产生票据权利时效中断的效果。

另外，需要说明的是，鉴于《票据法》对不同类型的票据的权利时效问题作出了统一规定，本文引用的案例所涉票据虽为支票，其裁判规则同样适用于商业承兑汇票。例如，商业承兑汇票的持票人未在拒付之日起六个月内发起票据追索，而仅基于基础法律关系向票据前手主张权利的，也将会导致丧失追索权。

实务经验总结

1. 票据权利时效期间内，持票人以发律师函、向公安机关报案的方式向前手主张权利的，我们建议持票人明确表明自身主张权利的请求权基础有二，其一为基础法律关系，其二为票据法律关系，该次主张权利的行为将同时引发诉讼时效和票据权利时效中断。

2. 鉴于票据法律关系与基础法律关系之间相互独立，原则上以票据法律关系起诉或申请诉讼财产保全不会导致基础法律关系的诉讼时效中断，以基础法律关系起诉或申请诉前财产保全也不会导致票据权利时效中断。因此，我们建议持票人在选择一种法律关系起诉或申请诉前财产保全的同时，以另外一种法律关系为请求权基础向票据前手发函，以保证票据权利时效和诉讼时效均能发生中断。

3. 鉴于票据权利时效期间较诉讼时效更短、以票据法律关系主张权利的原告承担的举证负担更轻，我们建议持票人优先选择票据法律关系主张权利。

相关法律规定

《中华人民共和国票据法》

第十七条 票据权利在下列期限内不行使而消灭：

（一）持票人对票据的出票人和承兑人的权利，自票据到期日起二年。见票即付的汇票、本票，自出票日起二年；

（二）持票人对支票出票人的权利，自出票日起六个月；

（三）持票人对前手的追索权，自被拒绝承兑或者被拒绝付款之日起六个月；

（四）持票人对前手的再追索权，自清偿日或者被提起诉讼之日起三个月。

票据的出票日、到期日由票据当事人依法确定。

裁判意见

以下为该案在法院审理阶段，判决书中"本院认为"就该问题的论述：

本院认为，原告持有被告开具的涉案支票，原告作为收款人，被银行拒绝付款，遂向原审法院起诉被告，主张票据权利。涉案支票的出票时间为 2010 年 12 月 23 日，原告向原审法院起诉的时间为 2011 年 7 月 25 日。根据《票据法》第十七条第一款第二项规定，持票人对支票出票人的追索权，自支票出票之日起六个月内不行使而消灭。原告主张权利的时间距离支票出票日起已逾上述法律规定的六个月期间，原告的相应票据权利已消灭。原告主张，其曾于 2011 年 5 月 11 日向广州市天河区人民法院起诉被告，构成票据时效中断的事由。对此，本院认为，原告当次起诉的案由为买卖合同纠纷，其主张的并非票据权利，故不构成票据时效中断的事由。原告可通过其他法律途径对其权利寻求救济。原审法院驳回原告诉请正确，本院依法予以维持。

延伸阅读

裁判观点：因票据未获兑付向公安机关报案，但未曾主张票据权利的，不构成票据权利时效中断。

案例：天津市第二中级人民法院，天津市药材集团泰某医药有限公司二分公司与天津致某堂医药有限公司票据追索权纠纷二审民事判决书［（2015）二中民二终字第196号］认为：

本院认为，本案双方的争议焦点在于，上诉人行使票据权利的时效是否构成中断。依据《票据法》第十七条第一款第二项的规定，持票人对支票出票人的权利，应当自出票日起六个月内行使，否则票据权利消灭。本案中，涉案支票出票日为2012年8月31日，天津银行对编号为×××的转账支票于2012年9月10日以账户撤销为由退票后，上诉人于2014年8月7日向一审法院起诉主张票据权利，已逾六个月，票据权利归于消灭。上诉人主张其向公安机关报案，构成时效中断，但根据报案材料、询问笔录及其他材料，不能证实申诉人曾向公安机关主张过本案票据权利，故本院对该主张不予支持。原审法院对上诉人要求被上诉人承担票据责任，支付票面金额100万元的诉讼请求，以超过票据权利时效为由不予支持，并无不当。

025 追索函邮件被前手退回，票据权利时效是否中断？

裁判要旨

汇票持票人以线下发函的方式向前手行使追索权，非因持票人过错导致信件未经前手签收而被退回的，发生票据权利时效中断的法律效果。

案情简介①

一、2018年12月27日，力某乘用车公司作为出票人开具收款人为伯某科技公司的电子银行承兑汇票一张，承兑人为力某财务公司，到期日为2019年12月27日。背书情况：伯某科技公司收到该汇票后背书转让给鹰某智通公司，鹰某智通公司又背书转让给长某汽车公司。

---

① 重庆市高级人民法院，成都鹰某智通科技股份有限公司（以下简称鹰某智通公司）与杭州伯某科技车辆电气工程有限公司（以下简称伯某科技公司）等票据追索权纠纷二审民事判决书［（2020）渝民终1802号］。

二、2019年12月27日，持票人长某汽车公司向承兑人力某财务公司提示付款，现票据状态显示为"票据已结清"，但事实上，力某财务公司并未向长某汽车公司支付案涉汇票所载款项。

三、长某汽车公司于2020年6月16日以鹰某智通公司住所地为邮寄地址向该公司的法定代表人邮寄了行使票据追索权的《律师函》，该快递物流信息显示：投递员于2020年6月18日进行第一次投递，投递结果为未妥投、备注为未联系上收件人；后投递员又于2020年6月29日进行第二次投递，显示已签收，他人代收；之后，投递员于2020年7月10日收回邮件并安排再次投递，但仍未妥投，后该邮件被退回。

四、2020年8月21日，长某汽车公司以前手鹰某智通公司为被告提起票据追索权之诉，请求法院判令鹰某智通公司向其清偿票据款本息。

五、诉讼中，鹰某智通公司主张长某汽车公司未在被拒付之后六个月内行使票据追索权，已丧失对其的追索权。重庆市高级人民法院认为，长某汽车公司曾以线下发律师函的方式行使票据追索权，函件虽被退回但不可归责于长某汽车公司，因此，其发函行为仍然发生票据权利时效中断的效果。鉴于此，法院最终支持了持票人长某汽车公司的诉讼请求。

律师评析

实践中，票据前手基于逃废债务的目的，往往有动机拒收持票人发送的律师函、催款函等邮件，且拒收的方式通常隐蔽地表现为拒绝接听派送电话、短信等，最终导致邮件被原路退回。如此便形成了"持票人发出的行使票据追索权的意思表示事实上未到达前手"的局面，那么此等情况下，"事实上未达到前手的意思表示"是否生效？是否发生票据权利时效中断的法律效果呢？本案中，法院持肯定态度。我们认可法院的裁判观点，理由如下：

1. 持票人向前手作出行使追索权的意思表示是采发出主义还是到达主义生效，我国现行法律并无相应规定。在没有特别规定的情况下，应当适用一般规定。根据《民法典》第一百三十七条第二款中"以非对话方式作出的意思表示，到达相对人时生效"的规定，持票人向前手作出行使追索权的意思表示应当自到达前手时生效。

2. "持票人向前手主张追索权导致票据权利时效中断"与"权利人向义务人提出履行请求导致诉讼时效中断"具有同质性，因此，在持票人行权导致票据权利时效中断的情况下，类推适用诉讼时效中断等相关规定具有正当性。《最高人民法院关于审理民事案件适用诉讼时效制度若干问题的规定》第八条规定："具有下列情形之一的，应当认定为民法典第一百九十五条规定的'权利人向义务人提出履行请求'，产生诉讼时效中断的效力：……（二）当事人一方以发送信件或者数据电文方式主张权利，信件或者数据电文到达或者应当到达对方当事人的……"类推适用该条款可知，持票人向前手发送律师函、催款函等邮件行使追索权的，在邮件应当到达前手时，发生票据权利时效中断的效果。本案中，寄送信息准确无误，前手应当能正常签收邮件，但最终非因持票人过错导致邮件被退回，这属于司法解释规定的"信件应当到达对方当事人"，即虽事实上未到达，但视为已到达，发生票据权利时效中断的法律效果。

另外，还需要说明的是，本文引用的案例所涉票据虽为电子银行承兑汇票，但因裁判观点核心系"非对话方式作出的意思表示何时生效"的问题，因此，本文的裁判规则同样适用于电子商业承兑汇票。

实务经验总结

电子商业承兑汇票持票人被承兑人拒付后，应当在六个月内向票据前手行使票据追索权，并且原则上持票人须通过电子商业汇票系统向前手发起追索。如确实不能通过电子商业汇票系统发起追索，我们有以下几点建议：

1. 持票人以线下发送律师函、催款函等方式向前手行使票据追索权。

2. 关于线下发函的邮寄信息：第一，对于直接前手优先以基础合同中预留的邮寄信息为准。第二，对于其他前手，持票人须尽量核实前手主要办事机构所在地等信息，以保证邮件能顺利被前手签收，如确实无法核实前手相关信息，持票人可根据国家企业信用信息公示网上公示的前手的企业通信地址、企业联系电话等作为邮寄信息。

3. 持票人线下发函但被退回，如被退回非因出票人过错，原则上法院会认定仍会发生票据权利时效中断的法律效果。此外，为保险起见，持票人也可考虑在前手住所地的省级有影响的媒体上刊登追索公告，以公告送达的方式，客观上送达行权的意思表示。

相关法律规定

《中华人民共和国票据法》

第十七条第一款第三项 票据权利在下列期限内不行使而消灭：

（三）持票人对前手的追索权，自被拒绝承兑或者被拒绝付款之日起六个月。

《最高人民法院关于审理民事案件适用诉讼时效制度若干问题的规定》

第八条 具有下列情形之一的，应当认定为民法典第一百九十五条规定的"权利人向义务人提出履行请求"，产生诉讼时效中断的效力：

（一）当事人一方直接向对方当事人送交主张权利文书，对方当事人在文书上签名、盖章、按指印或者虽未签名、盖章、按指印但能够以其他方式证明该文书到达对方当事人的；

（二）当事人一方以发送信件或者数据电文方式主张权利，信件或者数据电文到达或者应当到达对方当事人的；

（三）当事人一方为金融机构，依照法律规定或者当事人约定从对方当事人账户中扣收欠款本息的；

（四）当事人一方下落不明，对方当事人在国家级或者下落不明的当事人一方住所地的省级有影响的媒体上刊登具有主张权利内容的公告的，但法律和司法解释另有特别规定的，适用其规定。

前款第（一）项情形中，对方当事人为法人或者其他组织的，签收人可以是其法定代表人、主要负责人、负责收发信件的部门或者被授权主体；对方当事人为自然人的，签收人可以是自然人本人、同住的具有完全行为能力的亲属或者被授权主体。

《中华人民共和国民法总则》（已失效，《民法典》第一百三十七条第二款与此完全一致）

第一百三十七条第二款 以非对话方式作出的意思表示，到达相对人时生效……

裁判意见

以下为该案在法院审理阶段，判决书中"本院认为"就该问题的论述：

《票据法》第十七条规定的六个月期间应为票据追索权的消灭时效期间，持票人未在该期间内行使票据权利，追索权将消灭；持票人在该期间内向前手主张了权利，将发生票据权利时效中断的效果。然而，持票人向前手主张权利，也即持票人向前手作出行使追索权的意思表示是采取发出主义还是到达主义生效，我国现行法律并无相应规定。本院认为，在没有特别规定的情况下，应当适用一般规定。根据《民法总则》（现已失效）第一百三十七条第二款中"以非对话方式作出的意思表示，到达相对人时生效"的规定，持票人向前手作出行使追索权的意思表示应当自到达前手时生效。本案中，案涉票据被拒付之日为2019年12月27日，长某汽车公司应于2020年6月27日之前向鹰某智通公司行使票据追索权。长某汽车公司先后两次于2020年6月10日、2020年6月16日以鹰某智通公司法定代表人熊某为收件人、鹰某智通公司工商登记地址（实际办公地址）为收件地址，邮寄了行使追索权的律师函。虽然邮件上收件地址在鹰某智通公司工商登记地址（实际办公地址）"四川省成都市高新区天泰路×××号×栋×层×号"中多写了"成都市新都区"，但在"天泰路×××号×栋×层×号"清楚的情况下，不会因为该地址前同时出现了"成都市新都区"和"成都市高新区"而使邮件无法准确投递。同时，尽管该两封邮件投递结果均显示未最终妥投，但号码为×××的邮件在2020年6月16日寄出后，曾于2020年6月18日进行投递，未妥投；时隔11天后，于2020年6月29日再次投递，显示为"已签收，他人代收"；又经过十余天，于2020年7月10日由投递员收回该邮件再次投递，最后退回寄件人。该封邮件投递过程极为不正常。本院认为，长某汽车公司在2020年6月27日届满前先后两次向鹰某智通公司邮寄行使追索权的信函，在通常情况下，该邮件应当能够在六个月期限届满前送达鹰某智通公司。长某汽车公司有积极行使追索权的意思表示且已依法定形式发出，依照常理，该意思表示应当在法定期间内到达鹰某智通公司，长某汽车公司对意思表示未实际到达鹰某智通公司没有过错，其行使追索权的意思表示虽因未实际送达鹰某智通公司而略有瑕疵，但该瑕疵并不足以否定长某汽车公司向鹰某智通公司行使追索权的意思表示行为的客观存在。因此，应该认定长某汽车公司向鹰某智通公司行使了追索权，票据权利时效中断，长某汽车公司对鹰某智通公司享有的票据追索权并未消灭。

延伸阅读

无

026 票据权利时效中断后，应重新计算票据权利时效，还是开始计算诉讼时效？

裁判要旨

持票人于票据权利时效期间内主张行使追索权后，票据权利时效重新起算，权利人须在此期间内再次主张行使追索权，否则将丧失票据权利。

案情简介[①]

一、2020年9月27日，恒某南通公司签发了一张电子商业承兑汇票，出票人和承兑人均为恒某南通公司，收款人均为南通某建公司，到期日均为2021年4月27日。背书情况为：南通某建公司背书转让给泰州金某公司，泰州金某公司背书转让给江苏中某公司，江苏中某公司背书转让给广东坚某五金公司。

二、票据到期当日，广东坚某五金公司向恒某南通公司提示付款，于2021年5月6日被拒付。后广东坚某五金公司于2021年6月11日发起追索，电子商业承兑汇票系统显示江苏中某公司于同日予以清偿，银行查询显示票据状态为"拒付追索同意清偿已签收"。

三、江苏中某公司向持票人广东坚某五金公司清偿票据款后，于2021年6月29日在电子商业承兑汇票系统中向南通某建公司、泰州金某公司发起追索，后于2021年7月7日撤销该追索。

四、2021年10月25日，江苏中某公司行使再追索权以南通某建公司、泰州金某公司为共同被告向法院提起诉讼，请求法院判令各被告连带向其支付票据款本息。

五、诉讼中，江苏省南通市通州区（市）人民法院认为，再追索权中断事由消失后，三个月的权利期间重新起算，江苏中某公司未在此三个月内行使再追索权，丧失对除出票人和承兑人外的其他票据前手的权利，并最终判决驳回江苏中某公司的前述诉讼请求。

---

① 江苏省南通市通州区（市）人民法院，江苏中某装饰工程有限公司（以下简称江苏中某公司）、泰州金某特种防火门有限公司（以下简称泰州金某公司）等票据追索权纠纷民事一审民事判决书，[（2021）苏0612民初8344号]。

律师评析

在票据权利期间内，权利人向票据前手主张权利的，如权利人通过线下发函、线上发起追索、向法院提起追索权之诉或申请诉前财产保全等，会导致票据权利时效中断。票据权利时效中断会产生何种法律效果，目前实践中法院对该问题着墨不多，且裁判观点并不统一。

有法院认为，票据权利时效中断后产生的法律效果类似于诉讼时效中断，待中断事由消灭之后，票据权利时效期间重新起算。比如，主文案例以及延伸阅读案例1中，法院均认为"再追索权中断的事由消灭后，再追索权人对除出票人和承兑人外其他票据前手享有的三个月的再追索期间重新开始计算，在接下来的三个月内，权利人必须再次行权，才不致失权"。

另有法院认为，票据权利时效期间类似于保证期间，属于权利人主张权利的期限，一旦权利人在该期限内行权，则该期间即丧失存在之意义。在此之后衔接以诉讼时效制度，即从权利人行权之日起开始起算三年的诉讼时效。比如，延伸阅读案例2中，法院认为持票人于法定的六个月内向票据前手主张权利，发生权利时效期间中断，诉讼时效中断后之日起开始起算三年诉讼时效，持票人在该三年内对票据前手享有追索权。

对前述两种不同的裁判观点，我们均持保留态度，我们认为应当按照持票人通过线上还是线下方式行使票据权利分别判断。

1. 对于线上追索而言，电子商业汇票系统暂时不具有识别票据权利中断的功能，原则上只有在法定的票据权利期间内，权利人才能发起线上追索。比如，持票人于2022年1月1日被拒付，且于当日向付款人发起线上追索，此后如其欲再次发起线上追索，则须将前次追索予以撤回，并在2022年7月2日之前再次发起，超过该时点，持票人将无法通过电子商业汇票系统进行拒付追索。根据前述情况并结合某些法院不认可线下追索效力的现状，我们认为在持票人已经通过电子商业汇票系统发起线上追索的情况下，法律便无须对其科以更多形式性的行权义务，而直接认可持票人在发起线上追索后的三年内均可再次向票据义务人主张票据权利。因此，我们认为本文主文的裁判规则有待商榷。

2. 对于线下追索而言，鉴于线下追索的方式可能会使得书面材料认定的票据状态与电子商业汇票系统中登记的票据状态不一致，造成该票据脱离中国人民银行及其他金融监管机构对电票领域的监管，加大电票参与者的经营风险，冲击甚至破坏已经建立的电子商业汇票规则和市场秩序，威胁票据金融市场安全等不良后果。因此，在权利人无法发起线上追索而被迫进行线下追索，或权利人怠于发起线上追索而直接进行线下追索的情形下，从尽快终结票据当事人权利义务状态不安定的局面、预防潜在风险现实化角度考虑，我们认为"线下追索导致票据权利中断的，待中断事由消失后，票据权利时效重新起算"的处理方式相对更妥帖。

实务经验总结

鉴于实践中法院对"票据权利时效中断后的法律效果"持有不同认知，我们建议以下两点：

1. 持票人有条件发起线上追索的，请务必发起线上追索。

2. 如果确实不能发起线上追索的，如因撤回期内提示付款操作后被拒付导致无法对背书人、付款人发起线上追索的，我们建议持票人在被拒付后六个月内进行线下追索，且自线下追索之日起六个月内再次进行线下追索，依次类推之后以六个月为周期进行线下追索，直至有条件发起线上追索。当然，持票人行使再追索权时，前述六个月期间则缩短为三个月。同时，为最终解决问题，避免周期性线下追索的烦琐，我们建议持票人以诉讼的方式进行线下追索。

相关法律规定

《中华人民共和国票据法》

第十七条 票据权利在下列期限内不行使而消灭：

（一）持票人对票据的出票人和承兑人的权利，自票据到期日起二年。见票即付的汇票、本票，自出票日起二年；

（二）持票人对支票出票人的权利，自出票日起六个月；

（三）持票人对前手的追索权，自被拒绝承兑或者被拒绝付款之日起六个月；

（四）持票人对前手的再追索权，自清偿日或者被提起诉讼之日起三个月。

票据的出票日、到期日由票据当事人依法确定。

《最高人民法院关于审理票据纠纷案件若干问题的规定》（2020年修正）

第十九条 票据法第十七条规定的票据权利时效发生中断的，只对发生时效中断事由的当事人有效。

裁判意见

以下为该案在法院审理阶段,判决书中"本院认为"就该问题的论述:

《票据法》第七十一条规定,被追索人依照第七十条规定清偿后,可以向其他汇票债务人行使再追索权。《票据法》第十七条第一款第四项规定,持票人对前手的再追索权,自清偿日或者被提起诉讼之日起三个月。原告江苏中某公司于2021年6月11日清偿了票据款后,于2021年6月29日向被告泰州金某公司发起了追索,对被告泰州金某公司的追索权利时效于同日发生中断,在被告泰州金某公司签收前,原告江苏中某公司又于2021年7月7日撤销了该追索,此时重新计算票据权利时效。原告于2021年10月25日向本院提起诉讼,从2021年7月7日算至10月25日已经超过再追索权利行使期限三个月,故其对前手泰州金某公司的追索权利因超过票据权利时效而消灭。原告江苏中某公司亦未在再追索权利行使期限内向被告南通某建公司行使追索权,故其对前手南通某建公司的追索权利亦归于消灭。

延伸阅读

裁判观点一:权利时效中断事由消灭后,三个月的再追索权期间重新开始起算,权利人须在该三个月期间内行权,否则将丧失对除出票人和背书人外的其他前手的再追索权(与主文案例裁判观点相同)。

案例1:山东省潍坊市中级人民法院,韩某滨、潍坊农某商业银行股份有限公司寒亭支行票据追索权纠纷二审民事判决书〔(2019)鲁07民终3953号〕认为:

本院认为,本案二审双方当事人的争议焦点是韩某滨对于案涉汇票利息的请求是否已经超过票据权利时效。对于该焦点问题,票据权利包括付款请求权以及票据追索权,因票据付款请求权限于票面金额,且韩某滨主张的权利是因其后手持案涉汇票被拒绝付款又向其追偿后产生的,所以韩某滨本案主张利息属于行使票据再追索权。根据《票据法》第十七条的规定,被后手追索之后的持票人对前手的再追索权的权利时效,为自清偿日或者被提起诉讼之日起三个月,故刑事案件引起诉讼时效中断的情形消失后,其追索权的权利时效自2015年12月11日重新起算,韩某滨对于案涉汇票利息的票据权利应当在三个月内行使,该权利时效于2016年3月10日届满。另外,即便按韩某滨主张的其起诉票面金额一案产生及于利息的票据权利时效中断的效果，因该案判决于2017年10月25日生效，其应在2018年1月24日三个月权利时效届满前行使利息的追索权，但韩某滨并未提供证据证明其在上述期间内主张过利息，故其对于案涉汇票利息的票据权利因超过了权利时效而丧失，一审驳回其诉讼请求并无不当。其二审提交的证据没有在上述期间内主张利息权利的内容，对其证明力不予认定。综上，韩某滨的上诉请求不成立，应予驳回。

裁判观点二：权利人在票据权利时效期内行使权利的，发生票据权利中断，中断之日起三年的诉讼时效期间开始计算，权利人可在未来三年内再次向票据义务人主张票据权利。

案例2：北京市海淀区人民法院，济源市丰某特钢实业有限公司与北京航天某立科技有限公司票据追索权纠纷一审民事判决书［（2020）京0108民初42415号］认为：

关于航天某立公司抗辩的济源丰某公司主张追索权已超过六个月追索时效，票据权利业已消灭。本院认为，《票据法》第十七条第一款第三项规定："持票人对前手的追索权，自被拒绝承兑或者被拒绝付款之日起六个月。"济源丰某公司作为持票人，在票据到期日前进行了提示付款（备注：到期日为2019年5月21日），但因出票人钛某公司的银行账户中无资金可支付，且长期未作应答，也未作拒绝承兑及拒绝付款的意思表示，导致电子商业汇票系统显示为"提示付款待签收"，依据本院上述阐述，应视为钛某公司拒绝承兑或拒绝付款，因而导致济源丰某公司至今未能获得票据款项。为此，济源丰某公司于2019年7月26日，分别向钛某公司、航天某立公司邮寄送达"电子商业承兑汇票追索通知"，且快递公司应航天某立公司市场与产业发展中心处长要求，于7月29日将该邮寄件放入快递柜，视为已签收，钛某公司已于同年7月27日签收。至此，济源丰某公司依法行使了票据权利，未超出上述法律规定的六个月的票据权利时效期间，从而发生票据权利时效中断，自票据权利时效中断时起至济源丰某公司向本院提起诉讼之日止，也未超出《民法典》第一百八十八条规定的三年诉讼时效期间。

027 前手未提票据时效抗辩，人民法院可否主动审查？

裁判要旨

票据权利时效有别于诉讼时效，人民法院有权主动适用票据权利时效制度，认定未在法定期限行使追索权的持票人丧失追索权。

案情简介①

一、2015年6月1日，中某冶华东分公司向善某坊公司签发电子商业承兑汇票。票据正面记载事项如下：金额1000万元，出票人及承兑人均为中某冶华东分公司，收款人为善某坊公司，到期日为2015年12月1日。同日，善某坊公司持该汇票向招某银行创智天地支行申请贴现。

二、汇票到期当日，招某银行创智天地支行向承兑人提示付款，承兑人中某冶华东分公司账户无款支付，遂拒绝付款。

三、招某银行创智天地支行行使票据付款请求权被拒付后，于同年12月15日向中某冶华东分公司发出线下追索函，要求履行票据责任，但未获得清偿，票据状态为"提示付款已拒付"。鉴于此，招某银行创智天地支行于2016年6月21日以出票人/承兑人中某冶华东分公司、收款人善某坊公司为共同被告向法院提起票据追索之诉，要求各被告连带向其支付票据款本息。

四、诉讼中，一审上海市杨浦区人民法院主动适用票据权利时效制度，认为招某银行创智天地支行在被拒付后六个月内，未通过电子商业汇票系统或线下发函的方式向收款人善某坊公司主张过权利，丧失对该票据前手的追索权。招某银行创智天地支行则认为，在诉讼当事人未主张的情况下，法院不得主动适用票据权利时效制度。之后的二审上海市第二中级人民法院和再审上海市高级人民法院均不认可招某银行创智天地支行的前述主张。

律师评析

本案的争议焦点为，人民法院可否主动适用票据权利时效制度。上海市第二

---

① 上海市第二中级人民法院，招某银行股份有限公司上海创智天地支行（以下简称招某银行创智天地支行）等与上海善某坊贸易有限公司（以下简称善某坊公司）等票据追索权纠纷上诉案［（2017）沪02民终3928号］。

中级人民法院以及上海市高级人民法院均对此持肯定态度，认为票据权利时效制度有别于诉讼时效制度，人民法院可在诉讼中予以释明并主动适用。我们认可上海市第二中级人民法院的前述观点，理由如下：

票据时效期间届满后，票据权利本身当然消灭，持票人丧失主张权利的请求权基础，其无权再对相应前手主张票据权利，而诉讼时效届满后的法律后果与前述情况则存在本质区别。诉讼时效届满的，权利人丧失胜诉权，但并不丧失实体权利本身，这也就意味着权利人的请求权基础并不因诉讼时效届满而消失。鉴于审查请求权是否发生以及是否消灭属于法官职权范畴，不需要当事人主张，因此，在诉讼中法官应当主动依据职权审查票据权利时效是否届满。

实务经验总结

鉴于票据权利时效经过会直接导致持票人对相应票据前手丧失票据权利，我们建议持票人在票据权利时效期内积极行使权利（而且原则上应以线上方式提示付款、发起拒付追索）。

1. 对于出票人和承兑人，持票人须在法定期间内向承兑人提示付款，最早可以于汇票到期日当日进行，最晚于汇票到期日之次日起算十日内进行。同时在汇票到期日起两年内向出票人和承兑人发起拒付追索。

2. 对于除出票人和背书人外的其他票据前手，持票人在被拒付后，须在被拒付之次日起六个月内向前述主体发起拒付追索。

相关法律规定

《中华人民共和国票据法》

第十七条 票据权利在下列期限内不行使而消灭：

（一）持票人对票据的出票人和承兑人的权利，自票据到期日起二年。见票即付的汇票、本票，自出票日起二年；

（二）持票人对支票出票人的权利，自出票日起六个月；

（三）持票人对前手的追索权，自被拒绝承兑或者被拒绝付款之日起六个月；

（四）持票人对前手的再追索权，自清偿日或者被提起诉讼之日起三个月。

票据的出票日、到期日由票据当事人依法确定。

《最高人民法院关于审理票据纠纷案件若干问题的规定》（2020年修正）

第十九条 票据法第十七条规定的票据权利时效发生中断的，只对发生时效中断事由的当事人有效。

裁判意见

以下为该案在法院审理阶段，判决书中"本院认为"就该问题的论述：

关于人民法院可否主动适用票据权利时效的问题，本院认为，《票据法》第十七条第一款第三项规定，持票人对前手的追索权，自被拒绝承兑或者被拒绝付款之日起六个月内不行使而消灭。该条文明确了票据权利人在一定期间不行使权利的法律后果，即为票据权利的消灭。票据权利时效有别于诉讼时效。诉讼时效期间届满，义务人可进行诉讼时效抗辩，权利人丧失了胜诉权，但实体权利依然存在，而票据时效的经过将直接导致票据权利的消灭。但同时，票据时效届满仅消灭了票据权利，也并不必然导致持票人其他实体上权利的丧失。因此，本院认为，票据权利时效是票据法上的特别规定，它与票据的流通功能相适应，旨在维护票据法律关系的稳定与秩序。原审法院主动适用票据权利时效的规定，认定上诉人招某银行创智天地支行票据权利对相应前手的票据权利归于消灭，符合法律规定，并无不当。至于上诉人招某银行创智天地支行所提及的"《票据法》第十七条规定的票据权利发生中断的，只对发生时效中断事由的当事人有效"这一条文，本院认为，该条目的在于区分票据上不同当事人（如出票人、背书人、保证人等）以认定票据权利时效，体现了票据行为的独立性，而不是将票据权利时效制度等同于诉讼时效制度。

延伸阅读

无

028 仅对部分票据前手行权，时效中断的效果是否及于其他前手？

裁判要旨

票据权利发生时效中断的，只在直接当事人之间产生时效中断的法律后果，不及于其他票据前手。

案情简介①

一、海某集团有限公司于2019年2月3日向青某水泥公司签发一张电子商业承兑汇票，汇票到期日为2019年4月3日，票据金额为100万元，承兑人为海某集团财务公司。转让背书信息为：青某水泥公司背书给某电力公司；某电力公司背书给江苏畅某公司；江苏畅某公司背书给山西宏某公司。

二、票据到期后，鉴于承兑人海某集团财务公司因违法被责令终止活动，持票人山西宏某公司发起非拒付追索，直接前手江苏畅某公司于2019年4月23日向山西宏某公司履行了支付票据款本息的义务。

三、2019年4月30日，江苏畅某公司行使再追索权，以线下发律师函的方式向某电力公司进行非拒付追索，但未获清偿。2019年8月30日，江苏畅某公司以青某水泥公司和某电力公司为共同被告提起票据追索权之诉，请求法院判令各被告向其连带清偿票据款本息。

四、诉讼中，重庆市沙坪坝区人民法院认为，江苏畅某公司向某电力公司进行非拒付追索导致票据权利中断的法律效果并不及于青某水泥公司，且原告未在2019年4月23日起的三个月内向青某水泥公司主张票据权利，丧失对青某水泥公司的再追索权。

律师评析

本案的争议点为，持票人仅对前手之一主张权利并引发票据权利时效中断的，票据权利时效中断的效果是否及于其他前手。对此，本文的主文案例持否认态度，延伸阅读案例4则持肯定态度。我们认可主文案例的裁判观点，理由如下：

为了保证票据能及时流通，督促持票人及时行使权利，我国《票据法》以及其司法解释规定了短期票据权利时效制度。鉴于票据权利时效中断会绝对地引起票据权利时效期间的延长，为避免时效中断的法律效果架空前述短期权利时效制度设计之目的，法律须为票据权利时效中断制度设置额外的障碍，即票据权利发生时效中断的，只在直接当事人之间产生时效中断的法律后果，不及于其他票

---

① 重庆市沙坪坝区人民法院，江苏畅某电气设备有限公司（以下简称江苏畅某公司）与国网某电力公司（以下简称某电力公司）等票据追索权纠纷—审民事判决书［（2020）渝0106民初21898号］。

据前手。以此来倒逼持票人对更多票据前手行权，尽快终结票据法律关系。同时，该种制度设计也符合票据行为独立性的基本原则，每一种票据行为各自独立发生效力，互不影响。

延伸阅读案例4中山东省济南市中级人民法院认为，对票据前手之一行权，票据权利时效中断的法律效果及于其他法律地位相同的前手，而不仅限于该票据前手。山东省济南市中级人民法院持前述观点是基于以下两点理由：

第一，在票据追索权纠纷中，持票人有权选择多个票据前手作为共同被告来主张权利，且各被告依法须连带向持票人履行支付票据款本息以及其他费用的义务，即全部票据前手系连带债务人，在此等情况下权利人向连带债务人之一主张权利的，票据权利时效中断的效力当然及于其他连带债务人。

第二，再追索权人的权利不优于追索权人的权利，如果追索权人因中断的法律效果不及于非直接当事人而丧失对某些票据前手的追索权，那么，被追索权人在承担了票据义务之后也将丧失对这些前手的再追索权，这种前手为后手过错买单的行为严重违反公平原则和责任自负原则。

然而，我们认为，山东省济南市中级人民法院的这两点理由值得商榷，原因如下：

第一，诚然权利人对连带义务人之一行权，诉讼时效中断的效力及于其他连带债务人，但票据权利时效制度与诉讼时效中断制度存在诸多区别，直接将诉讼时效中断的法律效果移植到票据权利时效制度中，不免有生搬硬套之嫌。

第二，再追索权独立于追索权，对追索权的限制不延伸至再追索权。追索权人丧失对某一票据前手的追索权，并不当然意味着再追索权人也无权对该前手进行再追索。山东省济南市中级人民法院的第二点理由的大前提没有任何依据支持。

实务经验总结

鉴于票据权利时效中断的法律效果仅局限于直接当事人之间，而不及于未被追索的票据前手，我们建议持票人积极向全部票据前手行权，以使得对全部票据前手的权利时效均发生中断，避免丧失对具有清偿能力的前手享有的票据权利。

相关法律规定

《最高人民法院关于审理票据纠纷案件若干问题的规定》（2020年修正）

第十九条 票据法第十七条规定的票据权利时效发生中断的，只对发生时效中断事由的当事人有效。

裁判意见

以下为该案在法院审理阶段，判决书中"本院认为"就该问题的论述：

关于江苏畅某公司对某电力公司和青某水泥公司是否享有追索权的问题，本院认为，江苏畅某公司未举示其直接向青某水泥公司行使票据追索权的证据，根据《最高人民法院关于审理票据纠纷案件若干问题的规定》第十九条"票据法第十七条规定的票据权利时效发生中断的，只对发生时效中断事由的当事人有效"的规定，原告江苏畅某公司向被告某电力公司追索的时效效力并不当然及于青某水泥公司，对该被告追索的时效并不因此而中断。从拒付之日起算至立案之日已超过三个月，因此，对青某水泥公司支付票据款及利息等诉讼请求，本院不予支持。

延伸阅读

裁判观点一：持票人向前手行权导致票据权利时效中断的，中断的法律效果局限于持票人与该票据前手之间，并不导致持票人对其他票据前手的权利中断（与主文案例裁判观点相同）。

案例1：宁夏回族自治区银川市中级人民法院，台州合某革业有限公司与宁夏宝某能源化工有限公司、宝某石化集团有限公司等票据追索权纠纷一审民事判决书［（2019）宁01民初1562号］认为：

原告所持汇票信息完整、背书连续，其享有票据再追索权。汇票的出票人、背书人、承兑人和保证人对持票人承担连带责任。持票人可以不按汇票债务人的先后顺序，对其中任何一人、数人或者全体行使追索权。但根据《票据法》第十七条第一款第四项的规定，持票人对前手的再追索权，自清偿日或者被提起诉讼之日起三个月不行使而消灭。原告被追索清偿，票据显示清偿日期为2019年1月15日，原告于2019年4月15日对海宁亚某公司提起诉讼，但只对海宁亚某公司发生票据权利时效中断的效力。原告于2019年5月5日向本院提起诉讼，已经超过三个月的票据追索权利时效期，故原告对被告张家港科某奇公司、青岛银某公司、青岛轶某公司的再追索权消灭，对被告海宁亚某公司的再追索权未消灭，海宁亚某公司应对原告承担票据责任。

案例2：重庆市第一中级人民法院，绍兴市天某锡材有限公司（以下简称天某公司）与重庆力某财务有限公司（以下简称力某财务公司）、重庆力某乘用车有限公司等票据追索权纠纷一审民事判决书［（2020）渝01民初875号］认为：

关于天某公司对深圳大某和公司和遵义大某和公司是否享有追索权的问题，本院认为，天某公司作为持票人依法有权在被拒绝付款后对出票人、背书人以及承兑人等汇票债务人行使票据追索权。本院已经认定承兑人力某财务公司签收票据但未付款的行为构成实质拒付，故天某公司可在法律规定期限内行使追索的票据权利，追索时效从拒付之日即到期日2019年1月27日开始起算六个月。天某公司虽举示了其向力某财务公司、宁波新某电器科技有限公司催要票据款的证据，但并未举示其直接向背书人深圳大某和公司、遵义大某和公司行使票据追索权的证据。根据《最高人民法院关于审理票据纠纷案件若干问题的规定》（2008年调整）第二十条"票据法第十七条规定的票据权利时效发生中断的，只对发生时效中断事由的当事人有效"的规定，天某公司向非深圳大某和公司、遵义大某和公司追索的时效效力并不当然及于深圳大某和公司、遵义大某和公司，其对深圳大某和公司、遵义大某和公司追索的时效并不会因此而中断。本案系从广东省深圳市宝安区人民法院移送至本院的，但无论是天某公司诉状载明时间2019年10月24日，还是广东省深圳市宝安区人民法院立案时间2020年1月6日，从拒付之日2019年1月27日起算均已超过六个月。故在天某公司未举证证明其在法律规定期限内直接向深圳大某和公司、遵义大某和公司行使了追索权而发生时效中断的情况下，应予承担举证不能的法律后果，丧失对其前手深圳大某和公司、遵义大某和公司追索的权利。因此，对天某公司要求深圳大某和公司、遵义大某和公司支付票据款及利息等诉讼请求，本院不予支持。

案例3：江苏省兴化市人民法院，营口青某耐火材料股份有限公司（以下简称营口青某公司）与江苏申某集团有限公司（以下简称申某集团公司）、湖南天某机械有限责任公司（以下简称天某公司）等票据追索权纠纷一审民事判决书［（2019）苏1281民初3989号］认为：

《票据法》第十七条第一款规定："票据权利在下列期限内不行使而消灭：……（四）持票人对前手的再追索权，自清偿日或者被提起诉讼之日起三个月。"《最高人民法院关于审理票据纠纷案件若干问题的规定》（2008年调整）第二十条规定："票据法第十七条规定的票据权利时效发生中断的，只对发生时效中断事由的当事人有效。"本案中，营口青某公司在知悉案涉汇票到期而承兑人宝某财务公司既不签收也不付款后，于2018年12月12日向申某集团公司发出告知函，向申某集团公司主张权利，营口青某公司的该行为引起票据权利时效的中断。此后的2019年1月14日、3月14日，营口青某公司又先后向申某集团公司主张权利，该行为再次引起票据权利时效的中断。因此，营口青某公司于2019年5月15日提起本案的诉讼，向申某集团公司行使再追索权，并未超过法定的票据权利时效。根据上述司法解释的规定，因营口青某公司向申某集团公司主张权利导致票据权利时效中断的效力仅及于发生时效中断事由的当事人，即申某集团公司，不能产生营口青某公司与天某公司、一某公司之间票据权利时效中断的法律后果，故在营口青某公司未举证证明其在起诉前曾向天某公司、一某公司行使再追索权的情况下，其在2018年12月18日清偿后，于2019年5月15日提起本案的诉讼，向天某公司、一某公司行使再追索权，已超过三个月。天某公司有关票据权利时效的抗辩，依法成立，本院予以采纳。"

裁判观点二：对票据前手之一行权，票据权利时效中断的法律效果及于其他法律地位相同的前手，而不仅限于该票据前手（与主文案例裁判观点相反）。

案例4：山东省济南市中级人民法院，山东斯某特节能技术有限公司（以下简称斯某特公司）、内蒙古某鑫项目管理有限公司等票据追索权纠纷民事二审民事判决书［（2021）鲁01民终12374号］认为：

本院认为，我国《票据法》第六十八条规定："汇票的出票人、背书人、承兑人和保证人对持票人承担连带责任。持票人可以不按照汇票债务人的先后顺序，对其中任何一人、数人或者全体行使追索权。持票人对汇票债务人中的一人或者数人已经进行追索的，对其他汇票债务人仍可以行使追索权……"从上述规定看，我国《票据法》并未要求持票人对票据债务人一并行使追索权。根据连带责任的法律规定，权利人向连带债务人一人主张权利，效力及于其他连带债务人。本案天某公司已经在规定的时间内向前手优某保温材料厂主张了权利，效力应及于斯某特公司。否则，假如斯某特公司的主张成立，天某公司未向其行使追索权，其付款义务消灭，将导致优某保温材料厂根据本案判决履行付款义务后，无权向斯某特公司行使再追索权，此与《票据法》规定的持票人对前手的再追索权，自清偿日或者被提起诉讼之日起三个月相悖。故斯某特公司主张的《票据法》第十七条规定的票据权利时效发生中断的，只对发生时效中断的当事人有效的规定，目的在于区分票据上不同当事人（如出票人、背书人、保证人等），以认定票据权利时效，体现了票据行为的独立性。在本案中，上述规定的当事人指的是与优某保温材料厂具有相同法律地位的前手，而不能仅仅理解为优某保温材料厂。

第三节 被追索人基于基础法律关系的抗辩

029 非直接前手可否以"持票人与直接前手之间不存在真实交易"进行抗辩？

裁判要旨

在票据真实有效且背书连续的情况下，非直接前手的票据债务人主张持票人与直接前手之间不存在真实交易关系或主张持票人取得票据不合法的，其应当承担"持票人是以欺诈、盗窃或胁迫等手段取得票据，或者明知有前列情形出于恶意取得票据，或者因重大过失取得票据"的举证责任，否则人民法院不予支持。

案情简介[1]

一、金某公司于2018年10月11日从前手世某木业公司处通过背书转让方式取得案涉电子商业承兑汇票，出票日期为2018年10月10日，汇票到期日为2019年10月10日，出票人和承兑人均为国投太某洋公司，收款人为世某木业公司，票据金额为100万元，票据背书情况为：世某木业公司背书转让给金某公司，金某公司为最终持票人。

二、票据到期后，金某公司依法提示付款，且被承兑人拒付。此后，金某公司于电子商业汇票系统发起追索，票据状态显示为拒付追索待清偿。

三、之后持票人金某公司以出票人国投太某洋公司为被告提起票据追索权之诉，请求法院判令被告向其支付票据款本息。诉讼中，国投太某洋公司主张金某

---

[1] 北京金融法院，国投太某洋投资管理（北京）有限公司（以下简称国投太某洋公司）等票据追索权纠纷二审民事判决书［（2021）京74民终181号］。

公司与直接前手世某木业公司之间无真实交易关系，金某公司不享有票据权利。

四、北京金融法院认为，国投太某洋公司无证据证明金某公司存在《最高人民法院关于审理票据纠纷案件若干问题的规定》第十四条的情形，对其抗辩理由不予支持。

律师评析

本案的争议焦点为，非直接前手的票据债务人可否以持票人与直接前手之间不存在真实交易关系为由，而拒绝承担票据责任。对此，北京金融法院持否认态度。我们认可法院的裁判观点，具体而言：

1. 如非直接前手以"持票人与直接前手之间不存在真实交易关系"为由而拒绝承担票据责任的，其应当承担证明"持票人是以欺诈、盗窃或胁迫等手段取得票据，或者明知有前列情形出于恶意取得票据，或者因重大过失取得票据"的举证责任，这属于票据无因性例外的范畴。

2. 如持票人与直接前手之间的基础法律关系存在效力缺陷（如被认定无效、被撤销、被解除等），即便非直接前手能举证证明前述缺陷，该等抗辩也属于无效抗辩，这属于票据无因性的应有之义。

关于"票据无因性的例外"举证责任的分配，法院持不同观点。

法院主流裁判观点是，非直接前手的票据债务人应承担举证"持票人是以欺诈、盗窃或胁迫等手段取得票据，或者明知有前列情形出于恶意取得票据，或者因重大过失取得票据"的证明责任，且应达到高度盖然性标准。

少数法院的裁判观点是，在延伸阅读案例5中，法院认为，非直接前手的票据债务人仅须初步证明持票人取得票据不合法即可，此后举证责任倒置，持票人须承担后续证明"自己系通过合法途径取得票据"的举证责任，否则将承担败诉风险。

实务经验总结

1. 对于持票人而言，在票据追索权之诉中，在票据背书连续的情况下，原则上其无须举证证明自身取得票据的原因，即无须向法院提交自身与直接前手之间的基础法律关系存在且无缺陷的相关证据。

2. 对作为非直接前手的票据债务人而言，如其无法举证证明"持票人是以欺诈、盗窃或胁迫等手段取得票据，或者明知有前列情形出于恶意取得票据，或者因重大过失取得票据"的，仅主张持票人取得票据原因不合法、不存在真实交易关系，基础法律存在缺陷（如基础法律关系无效、被撤销、被解除等），人民法院不予支持。

相关法律规定

《最高人民法院关于审理票据纠纷案件若干问题的规定》（2020年修正）

第十三条　票据债务人以票据法第十条、第二十一条的规定为由，对业经背书转让票据的持票人进行抗辩的，人民法院不予支持。

第十四条　票据债务人依照票据法第十二条、第十三条的规定，对持票人提出下列抗辩的，人民法院应予支持：

（一）与票据债务人有直接债权债务关系并且不履行约定义务的；

（二）以欺诈、偷盗或者胁迫等非法手段取得票据，或者明知有前列情形，出于恶意取得票据的；

（三）明知票据债务人与出票人或者与持票人的前手之间存在抗辩事由而取得票据的；

（四）因重大过失取得票据的；

（五）其他依法不得享有票据权利的。

《中华人民共和国票据法》

第十条　票据的签发、取得和转让，应当遵循诚实信用的原则，具有真实的交易关系和债权债务关系。

票据的取得，必须给付对价，即应当给付票据双方当事人认可的相对应的代价。

第十二条　以欺诈、偷盗或者胁迫等手段取得票据的，或者明知有前列情形，出于恶意取得票据的，不得享有票据权利。

持票人因重大过失取得不符合本法规定的票据的，也不得享有票据权利。

裁判意见

以下为该案在法院审理阶段，判决书中"本院认为"就该问题的论述：

国投太某洋公司无权以金某公司与世某木业公司是否存在真实交易关系进行抗辩。国投太某洋公司关于真实交易关系的主张系基于《票据法》第十条的规定,但《最高人民法院关于审理票据纠纷案件若干问题的规定》第十三条明确规定:"票据债务人以票据法第十条、第二十一条的规定为由,对业经背书转让票据的持票人进行抗辩的,人民法院不予支持。"故国投太某洋公司作为票据债务人,以票据法第十条规定的真实交易关系为由对业经背书转让票据的持票人金某公司进行抗辩,一审法院不予支持。

进言之,《票据法》第十二条规定:"以欺诈、偷盗或者胁迫等手段取得票据的,或者明知有前列情形,出于恶意取得票据的,不得享有票据权利。持票人因重大过失取得不符合本法规定的票据的,也不得享有票据权利。"《最高人民法院关于审理票据纠纷案件若干问题的规定》第十四条规定:"票据债务人依照票据法第十二条、第十三条的规定,对持票人提出下列抗辩的,人民法院应予支持:(一)与票据债务人有直接债权债务关系并且不履行约定义务的;(二)以欺诈、偷盗或者胁迫等非法手段取得票据,或者明知有前列情形,出于恶意取得票据的;(三)明知票据债务人与出票人或者与持票人的前手之间存在抗辩事由而取得票据的;(四)因重大过失取得票据的;(五)其他依法不得享有票据权利的。"本案中,与票据债务人有直接债务关系的是案外人世某木业公司,而非金某公司;无证据显示金某公司存在以欺诈、偷盗、胁迫等非法手段取得票据;无证据显示金某公司明知存在抗辩事由而取得票据;无证据显示金某公司因重大过失取得票据等。

延伸阅读

裁判观点一:只要持票人出示合法持有且背书连续的票据,前手就应当向后手承担票据责任,不能以后手不能证明其与票据上记载的前手之间存在真实交易关系为由,对抗后手的票据权利(与主文案例观点相同)。

案例1:新疆维吾尔自治区乌鲁木齐市中级人民法院,河南联某一百实业有限公司(以下简称联某一百公司)与中某银行股份有限公司郑州分行、中某银行股份有限公司郑州建设路支行等票据追索权纠纷二审民事判决书[(2021)新01民终1160号]认为:

联某一百公司上诉主张,汇某源公司与华某公司之间为虚假贸易,没有真实交易,其公司不应承担票据责任。对此本院认为,票据具有支付功能,流通性、一定的无因性系票据的基本法律特征。汇某源公司提供的电子商业承兑汇票符合《票据法》及《电子商业汇票业务管理办法》的相关规定,依法为有效票据。联某一百公司作为票据出票人、承兑人，以该上诉主张抗辩不承担票据责任，没有事实及法律依据。

案例2：山东省高级人民法院，金某匙控股有限公司、山东银某资产管理有限公司票据追索权纠纷再审审查与审判监督民事裁定书［（2020）鲁民申1480号］认为：

虽然《票据法》第十条规定："票据的签发、取得和转让，应当遵循诚实信用的原则，具有真实的交易关系和债权债务关系。票据的取得，必须给付对价，即应当给付票据双方当事人认可的相对应的代价。"但是，《最高人民法院关于审理票据纠纷案件若干问题的规定》（2008年调整）第十四条规定："票据债务人以票据法第十条、第二十一条的规定为由，对业经背书转让票据的持票人进行抗辩的，人民法院不予支持。"根据票据无因性理论，票据的基础关系独立于票据关系，票据基础关系的效力不影响票据关系的效力，即使汇票项下没有真实交易背景，也不能认定票据行为无效。只要持票人出示合法持有并签章的票据，票据上记载的前后手之间背书连续，前手就应当向后手承担票据责任，不能以后手不能证明其与票据上记载的前手之间存在真实交易关系为由，对抗后手的票据权利。本案中，山东银某资产管理有限公司持有的电子商业承兑汇票背书连续，且已到期，原判决据此判令申请人等承担支付责任，认定事实并无不当。

案例3：上海金融法院，贵州一某产业开发投资有限公司（以下简称一某公司）与蚌埠市银某商贸有限公司（以下简称银某公司）等票据追索权纠纷二审民事判决书［（2021）沪74民终1489号］认为：

本院认为，本案的争议焦点为，银某公司是否享有案涉商业电子承兑汇票的票据权利。一某公司上诉认为银某公司与其前手海某微公司之间不存在真实交易关系，因此，银某公司不享有票据权利。结合一审情况，一某公司对案涉商业电子承兑汇票本身的真实性没有异议，对银某公司取得票据的合法性有异议。根据票据无因性、文义性的特点，案涉票据真实有效且背书连续，作为电子商业汇票系统中记载的最后持票人，银某公司应当被认定为合法持票人并享有票据权利。一某公司认为银某公司取得票据不合法，应由其承担举证责任。现一某公司就该节事实未提供任何证据予以证明，同时结合银某公司提供的基础交易关系证据，本院对一某公司主张的事实难以采信。另，根据《最高人民法院关于审理票据纠纷案件若干问题的规定》（2008年调整）第十四条规定，案涉票据已连续背书转让，一某公司作为出票人，以真实交易关系不存在为由对抗持票人的票据权利，本院难以支持。

案例4：山东省济南市中级人民法院，山东福某来装饰有限公司（以下简称福某来公司）、济南微某念信息科技有限公司（以下简称微某念公司）票据追索权纠纷民事二审民事判决书［（2021）鲁01民终11897号］认为：

本案诉争票据系微某念公司持有的有签章的票据，票据上记载的前后手之间背书连续，前手依法应当向后手承担票据责任，而不论后手是否能证明其与票据上记载的前手之间存在真实交易关系，此为票据的无因性。因此，福某来公司以微某念公司不能证明其与前手之间存在真实交易关系为由主张微某念公司并非合法持票人，理由不当，本院不予采纳。

裁判观点二：在票据背书连续的情况下，如有初步证据证明持票人取得该票据不合法的，持票人须进一步举证证明其与前手之间存在真实的交易关系，否则持票人须承担败诉风险（关于举证责任的分配与主文案例略有不同）。

案例5：江西省上饶地区（市）中级人民法院，清河县忆某自行车销售有限公司（以下简称忆某公司）、江西同某机械制造股份有限公司（以下简称同某公司）票据追索权纠纷二审民事判决书［（2020）赣11民终836号］认为：

对于焦点二，本案诉争汇票自北某银翔汽车有限公司于2018年3月20日出票后，经过多个公司背书，最后由青岛雨某商贸有限公司、济南奥某本焊材有限公司背书转让给上诉人忆某公司。本案诉争汇票形式上背书连续，上诉人忆某公司通过背书取得汇票。但被上诉人同某公司抗辩上诉人忆某公司通过非法手段取得本案诉争汇票。上诉人忆某公司所持汇票的合法性是本案的争议焦点，对此，本院综合分析如下：首先，上诉人忆某公司所取得的汇票共七张，票面金额共计398万元，均为同一出票人北某银翔汽车有限公司，本案诉争四张承兑汇票到期日均为2018年9月20日，另外三张承兑汇票中，两张汇票到期日为2018年9月16日，一张汇票到期日为2018年9月20日，上诉人忆某公司取得本案诉争四张承兑汇票的时间分别为2018年9月10日、9月12日，而出票人企业经营状况困难的信息，于2018年7月开始在网络上有披露，上诉人忆某公司为防范商业风险按常理在取得汇票之前对出票人的情况会做一定的了解。结合本案诉争汇票共四张，其直接前手有两个不同的公司（案外另外三张其直接前手不详）。但就这四张不同的直接前手如何又背书给同一被背书人，在出票人经营状况困难的情况下，从同一出票人、不同的直接前手获得汇票令人匪夷所思，上诉人忆某公司汇票来源的确蹊跷。其次，结合上诉人忆某公司企业自身情况来看，原审法院根据被上诉人同某公司的申请，前往上诉人忆某公司所在地的税务机关、开户银行进行调查取证，从调取的材料中证明上诉人忆某公司于 2016 年 8 月 29 日办理营业执照，自登记以来，未申报生产经营收入，未缴纳过税费。从上诉人忆某公司开户银行查询，没有相应的反映经营活动的银行流水，银行流水未反映出员工工资的支付情况。而上诉人忆某公司营业执照显示其为注册资本 50 万元，经营自行车销售的公司，上述如此状况的公司与其直接前手又如何交易、如何取得金额巨大的七张承兑汇票，在该公司不能提供证据证明其基础法律关系且经法院询问上诉人忆某公司对如何从其直接前手合法取得诉争汇票未作出合理说明的情形下，其汇票的合法性存疑。因此，本院经审查并结合相关事实，被上诉人同某公司主张上诉人忆某公司通过非法手段取得本案诉争汇票，该待证事实的存在具有高度可能性。

根据《最高人民法院关于审理票据纠纷案件若干问题的规定》（2008 年调整）第九条第二款的规定："依照票据法第四条第二款、第十条、第十二条、第二十一条的规定，向人民法院提起诉讼的持票人有责任提供诉争票据。该票据的出票、承兑、交付、背书转让涉嫌欺诈、偷盗、胁迫、恐吓、暴力等非法行为的，持票人对持票的合法性应当负责举证。"《票据法》第三十二条第一款规定："以背书转让的汇票，后手应当对其直接前手背书的真实性负责。"由此可知，票据虽然具有无因性，但其前提是合法性，法律保护的是合法权利。在被上诉人同某公司对上诉人忆某公司所持汇票合法性提出抗辩，上诉人忆某公司所持汇票如上分析其合法性确实存疑，为防止非法权利得到司法保护，本院认为，上诉人忆某公司作为持票人依法应对汇票的合法性负责举证，亦应对直接前手背书的真实性负责。上诉人忆某公司在一审中提供了 2019 年 12 月 12 日原济南奥某本焊材有限公司的法人温某道及股东刘某出具的证明以及 2019 年 12 月 12 日青岛雨某商贸有限公司出具的证明，欲证明上诉人忆某公司是经合法背书转让取得本案诉争汇票，共计支付 188 万元。一方面，该两份证明系证人证言，证人无正当理由未出庭作证，不能单独作为认定案件事实的依据。另一方面，该两份证明无法证明上诉人忆某公司与其前手存在真实的交易关系和债权债务关系，且上诉人忆某公司未能提供转账凭证、财务账目账册予以佐证其实际支付了 188 万元，故该两份证据不足以证明上诉人忆某公司合法取得本案诉争汇票，上诉人忆某公司在一、二审中对取得本案诉争汇票的合法性并未提供充分的证据证实，未完成举证责任。在此情况下，上诉人忆某公司作为本案诉争汇票持有人对作为背书人之一的被上诉人同某公司行使追索权，因其未举证证明其合法享有汇票权利，其应承担举证不能的不利后果，故原审法院对上诉人忆某公司向被上诉人同某公司行使追索权的诉请予以驳回，并无不当。

030 直接前手可否以"持票人与自身之间不存在真实交易"进行抗辩？

裁判要旨

在票据背书连续的情况下，直接前手主张持票人与自身之间不存在真实交易关系，不应享有票据权利的，持票人须举证证明其取得票据已支付合理对价、存在真实交易关系，否则持票人应承担败诉后果。

案情简介[①]

一、2020年，甘肃宝某钢铁有限公司从榆中万某商贸服务有限公司处背书受让一张电子商业承兑汇票，汇票背书完整。汇票到期后，甘肃宝某钢铁有限公司作为持票人向承兑人提示付款，且被拒绝付款。

二、之后，甘肃宝某钢铁有限公司以榆中万某商贸服务有限公司作为被告向法院提起票据追索权之诉，请求法院判令被告向其清偿票据款本息。

三、诉讼中，直接前手榆中万某商贸服务有限公司主张自身与甘肃宝某钢铁有限公司不存在任何贸易往来，甘肃宝某钢铁有限公司取得该汇票时未支付对价，无权主张票据权利。

四、兰州市中级人民法院支持了榆中万某商贸服务有限公司的前述抗辩，并认为持票人甘肃宝某钢铁有限公司无法证明其系通过合法途径取得票据，应承担败诉的后果，判决驳回了甘肃宝某钢铁有限公司的诉讼请求。

律师评析

根据《最高人民法院关于审理票据纠纷案件若干问题的规定》（2020年修

---

① 甘肃省兰州市中级人民法院，甘肃宝某钢铁有限公司、榆中万某商贸服务有限公司票据追索权纠纷二审民事判决书［（2021）甘01民终1989号］。

正）第十四条规定可知，如持票人是以欺诈、盗窃或胁迫等手段取得票据，或者明知有前列情形出于恶意取得票据，或者因重大过失取得票据的，持票人不享有票据权利。那么，此间的举证责任该如何分配呢？

本案中，法院认为，如直接前手主张持票人存在《最高人民法院关于审理票据纠纷案件若干问题的规定》（2020年修正）第十四条规定的不享有票据权利情形，持票人须举证证明自身系通过合法途径取得票据权利，否则将承担举证不能的败诉风险。我们认可法院的前述观点，理由如下：

1. 票据的无因性并非为绝对无因性，而系相对无因性，不及于票据直接前后手关系。持票人被拒绝付款后，除了提起票据追索权之诉，也可基于基础法律关系向直接前手主张权利。在该等诉讼中，直接前手可就基础法律关系是否存在以及是否存在效力缺陷等提出抗辩。基于裁判统一性以及节约司法资源的考量，无论持票人以何种法律关系提起诉讼，原则上应获得同等救济。因此，直接前手在基础法律关系诉讼中可以主张的抗辩应均可在票据追索权之诉中主张。换言之，票据无因性不及于票据直接前后手之间。

2. 直接前手主张"自身与持票人之间不存在真实交易关系"，该等主张系消极事实，因此，直接前手无须对此承担举证责任，相反持票人须举证证明其系通过合法途径取得票据、享有票据权利。

实务经验总结

对于直接前手而言，鉴于票据无因性不及于直接前后手之间，因此，在票据追索权之诉中，其可以主张"自身与持票人之间不存在真实交易关系""真实交易关系存在效力瑕疵（如无效、被撤销、被解除等）""持票人未履行基础法律关系项下的义务"等来拒绝承担票据责任。关于前述主张的举证责任分配方案如下：

1. "自身与持票人之间不存在真实交易关系"，持票人须举证证明自身系通过合法途径取得票据。

2. "真实交易关系存在效力瑕疵（如无效、被撤销、被解除等）"，直接前手对此负有举证责任。

3. "持票人未履行基础法律关系项下的义务"，持票人须举证证明自身已经履行了基础法律关系项下的义务。

对于持票人而言，我们建议其妥善保管基础法律关系相关的文本，如合同、货物签收单、借据、沟通记录等。

相关法律规定

《最高人民法院关于审理票据纠纷案件若干问题的规定》（2020年修正）

第十三条　票据债务人以票据法第十条、第二十一条的规定为由，对业经背书转让票据的持票人进行抗辩的，人民法院不予支持。

第十四条　票据债务人依照票据法第十二条、第十三条的规定，对持票人提出下列抗辩的，人民法院应予支持：

（一）与票据债务人有直接债权债务关系并且不履行约定义务的；

（二）以欺诈、偷盗或者胁迫等非法手段取得票据，或者明知有前列情形，出于恶意取得票据的；

（三）明知票据债务人与出票人或者与持票人的前手之间存在抗辩事由而取得票据的；

（四）因重大过失取得票据的；

（五）其他依法不得享有票据权利的。

《中华人民共和国票据法》

第十条　票据的签发、取得和转让，应当遵循诚实信用的原则，具有真实的交易关系和债权债务关系。

票据的取得，必须给付对价，即应当给付票据双方当事人认可的相对应的代价。

第六十一条第一款　汇票到期被拒绝付款的，持票人可以对背书人、出票人以及汇票的其他债务人行使追索权。

裁判意见

以下为该案在法院审理阶段，判决书中"本院认为"就该问题的论述：

本院认为，《票据法》第十条规定："票据的签发、取得和转让，应当遵循诚实信用的原则，具有真实的交易关系和债权债务关系。票据的取得，必须给付对价，即应当给付票据双方当事人认可的相对应的代价。"《票据法》第六十一条第一款规定："汇票到期被拒绝付款的，持票人可以对背书人、出票人以及汇票的其他债务人行使追索权。"按照上述法律规定，享有票据权利的持票人被拒绝付款的，可行使追索权。本案中，甘肃宝某钢铁有限公司基于其持有背书连续的案涉票据，以及在该汇票到期后向出票人提示付款被拒的事实，向票据背书人、出票人行使追索权，但甘肃宝某钢铁有限公司所举证据不足以证明其与票据直接前手榆中万某商贸服务有限公司具有真实的交易关系和债权债务关系，其取得票据已支付对价，榆中万某商贸服务有限公司对甘肃宝某钢铁有限公司主张的票据权利亦不认可，即甘肃宝某钢铁有限公司不能证明其对案涉票据享有票据权利，应对其主张承担不利的后果，一审法院以甘肃宝某钢铁有限公司对案涉票据不享有票据权利为由，判决驳回其诉讼请求并无不当。

延伸阅读

裁判观点：票据关系中的持票人在行使票据权利时，其直接前手可以以基础原因关系进行抗辩。票据的无因性是相对的，不及于票据直接前后手关系；在举证责任的分配上，持票人应对自己一方履行了基础关系中约定的义务承担举证责任。

案例：北京市第一中级人民法院，袁某友诉北京市紫某福源建筑装饰有限责任公司（以下简称紫某福源公司）票据追索权案［（2011）一中民终字第10563号］认为：

根据法律规定，票据的签发、取得和转让，应当遵循诚实信用的原则，具有真实的交易关系和债权债务关系。票据债务人可以对不履行约定义务的与自己有直接债权债务关系的持票人进行抗辩。本案双方之间存在买卖合同关系。袁某友虽持有紫某福源公司出具的转账支票，但紫某福源公司对票据金额的真实性提出异议。对此，袁某友作为供货方，应当对其供货事实承担举证责任，以便确定双方之间真实的债权债务关系。现袁某友未履行相应的举证责任，应当承担不利后果。依照《票据法》第十条第一款、第十三条第二款的规定，判决驳回原告袁某友的诉讼请求。

031 票据债务人可否主张直接前手对持票人的抗辩？

裁判要旨

票据债务人仅有权对与自己有直接债权债务关系的持票人以基础关系进行抗

辩。如票据债务人非直接前手,则其无权主张直接前手基于基础法律关系对持票人进行抗辩。

案情简介[①]

一、2020年9月10日,北京恒某公司作为出票人、承兑人开具一份电子商业承兑汇票,收款人为广州艺某公司。背书情况为:广州艺某公司背书转让给江苏通某达公司、江苏通某达公司背书转让给盐都力某经营部。

二、之后,盐都力某经营部于汇票到期日提示付款遭拒,拒付理由为商业承兑汇票承兑人账户余额不足。为获得清偿,盐都力某经营部以出票人北京恒某公司为被告提起票据追索权之诉,请求法院判令被告支付票据款本息。

三、诉讼中,北京恒某公司主张持票人盐都力某经营部未能全面履行其与直接前手江苏通某达公司买卖合同项下的义务,无权向北京恒某公司主张票面金额相应的权利。

四、盐城市中级人民法院认为,北京恒某公司并非与盐都力某经营部存在直接债权债务关系的主体,无权主张前述抗辩,并判决支持了盐都力某经营部的诉讼请求。

律师评析

本案中,出票人主张,持票人未能全面履行持票人与直接前手之间的合同义务,不享有票面载明金额的票据权利。持票人盐都力某经营部则认为,即便自身存在履行合同义务瑕疵,该等瑕疵也不影响自身向出票人主张权利。根据原、被告双方的主张,总结出本案的争议焦点为,非直接前手的票据债务人是否可以主张直接前手基于基础法律关系对持票人享有的抗辩?

从《票据法》第十三条第二款规定可知,与持票人不具有直接债权债务关系的票据债务人进行基础关系抗辩,均不能对抗持票人的票据权。本案中,北京恒某公司并非与盐都力某经营部发生债权债务关系的相对方,因此,其前述抗辩系无效抗辩。

[①] 江苏省盐城市中级人民法院,广州艺某装饰设计工程有限公司(以下简称广州艺某公司)、盐城市盐都区新区力某装潢材料经营部(以下简称盐都力某经营部)等票据追索权纠纷民事二审民事判决书[(2022)苏09民终518号]。

实务经验总结

根据票据的无因性原则，如被追索人不是持票人的直接前手，则其无必要主张直接前手基于基础法律关系对持票人享有的抗辩，自然无须耗费精力去核实持票人与直接前手之间的合同签订、履行情况等。

相关法律规定

《中华人民共和国票据法》

第十三条第二款 票据债务人可以对不履行约定义务的与自己有直接债权债务关系的持票人，进行抗辩。

裁判意见

以下为该案在法院审理阶段，判决书中"本院认为"就该问题的论述：

关于盐都力某经营部是否是案涉票据的合法持票人，有无资格主张票据权利的问题，《最高人民法院关于审理票据纠纷案件若干问题的规定》第八条规定："票据诉讼的举证责任由提出主张的一方当事人承担。依照票据法第四条第二款、第十条、第十二条、第二十一条的规定，向人民法院提起诉讼的持票人有责任提供诉争票据。该票据的出票、承兑、交付、背书转让涉嫌欺诈、偷盗、胁迫、恐吓、暴力等非法行为的，持票人对持票的合法性应当负责举证。"依据该条规定，票据诉讼遵循"谁主张，谁举证"的举证责任分配原则。本案中，盐都力某经营部应负责证明其享有合法票据权利。该经营部提供的案涉汇票，必要记载事项齐全、签章合法、背书连续，根据《票据法》第三十一条关于"以背书转让的汇票，背书应当连续。持票人以背书的连续，证明其汇票权利"的规定，盐都力某经营部完成了证明其所持票据合法的举证证明责任。《票据法》第十三条规定："票据债务人不得以自己与出票人或者与持票人的前手之间的抗辩事由，对抗持票人。但是，持票人明知存在抗辩事由而取得票据的除外。票据债务人可以对不履行约定义务的与自己有直接债权债务关系的持票人，进行抗辩。本法所称抗辩，是指票据债务人根据本法规定对票据债权人拒绝履行义务的行为。"根据前述规定，票据债务人仅有权对与自己有直接债权债务关系的持票人以基础法律关系进行抗辩，盐都力某经营部与江苏通某达公司之间的基础交易是否存在瑕疵，不影响作为合法持票人的盐都力某经营部行使票据权利。广州艺某公司主张盐都力某经营部非合法持票人，不享有追索权的理由，不能成立。

延伸阅读

裁判观点：票据债务人不得以直接前手与持票人之间基于基础法律关系产生的抗辩事由，对抗持票人。

案例：陕西省西安市中级人民法院，宗某良、南通市亨某利橡胶制品有限公司等票据追索权纠纷民事二审民事判决书［（2022）陕01民终604号］认为：

根据《票据法》第十三条第二款之规定，票据债务人可以对不履行约定义务的与自己有直接债权债务关系的持票人，进行抗辩。《最高人民法院关于审理票据纠纷案件若干问题的规定》第十四条规定："票据债务人依照票据法第十二条、第十三条的规定，对持票人提出下列抗辩的，人民法院应予支持：（一）与票据债务人有直接债权债务关系并且不履行约定义务的……"据此，无论是被追索人以不具备真实的交易关系或其他基础法律关系存在纠纷为由进行抗辩，只有存在直接债权债务关系的票据当事人之间才可以进行基础法律关系抗辩，还是持票人不具有直接债权债务关系的票据债务人进行基础法律关系抗辩，均不能对抗持票人的票据权。故对大某新能源公司之上诉理由，因无法律依据，本院不予支持。

第四节　票据追索权相关的其他问题

032 持票人仅进行线下追索而未发起线上追索的，是否丧失对出票人和承兑人以外其他前手的追索权？

裁判要旨

电子商业承兑汇票的持票人通过线下发送追索通知书等方式行使票据追索权的，属于合法有效的票据追索权行使方式，即便该持票人未在被拒付后六个月内于电子商业汇票系统线上发起追索，也不丧失对除出票人和承兑人外的其他前手的追索权。

案情简介[①]

一、2017年11月6日，宝某公司通过背书受让的方式从天某公司处取得一张记载事项完整、背书连续的电子商业承兑汇票，汇票到期日为2018年5月10日。

二、汇票到期后，宝某公司依法提示付款，但承兑人拒绝付款。宝某公司在被拒付后的六个月内向前手际某公司（非出票人/承兑人）发出《追索通知书》进行线下追索，但迟迟未获得清偿，遂向法院提起诉讼，请求际某公司支付票据款。

三、诉讼中，际某公司主张宝某公司未在遭拒付后六个月内通过电子商业承兑汇票系统向其发起追索，而仅通过线下方式追索，该等追索方式不属于电子商业承兑汇票追索权行使的合法方式，因此，宝某公司丧失对除出票人和承兑人外的其他前手的追索权。

四、一审上海市普陀区人民法院和二审上海金融法院均不认可际某公司的前述主张，认为发函、起诉等线下行权方式属于合法的行使票据追索权的方式，最终判决支持了宝某公司的诉讼请求。

律师评析

本案的争议焦点为，持票人在被拒付后六个月内未于电子商业汇票系统发起追索而仅进行线下追索的，持票人是否丧失对除出票人和承兑人外的其他前手的追索权。上海金融法院认可线上追索和线下追索均为持票人行使追索权的合法方式，持票人不因行权方式的不同而遭受不利益。

实践中，部分法院认为，电子商业承兑汇票的持票人必须在电子商业汇票系统中发起追索，线下发函、提起诉讼等方式均非合法的行权方式，如持票人未能在被拒付后六个月发起线上追索的，丧失对除出票人和承兑人外的其他前手的追索权（详见延伸阅读裁判观点二）。

我们对前述两种裁判观点均持有保留态度。我们认为，在持票人被拒付后确实能发起线上追索的，则线下追索为非合法行权方式；在持票人无法发起线上追索的情况下（如期前提示付款且期后拒付时），则应当认可线下追索的效力，承

[①] 上海金融法院，上海际某物流有限公司（以下简称际某公司）与重庆宝亚金融服务有限公司（以下简称宝某公司）票据追索权纠纷上诉案〔（2020）沪74民终1056号〕。

认此等情况下持票人不丧失对除出票人和承兑人外的票据前手的追索权。

实务经验总结

鉴于目前法院对"电子商业承兑汇票持票人未发起线上追索而直接线下追索的,是否构成合法有效追索"存在两种截然不同的裁判观点,我们建议:

采用电子商业汇票进行结算的企业,在提示付款后被拒绝的,如果存在多个前手,务必在被拒绝付款之日起六个月之内在电子商业汇票系统上对每一位前手均发起追索,以防丧失对除出票人和承兑人外其他前手的追索权。

相关法律规定

《电子商业汇票业务管理办法》

第五条 电子商业汇票的出票、承兑、背书、保证、提示付款和追索等业务,必须通过电子商业汇票系统办理。

裁判意见

以下为该案在法院审理阶段,判决书中"本院认为"就该问题的论述:

法院认为,虽然《电子商业汇票业务管理办法》第五条规定:"电子商业汇票的出票、承兑、背书、保证、提示付款和追索等业务,必须通过电子商业汇票系统办理",但该规章的这一规定仅系对电子商业汇票的业务办理方式作出规范,并未限定持票人未经线上追索即丧失追索权……因此,宝某公司作为持票人享有的票据追索权并未丧失,际某公司的这一抗辩同样不予支持。

延伸阅读

裁判观点一:电子商业承兑汇票持票人在遭拒付后六个月内仅通过线下发送追索通知等方式行使票据追索权的,属于票据追索权的合法行使方式(与主文案例裁判观点相同)。

案例1:山东省济南市中级人民法院,山东黑某供应链管理有限公司(以下简称黑某公司)、山东弘某建设置业有限公司济南分公司(以下简称弘某济南分公司)票据追索权纠纷民事二审民事判决书〔(2021)鲁01民终7687号〕认为:

本院认为，本案的争议焦点为弘某济南分公司是否有权向黑某公司追索。黑某公司主张，案涉票据未通过线上方式进行追索从而丧失票据权利，虽然《电子商业汇票业务管理办法》第五条规定"电子商业汇票的出票、承兑、背书、保证、提示付款和追索等业务，必须通过电子商业汇票系统办理"，但该条规定仅系对电子商业汇票的业务办理方式作出规范，且该办法第八条明确规定了追索，并未限定持票人未经线上追索即丧失追索权，故对黑某公司的该主张不予支持。

案例2：安徽省芜湖市中级人民法院，中国工某银行股份有限公司芜湖赭山支行（以下简称工某银行芜湖赭山支行）与新某联控股有限公司、新某联控股集团财务有限公司票据追索权纠纷一审民事判决书［（2020）皖02民初51号］认为：

至于追索的方式为线上追索还是书面追索，亦均不影响追索权的行使。故孝感云某公司、衢州佳某公司作为贴现申请人芜湖宇某公司的前手，其抗辩主张贴现申请人芜湖宇某公司与其前手之间没有真实的交易关系，贴现行工某银行芜湖赭山支行在贴现时未依法审查，及工某银行芜湖赭山支行未依法向所有前手进行线上追索，其不应承担清偿责任，于法无据，故本院不予支持。孝感云某公司、衢州佳某公司抗辩主张贴现行工某银行芜湖赭山支行的工作人员与贴现申请人芜湖宇某公司涉嫌合谋、伪造贴现申请人与其前手之间具有真实的商品交易关系的合同、增值税专用发票等材料申请贴现，贴现行不享有票据权利，但其并未提供相应证据证明该事实成立，故本院对其该主张不予支持。

裁判观点二：电子商业汇票的持票人通过发送"追索函""律师函"或直接向法院起诉的方式请求支付票款的行为，不属于行使票据追索权。持票人行使票据付款请求权遭拒付后六个月内未通过电票系统发起追索行使追索权的，持票人对除出票人和承兑人外的其他票据前手丧失追索权（与主文案例观点相反）。

案例3：广东省深圳市中级人民法院，浙某银行股份有限公司深圳分行（以下简称浙某银行深圳分行）、深圳市沃某玛电池有限公司票据追索权纠纷二审民事判决书［（2021）粤03民终11510—11521号］认为：

二审争议焦点为，线下行使电子商业汇票追索权的法律效力问题。这一问题至少需要考量三个因素：其一，《电子商业汇票业务管理办法》能否作为本案的裁判依据；其二，电子商业汇票线下追索是否满足票据的要式性；其三，电子商业汇票线下追索的法律后果。具体分析如下：

首先，《电子商业汇票业务管理办法》能否作为本案的裁判依据？《票据法》

第一百零九条规定:"票据管理的具体实施办法,由中国人民银行依照本法制定,报国务院批准后施行。"中国人民银行依据该授权,于2009年10月16日以中国人民银行令〔2009〕第2号颁布并实施《电子商业汇票业务管理办法》,并随后下发系列配套管理办法。《电子商业汇票业务管理办法》系中国人民银行在职责权限范围内,为规范电子商业汇票业务,保障电子商业汇票活动中当事人的合法权益,促进电子商业汇票业务发展的实际需要,依据《票据法》的直接授权而制定。《最高人民法院关于审理票据纠纷案件若干问题的规定》(2008调整)第六十三条规定:"人民法院审理票据纠纷案件,适用票据法的规定;票据法没有规定的,适用《中华人民共和国民法通则》、《中华人民共和国合同法》、《中华人民共和国担保法》等民商事法律以及国务院制定的行政法规。中国人民银行制定并公布施行的有关行政规章与法律、行政法规不抵触的,可以参照适用。"在其他法律法规均未就电子商业汇票管理作出规定的情形下,鉴于电子商业汇票的特殊性,《电子商业汇票业务管理办法》作为专门规范电子商业汇票的部门规章,在立法目的正当、程序合法且与上位法不冲突的情况下,可以作为审理案件的裁判依据。一审法院认为,《电子商业汇票业务管理办法》作为专门规范电子商业汇票的部门规章,在立法目的正当、程序合法的情形下,理当优先适用,作为案件审理的实体法依据之一,法律适用正确,本院予以维持。

其次,电子商业汇票线下追索是否满足票据的要式性?票据行为具有法定的形式,凡违反《票据法》关于票据行为要式规定的,除法律另有明确规定者外,所为行为无效。票据的签章系票据行为要式性的重要表现形式之一。《票据法》第四条规定:"票据出票人制作票据,应当按照法定条件在票据上签章,并按照所记载的事项承担票据责任。持票人行使票据权利,应当按照法定程序在票据上签章,并出示票据。其他票据债务人在票据上签章的,按照票据所记载的事项承担票据责任……"《电子商业汇票业务管理办法》第十四条规定:"票据当事人在电子商业汇票上的签章,为该当事人可靠的电子签名。电子签名所需的认证服务应由合法的电子认证服务提供者提供。可靠的电子签名必须符合《中华人民共和国电子签名法》第十三条第一款的规定。"电子商业汇票是以数据电文形式制作的票据,需要通过特定的信息系统的记录、解读才能以被人理性感知的形式呈现,必须依赖电子商业汇票系统这一载体来运行和完成,电子商业汇票业务活动中应当使用数字证书作为票据活动的电子签名,通过电子商业汇票系统审核的电子签名系电子商业汇票唯一合法有效的签章。《电子商业汇票业务管理办法》第五条规定："电子商业汇票的出票、承兑、背书、保证、提示付款和追索等业务，必须通过电子商业汇票系统办理。"因此，电子商业汇票的线下追索因不具备有效签章，不符合《电子商业汇票业务管理办法》第五条、第十四条关于电子商业汇票签章和追索等票据行为要式性的要求而无效。一审判决对电子商业汇票的"签章"和"出示票据"的法定程序必须通过电子商业汇票系统操作才能成立以及浙某银行深圳分行在案涉电子商业汇票纸质打印件上加盖实物印章的行为不具备签章效力的理由已进行详细阐述，本院不再赘述。浙某银行深圳分行主张票据追索不属于票据行为，行使票据权利无须满足票据要式性的理由于法无据，本院不予支持。

最后，从电子商业汇票线下追索的法律后果看，《票据法》第七十条第二款规定："被追索人清偿债务时，持票人应当交出汇票和有关拒绝证明，并出具所收到利息和费用的收据。"如果电子商业汇票采用线下追索的方式，则可能产生以下后果：第一，因持票人客观上无法依法交付票据，导致被追索人清偿后无法获得相应票据，无法行使再追索权；第二，因线下追索未被电子商业汇票系统记载，导致电子商业汇票系统默认持票人已对除出票人、承兑人、保证人等外的前手丧失追索权；第三，如果在电子商业汇票系统之外以司法判决的形式另行确立、确认其他票据状态，导致法院判决认定的票据状态与电子商业汇票系统中登记的票据状态不一致，造成该票据脱离中国人民银行及其他金融监管机构对电票领域的监管，加大电子商业汇票参与者的经营风险，冲击甚至破坏已经建立的电子商业汇票规则和市场秩序，威胁票据金融市场安全等不良后果。一审判决基于上述法律后果，考虑浙某银行深圳分行作为金融机构，不仅是电子商业汇票系统的接入机构，其还为其他电子商业汇票参与者提供服务，也与上海票据交易所签署了会员服务协议，对必须通过电子商业汇票系统办理追索业务这一规定是明知的，应当对《电子商业汇票业务管理办法》负有更高的注意义务和严格遵守的示范义务，有理有据，本院予以维持。

033 持票人错误选择"线下清算"，会产生何种严重后果？

裁判要旨

持票人因操作失误而选择"线下清算"，以至于票据状态最终维持于"票据已结清"，即便事后承兑人未向持票人支付票据款的，也不属于承兑人拒绝付款的情形，持票人不享有对前手的追索权。

案情简介[①]

一、2020年11月17日，实某公司作为出票人，向收款人中某二局三公司发出一张电子商业承兑票据，票据金额为5万元，到期日为2021年5月26日，承兑人为实某公司。背书情况：中某二局三公司于2021年2月19日背书给瑞某公司。

二、汇票到期后，持票人瑞某公司于法定期间内在电子商业汇票系统中向承兑人实某公司提示付款，但因操作失误点击了线下清算，以至于实某公司签收提示付款后，票据状态直接显示为"票据已结清"。

三、瑞某公司操作失误后联系中某二局三公司的相关人员询问如何处理，并向承兑人实某公司发出"票据追索函"，要求付款，但实某公司并未回复。

四、之后瑞某公司以出票人/承兑人实某公司和收款人中某二局三公司为共同被告提起票据追索权之诉，请求法院判令二被告连带向其支付票据款本息。

五、诉讼中，法院认为瑞某公司提示付款后，承兑人实某公司并未拒绝付款，瑞某公司无权行使票据追索权，并最终判决驳回了瑞某公司对中某二局三公司的诉讼请求，并将案由变更为票据付款请求权纠纷。

律师评析

电子商业汇票系统中，持票人提示付款后须勾选"线上清算"或"线下清算"。

如持票人选择"线上清算"，则承兑人同意付款并对提示付款应答完成后，票据状态立即变更为"票据已结清"，系统立即自动汇款，持票人同步收到票据款。

如持票人选择"线下清算"，提示付款应答完成后，虽票据状态同样会显示为"票据已结清"，但此时持票人事实上尚未获得票据款，其尚须与承兑人沟通进行人工汇款。

[①] 贵州省遵义市红花岗区人民法院阆中市瑞某建筑材料有限公司（以下简称瑞某公司）、遵义实某房地产开发有限公司（以下简称实某公司）等票据付款请求权纠纷民事一审民事判决书［(2021)黔0302民初19760号］。

本案中，法院认为，持票人选择"线下清算"，票面状态显示为"票据已结清"，即便持票人事实上尚未获得票据款，这也不能说明承兑人拒绝付款。理由如下：

票据状态显示为"票据已结清"但事实上持票人未获得清偿的局面，是持票人错误选择"线下清算"所致，持票人须为自己的过错买单。

电子商业承兑汇票具有要式性和文义性，电子商业汇票则明确要求电子汇票交易应于电子商业汇票系统中进行，强调电子商业汇票的外观主义与要式性，以保证电子商业汇票具有高度可流通性。为避免电子商业汇票法律关系的稳定性与可预测性将受到冲击，否认案涉情形下持票人对票据前手的追索权具有正当性。

我们认为，主文案例中法院的裁判观点值得商榷，但是认可延伸阅读案例1的裁判观点，理由如下：

如电子商业承兑汇票系统确实将票据的外观主义和要式性置于至高位阶予以保护，那么电票系统便不应该保留"线下清算"的结算方式。"线下清算"的存在本身就意味着电子商业承兑汇票容忍"法院判决认定的票据状态与电子商业汇票系统中登记的票据状态不一致"，因此没必要陷入唯"票面记载信息"的怪圈。

持票人选择"线下清算"后，如确实未获得票据款，通常情况下，持票人会通过线下发函等方式向承兑人催收票据款，在催收仍未获得兑付后，持票人才会选择提起票据追索权之诉。持票人线下催款但未获清偿的事实，足以表明持票人已被事实上拒付，其当然可以行使票据追索权。

实务经验总结

1. 电子商业承兑汇票到期后，我们建议持票人首选"线上清算"。

2. 如确实不能进行"线上清算"或者错误选择"线下清算"的，我们建议持票人尽快向承兑人连续发送律师函、催款函等要求其支付票据款。如仍未获清偿的，持票人原则上可以向全部票据前手通过发函或提起诉讼的方式主张票据追索权。需要注意的是，第一次向承兑人发函的时间与向票据前手行使追索权的时间间隔不要超过六个月。

3. 如果承兑人要求持票人必须选择"线下清算"的，我们建议持票人留存相关证据。

4. 持票人因操作失误而选择"线下清算",在此后与票据前手沟通时,切忌透露任何关于操作失误的信息。

相关法律规定

《中华人民共和国票据法》

第六十二条 持票人行使追索权时,应当提供被拒绝承兑或者被拒绝付款的有关证明。

持票人提示承兑或者提示付款被拒绝的,承兑人或者付款人必须出具拒绝证明,或者出具退票理由书。未出具拒绝证明或者退票理由书的,应当承担由此产生的民事责任。

裁判意见

以下为该案在法院审理阶段,判决书中"本院认为"就该问题的论述:

瑞某公司要求被告中某二局三公司承担本案责任,对于其中两张状态为"票据已结清"的票据,根据《票据法》第六十二条"持票人行使追索权时,应当提供被拒绝承兑或者被拒绝付款的有关证明。持票人提示承兑或者提示付款被拒绝的,承兑人或者付款人必须出具拒绝证明,或者出具退票理由书。未出具拒绝证明或者退票理由书的,应当承担由此产生的民事责任"的规定,这两张票据状态为"票据已结清",并不存在被拒付的情形,被告中某二局三公司基于背书人的责任已经免除,不应当对这两张票据承担付款责任。

延伸阅读

裁判观点一:在汇票对结算方式未作出限制的情况下,选择"线下清算"还是"线上清算"系持票人的权利。在持票人选择"线下清算",且票据状态显示为"汇票已结清"的情况下,如承兑人未实际付款的,构成事实上的拒付,持票人有权向票据前手行使追索权(与主文案例观点相反)。

案例1:江苏省海安县(市)人民法院,常熟市福某化工贸易有限公司(以下简称福某公司)与淮安嘉某置业有限公司(以下简称嘉某公司)、南通长某建设工程有限公司等票据追索权纠纷一审民事判决书〔(2019)苏0621民初5052号〕认为:

本院认为,中国人民银行《电子商业汇票业务管理办法》第二条规定:"电子商业汇票是指出票人依托电子商业汇票系统，以数据电文形式制作的，委托付款人在指定日期无条件支付确定金额给收款人或者持票人的票据。电子商业汇票分为电子银行承兑汇票和电子商业承兑汇票。电子银行承兑汇票由银行业金融机构、财务公司（以下统称金融机构）承兑；电子商业承兑汇票由金融机构以外的法人或其他组织承兑。电子商业汇票的付款人为承兑人。"第十三条第一款规定："电子商业汇票为定日付款票据。"案涉票据为电子商业承兑汇票，适用《票据法》及上述办法的规定。案涉票据为嘉某公司签发，嘉某公司为付款人及承兑人，该票据经多次转让背书，最后持有人为福某公司，瑞某公司与六被告之间形成了票据关系。案涉票据到期后，票据持有人福某公司按期进行了提示付款，选择的结算方式为线下清算，被告嘉某公司回复同意签收。结算方式分为线上清算和线下清算两种，电子承兑汇票到期在提示付款项下点"线上清算"还是"线下清算"，取决于承兑方有没有具体限制，在没有要求的情况下，点"线上清算"或"线下清算"都可以。"线上清算"是通过电子商业汇票系统完成结算，"线下清算"是通过承兑方汇款的方式结算。案涉票据没有对结算方式进行限制，故瑞某公司选择结算方式为"线下清算"并存在操作失误问题，对被告的抗辩意见，本院不予采纳。瑞某公司选择了"线下清算"，被告嘉某公司同意签收，被告嘉某公司应按照线下清算方式直接给付瑞某公司票据款 10 万元，后被告嘉某公司要求瑞某公司签订协议再付款，而瑞某公司不同意，故嘉某公司未付款，应视为嘉某公司拒绝付款。汇票到期被拒绝付款的，持票人可以对背书人、出票人以及汇票的其他债务人行使追索权。票据状态显示为结束已结清，只能表示该票据在电子商业汇票系统结束已结清，而瑞某公司选择的是"线下清算"，而线下实际并没有清算，故票据债权债务关系仍然存在，瑞某公司与六被告之间的票据关系并未脱离，六被告仍然要按《票据法》的相关规定承担责任。

裁判观点二：持票人应承兑人要求选择"线下清算"后，票面状态显示为"票据已结清"，但事实上持票人未获得票据款的，此等情况视为承兑人"拒绝付款"，持票人有权行使票据追索权。

案例2：重庆市江北区人民法院，四川锐某电子公司常州分公司与重庆力某财务公司、重庆力某乘用车北碚分公司等票据追索权纠纷一审民事判决书[（2019）渝 0105 民初 26520 号]认为：

本院分析如下，商业汇票的承兑人是银行的则为银行承兑汇票，案涉汇票系银行承兑汇票，但该汇票已不是《票据法》（1996 年实施，2004 年修订）规定的传统汇票形式，是附加电子交往属性的银行承兑汇票。与传统汇票效率低、风险高不同，经中国人民银行批准于 2009 年 10 月 28 日建成的电子商业汇票系统，极大地提高了汇票流转效率和安全性，让企业在使用电子商业汇票时不受时间和空间限制。相应地，在提示付款、付款或拒付等票据行为外观上呈现新的形式。依据《票据法》第六十一条、第六十二条规定，持票人提示承兑或者提示付款被拒绝的，承兑人或者付款人必须出具拒绝证明，或者出具退票理由书。然而，电子银行承兑汇票的提示付款、付款或拒付，无须前往银行柜台，仅单方通过网络操作就可实现提示付款、付款或拒付等票据行为。部分承兑人被提示付款后，在电子银行承兑汇票上单方填录同意签收，要求线下清算，即便线下未实际支付票据款项，也可以使电子银行承兑汇票状态显示为"票据已结清"。该单方操作导致持票人迟迟无法取得票据金额，不但未向持票人出具拒绝证明或者出具退票理由书，还使其票据承兑行为形式合法化，违背了电子商业汇票设立时提高安全和效率的初衷。《票据法》第六十一条第一款规定："汇票到期被拒绝付款的，持票人可以对背书人、出票人以及汇票的其他债务人行使追索权。"该条规定中的"拒绝付款"，不仅包括法律明确规定的付款人或承兑人拒绝付款的情形，如出具拒绝证明、出具退票理由书，还应包括经提示付款并催告后在电子商业汇票系统不予应答的行为，以及提示付款后同意签收和结算但逾期未付款等以实际行为表明拒绝付款的情形。因此，法律规定汇票到期无条件付款，但承兑人利用电子商业汇票系统系通过网络单方操作，未实际付款而规避法律使其票据行为合法化，承兑人未支付到期票据款项的违法行为后果，不能额外增加持票人行使票据权利时的义务，应视为承兑人"拒绝付款"。

034 被迫发起非拒付追索，是否会对后续行使拒付追索权产生实质性障碍？

裁判要旨

承兑人于合理期限内对提示付款未予应答，以至于持票人只得发起非拒付追索。此等情况下，电子商业汇票系统中显示"非拒付追索"不会对持票人行使追索权产生实质性障碍。

案情简介[①]

一、2017年9月11日，韶关明某公司背书转让给安庆银某公司一张电子商业承兑汇票，票据金额为50万元，出票日期为2017年8月2日，汇票到期日为2018年8月1日，出票人、承兑人均为中某厦门公司，收款人为韶关明某公司。背书情况：韶关明某公司背书转让给安庆银某公司、安庆银某公司背书转让给浙江紫某公司，浙江紫某公司背书转让给珠海博某公司、珠海博某公司背书转让给北京映某通公司。

二、汇票到期日当日，北京映某通公司向中某厦门公司提示付款，中某厦门公司未予回应，北京映某通公司在等待四个月后，未得到付款，于2018年12月17日撤销提示付款申请。

三、2019年5月30日，北京映某通公司发起追索，当日珠海博某公司对北京映某通公司进行了清偿，追索类型在系统中显示为"非拒付追索"。同年6月5日，珠海博某公司发起追索，当日浙江紫某公司对珠海博某公司进行了清偿，追索类型在系统中显示为"非拒付追索"。

四、2019年7月8日，浙江紫某公司以中某厦门公司、安庆银某公司、韶关明某公司为共同被告提起票据追索权之诉，请求法院判令各被告连带向其支付票据款本息。

五、诉讼中，安庆银某公司主张中某厦门公司未被依法宣告破产或被责令终止业务活动，不属于非拒付追索的情况，浙江紫某公司无权要求自身承担票据责任。厦门市中级人民法院则认为，北京映某通公司被迫发起非拒付追索，不构成持票人以及后续被追索权人行使追索权/再追索权的障碍，并支持了浙江紫某公司的诉讼请求。

律师评析

本案的争议焦点为，持票人于法定期间内向承兑人提示付款，但承兑人在合理期间内不予应答，持票人无奈被迫撤回此前的提示付款申请，并发起非拒付追索，此等"错误"的操作，是否会构成持票人行使追索权的障碍。厦门市中级

---

① 福建省厦门市中级人民法院，浙江紫某电器有限公司（以下简称浙江紫某公司）、中某国能（厦门）有限公司（以下简称中某厦门公司）等票据追索权纠纷民事二审民事判决书 [（2020）闽02民终3181号]。

人民法院对此持否定态度，认为持票人享有的追索权并不会因此遭受不利益。我们认可法院的观点，理由如下：

有些法院认为，持票人行使追索权必须通过电子商业汇票系统进行，并否认线下发函、起诉等方式行使追索权的效力，在此等背景下，对于"（逾期）提示付款待签收"状态的票据，持票人发起非拒付追索完全系无奈之举。如否认非拒付追索的效力，则持票人会因承兑人过错而丧失对除出票人/承兑人外的票据前手的追索权，有违公平原则。

实务经验总结

1. 如果承兑人被依法宣告破产或因违法被责令终止业务活动的，持票人可于汇票到期日前通过电子商业汇票系统发起非拒付追索。

2. 如果持票人于法定期间内向承兑人提示付款，但承兑人在合理期间内不予应答以至于票据状态维持于"提示付款待签收"状态，持票人不能通过电子商业汇票系统向前手发起追索，此等情况下，根据主文案例的裁判观点，持票人可撤回提示付款申请，并发起非拒付追索。但我们不建议持票人进行该等操作，而建议持票人维持票据原状，并通过线下发函的方式行使追索权以中断票据权利时效。

3. 虽然有法院认为，拒付追索和非拒付追索仅是对追索方式的划分，构成两者之一即得以行使追索权，但我们建议如果承兑人未被依法宣告破产或因违法被责令终止业务活动，且承兑人正常拒付的，持票人应选择拒付追索。

相关法律规定

《电子商业汇票业务管理办法》

第六十条第一款 持票人在提示付款期内提示付款的，承兑人应在收到提示付款请求的当日至迟次日（遇法定休假日、大额支付系统非营业日、电子商业汇票系统非营业日顺延）付款或拒绝付款。

第六十五条 追索分为拒付追索和非拒付追索。拒付追索是指电子商业汇票到期后被拒绝付款，持票人请求前手付款的行为。

非拒付追索是指存在下列情形之一，持票人请求前手付款的行为：

（一）承兑人被依法宣告破产的；

（二）承兑人因违法被责令终止业务活动的。

《中华人民共和国票据法》

第六十二条 持票人行使追索权时，应当提供被拒绝承兑或者被拒绝付款的有关证明。

持票人提示承兑或者提示付款被拒绝的，承兑人或者付款人必须出具拒绝证明，或者出具退票理由书。未出具拒绝证明或者退票理由书的，应当承担由此产生的民事责任。

裁判意见

以下为该案在法院审理阶段，判决书中"本院认为"就该问题的论述：

本案的争议焦点在于，安庆银某公司对案涉票据是否负有承担兑付的责任。中某厦门公司本应根据《电子商业汇票业务管理办法》第六十条之规定，承兑人在收到提示付款请求的当日至迟次日（遇法定休假日、大额支付系统非营业日、电子商业汇票系统非营业日顺延）付款或拒绝付款，但其对北京映某通公司的提示付款请求未予应答，北京映某通公司遂撤销上述提示付款申请，转而向珠海博某公司进行追索，珠海博某公司付款后向浙江紫某公司发起追索，追索类型在系统中显示均为"非拒付追索"。依照《票据法》第六十二条第一款之规定，持票人行使追索权时，应当提供被拒绝承兑或者被拒绝付款的有关证明。该条规定的目的在于，约束持票人按照《票据法》规定的行权顺序行使票据权利，拒绝证明等文件的作用在于证明持票人确实已依法提示承兑或提示付款但被拒绝。因此，虽然追索类型在系统中显示为"非拒付追索"，但起因是中某厦门公司在北京映某通公司提示付款后，于合理期间内未作应答，既不付款，亦未在电子商业汇票系统中操作拒绝付款，该消极不作为应视为具有"拒绝付款"的意思表示，该行为已构成事实拒付，且无其他证据表明其具有兑付能力，可以认定中某厦门公司已拒绝付款。故在追索系统中显示"非拒付追索"并未影响案涉票据权利的追索权保护，安庆银某公司主张本案不属于"非拒付追索"并拒绝承担兑付责任，缺乏法律依据。

延伸阅读

裁判观点：人民法院对追索方式进行实质性判断，持票人在应发起拒付追索的场景被追发起非拒付追索的，该等情形属于拒付追索，持票人发起非拒付追索的事实不会对其行使追索权产生实质性障碍。

案例1：浙江省绍兴市中级人民法院，山西潞某环保能源开发股份有限公司、山西潞某矿业（集团）有限责任公司票据追索权纠纷二审民事判决书［（2020）浙06民终929号］认为：

  本案的争议焦点在于，本案中是否存在非拒付追索以及对本案的影响。上诉人以系统显示非拒付追索已撤销，被上诉人龙某公司曾以非拒付追索为由，否定本案拒付追索成立。但是，拒付追索和非拒付追索仅是对追索方式的划分，构成两者之一即得以行使追索权。如前所述，本案中拒付追索客观成立，龙某公司有权行使追索权，且龙某公司在诉讼中对上述系统状态的形成亦作出了合理解释（因承兑人拒不应答，票据长期处于提示付款待签收状态，龙某公司无奈只得发起非拒付追索），故上诉人的该项上诉理由不能成立。中国人民银行《电子商业汇票业务管理办法》第六十五条规定："追索分为拒付追索和非拒付追索。拒付追索是指电子商业汇票到期后被拒绝付款，持票人请求前手付款的行为。非拒付追索是指存在下列情形之一，持票人请求前手付款的行为：（一）承兑人被依法宣告破产的；（二）承兑人因违法被责令终止业务活动的。"根据上述规定，目前无证据证明本案承兑人存在上述规定的情形，故本案不属于非拒付追索，应属于拒付追索。

案例2：江苏省无锡市中级人民法院，无锡市沪某混凝土制品有限公司（以下简称混凝土公司）与无锡贝某宜建材有限公司（以下简称贝某宜公司）票据追索权纠纷二审民事判决书［（2019）苏02民终3039号］认为：

  关于贝某宜公司向混凝土公司提起非拒付追索的问题，因贝某宜公司在电子票据系统中向承兑人提示付款，但是该提示付款请求迟至2018年8月15日都未获得承兑人的付款。因承兑人对贝某宜公司的提示付款请求一直未予应答，导致贝某宜公司如不撤销该提示付款请求，则无法在电子商业汇票系统中对前手混凝土公司发起追索请求。尤其是承兑人对该提示付款请求未予应答，贝某宜公司无法发出拒付追索，只能发起非拒付追索。在承兑人宝某财务公司对贝某宜公司的提示付款请求形式上不予应答、实质上拒绝付款，且贝某宜公司只能提起非拒付追索的情况下，贝某宜公司的非拒付追索能够证明其已经行使票据付款请求权并被拒绝，只能行使票据追索权的事实。

035 持票人行使追索权时，应如何证明享有票据权利？

阅读提示

作为票据的被背书人，持票人行使票据追索权向前手追索时，是否需要举证证明自己与直接前手之前存在合法有效的基础法律关系？面对持票人行使追索权，票据债务人以"持票人与直接前手之间基础法律关系缺陷"为理由抗辩是否能得到法院支持？在实践中，法院又是如何认定持票人是否系正当、合法的票据权利人呢？

裁判要旨

《票据法》第十条的规定系管理性规定，持票人与直接前手之间、票据债务人与出票人或者持票人的前手之间的基础法律关系缺陷并不导致票据行为无效。因此，作为票据的最后被背书人和持票人，只要票据真实有效，背书连续，持票人即享有票据权利，除非票据债务人能够举证证明持票人具有《票据法》第十二条、第十三条和《最高人民法院关于审理票据纠纷案件若干问题的规定》第十五条规定的票据无因性例外情形。

案情简介[1]

一、于某通过背书转让的方式取得上海浦某发展银行转账支票四张，每张转账支票金额均为 2000 万元，共计人民币 8000 万元。四张支票正面记载：出票人为大某控股公司，收款人为陈某玲，用途为还款，并盖有大某控股公司的财务专用章及法定代表人代某的印章；四张支票背面记载：陈某玲为背书人，于某为被背书人。

二、2014 年 9 月 18 日，浦某银行作出四份《借方退票通知书》，记载：原收款人为于某，原付款人为大某控股公司，原凭证名称为普通支票，金额均为 2000 万元，退票理由均为冻结。

三、于某以浦某银行向其出具《借方退票通知书》、其作为持票人对出票人

---

[1] 最高人民法院，大连大某控股股份有限公司（以下简称大某控股公司）与于某票据追索权纠纷再审申请案［（2016）最高法民申 1070 号］。

大某控股公司享有票据权利为由，请求法院判决大某控股公司向于某还款并支付逾期付款利息。

四、本案中，大某控股公司的主要抗辩理由是，于某与陈某玲不存在真实交易关系，于某不是合法的持票人，不得向其行使票据追索权。

五、一审大连市中级人民法院、二审辽宁省高级人民法院和再审最高人民法院均支持于某的诉请。

律师评析

《票据法》第十条的规定属管理性规定，基础法律关系缺陷并不当然导致票据行为无效。《票据法》所特有的无因性，是指票据法上的债权债务关系一旦成立，即不受基础法律关系的存在与否或有效、无效的影响。故只要持票人是合法取得票据即可行使票据权利。大某控股公司主张于某与陈某玲不存在真实交易关系不仅缺乏事实依据，即使其举证程度达到了证明标准，大某控股公司以持票人于某与直接前手陈某玲之间缺乏基础法律关系进行抗辩亦无法律依据。

实务经验总结

1. 基于票据的无因性，即使票据的基础法律关系存在缺陷，或被解除，或被撤销，均不影响票据行为的有效性，票据债务人以"持票人和直接前手、自己和出票人或其他票据前手之间的基础法律关系缺陷"为由进行抗辩为无效抗辩。

2. 如果持票人是票据的被背书人，只要票据有效、背书完整，即认定持票人系正当、合法的票据权利人，持票人无须证明自己取得票据的原因。如果票据债务人主张持票人不享有票据权利，需要举证证明"持票人是以欺诈、盗窃或胁迫等手段取得票据，或者明知有前列情形出于恶意取得票据，或者因重大过失取得票据"。

3. 如果持票人非系票据的被背书人，而是通过其他方式取得票据，如通过直接交付的方式，则持票人只有在举证证明自己系通过合法途径取得票据后，才能享有票据权利。

相关法律规定

《中华人民共和国票据法》

第十条 票据的签发、取得和转让，应当遵循诚实信用的原则，具有真实的交易关系和债权债务关系。

票据的取得，必须给付对价，即应当给付票据双方当事人认可的相对应的代价。

第十二条 以欺诈、偷盗或者胁迫等手段取得票据的，或者明知有前列情形，出于恶意取得票据的，不得享有票据权利。

持票人因重大过失取得不符合本法规定的票据的，也不得享有票据权利。

第十三条 票据债务人不得以自己与出票人或者与持票人的前手之间的抗辩事由，对抗持票人。但是，持票人明知存在抗辩事由而取得票据的除外。

票据债务人可以对不履行约定义务的与自己有直接债权债务关系的持票人，进行抗辩。

本法所称抗辩，是指票据债务人根据本法规定对票据债权人拒绝履行义务的行为。

《最高人民法院关于审理票据纠纷案件若干问题的规定》（2020年修正）

第十三条 票据债务人以票据法第十条、第二十一条的规定为由，对业经背书转让票据的持票人进行抗辩的，人民法院不予支持。

第十四条 票据债务人依照票据法第十二条、第十三条的规定，对持票人提出下列抗辩的，人民法院应予支持：

（一）与票据债务人有直接债权债务关系并且不履行约定义务的；

（二）以欺诈、偷盗或者胁迫等非法手段取得票据，或者明知有前列情形，出于恶意取得票据的；

（三）明知票据债务人与出票人或者与持票人的前手之间存在抗辩事由而取得票据的；

（四）因重大过失取得票据的；

（五）其他依法不得享有票据权利的。

裁判意见

以下为该案在法院审理阶段，判决书中"本院认为"就该问题的论述：

关于于某是否取得票据权利的问题。根据《票据法》第十条第一款"票据的签发、取得和转让，应当遵循诚实信用的原则，具有真实的交易关系和债权债务关系"的规定，票据行为应有真实的票据原因关系，即真实的交易关系。但该条规定应属管理性规定，基础法律关系缺陷并不当然导致票据行为无效。且根据

《票据法》第十三条第一款"票据债务人不得以自己与出票人或者与持票人的前手之间的抗辩事由，对抗持票人"的规定，票据基础法律关系（包括票据原因关系）的效力不影响票据关系本身。因涉案票据并未记载"不得转让"或"质押"字样，并且在一、二审诉讼中，于某亦提交了其向前手陈某玲支付款项的凭证、《情况说明》并有证人出庭做证，而尽管大某控股公司一再否认于某与陈某玲之间存在债权债务关系，但未能提供任何证据予以证实。据此，大某控股公司主张于某与陈某玲不存在真实交易关系缺乏证据证明。本案票据真实有效，票据背书连续，于某作为被背书人依法享有票据权利。

关于案外人陈某玲取得涉案支票的基础是否能够向持票人抗辩的问题。大某控股公司提出的因大某集团公司（现已更名为大连长某瑞华集团有限公司）与陈某玲之间存在借款关系，故其将涉案四张支票作为还款之保证提供给陈某玲的主张，属于出票人大某控股公司与持票人的前手陈某玲之间的基础法律关系。依据《票据法》第十条"票据的签发、取得和转让，应当遵循诚实信用的原则，具有真实的交易关系和债权债务关系。票据的取得，必须给付对价，即应当给付票据双方当事人认可的相对应的代价"、第十三条第一款"票据债务人不得以自己与出票人或者与持票人的前手之间的抗辩事由，对抗持票人。但是，持票人明知存在抗辩事由而取得票据的除外"、第二十一条"汇票的出票人必须与付款人具有真实的委托付款关系，并且具有支付汇票金额的可靠资金来源。不得签发无对价的汇票用以骗取银行或者其他票据当事人的资金"及《最高人民法院关于审理票据纠纷案件若干问题的规定》（2008年调整）第十四条"票据债务人以票据法第十条、第二十一条的规定为由，对业经背书转让票据的持票人进行抗辩的，人民法院不予支持"之规定，以及票据无因性之原则，即票据的基础法律关系独立于票据关系，票据基础法律关系的效力不影响票据关系的效力。大某控股公司所主张的基础法律关系不能作为本案的抗辩理由，亦不影响于某在本案票据关系中所享有的票据权利。

关于是否存在票据无因性例外情形的问题。大某控股公司认为，陈某玲向大某集团公司之借款来自案外人大连隆某地产集团公司与大连德某隆地产开发公司，而于某系大连德某隆地产开发公司的监事，据此认为持票人于某与陈某玲属于同一利益集团，在明知该支票真实用途的情形下与陈某玲恶意串通的行为应属无效。对此，本院认为，前述《票据法》第十三条以及《最高人民法院关于审理票据纠纷案件若干问题的规定》第十五条"票据债务人依照票据法第十二条、

第十三条的规定,对持票人提出下列抗辩的,人民法院应予支持:(一)与票据债务人有直接债权债务关系并且不履行约定义务的;(二)以欺诈、偷盗或者胁迫等非法手段取得票据,或者明知有前列情形,出于恶意取得票据的;(三)明知票据债务人与出票人或者与持票人的前手之间存在抗辩事由而取得票据的;(四)因重大过失取得票据的;(五)其他依法不得享有票据权利的"等规定就票据无因性例外情形作出了明确规定,作为票据债务人的大某控股公司可举证证明上述情形的存在进而免除其票据义务。但在本案中,作为出票人的大某控股公司对其陈述的资金来源缺乏证据证明,并且作为基础法律关系的资金情况不能成为拒绝履行票据义务的抗辩事由。又依据现有证据,于某的身份情况亦不足以认定其是否明知涉案支票的用途、是否与陈某玲存在恶意串通之行为,亦不能据此作为对持票人行使追索权之抗辩事由。因此,大某控股公司无证据证明本案存在符合票据无因性例外规定之情形,其此项主张缺乏事实依据,依法不能成立。

延伸阅读

裁判观点一:票据持有人满足以下条件即为正当、合法的票据权利人。其一,票据人持有的票据必须为有效票据,满足"票据真实""票据必要记载事项齐全""背书连续"等票据有效要件。其二,持票人通过合法途径善意取得票据,只要持票人不是以欺诈、盗窃或胁迫等手段取得,或者明知有前列情形出于恶意取得,或者因重大过失取得,即可认定属于善意取得。

案例1:最高人民法院,中国民某银行股份有限公司南昌分行(以下简称民某银行南昌分行)诉江西省地某有色金属材料有限公司(以下简称有色金属公司)、上海红某国际贸易有限公司(以下简称红某公司)、陶某君、罗某钢票据追索权纠纷上诉案〔(2017)最高法民终41号〕认为:

民某银行南昌分行是合法的票据权利人。1. 涉案商业承兑汇票本身是有效票据。涉案商业承兑汇票记载了付款人、收款人、确定的金额、出票日期、出票人签章等必需记载事项,符合《票据法》第二十二条规定,为有效票据。2. 民某银行南昌分行不存在《票据法》第十二条所规定的以欺诈手段取得票据的情形。第一,《贴现宝合作协议》以及《贴现申请表》是三方当事人的真实意思表示,内容并不违法,是有效协议。民某银行南昌分行、有色金属公司、红某公司均在合作协议上盖章确认。红某公司称其是受欺骗不知道有此事、公章被偷盖与事实不符,不能采信。第二,合作协议及申请表载明的各方当事人的权利义务明确，且均已按协议履行，不存在哪方被欺骗的事实。根据合作协议，红某公司提交商票、交易合同、增值税发票等材料向民某银行南昌分行申请贴现。红某公司承诺所提交的贴现申请资料以及相关的陈述和说明都是真实、合法、有效和完整的。民某银行南昌分行按照协议约定及红某公司的申请，将贴现款划入红某公司指定的账户。应该说，涉案当事人对贷款的方式、各方责任以及应承担的风险等都是明知的，没有证据证明本案存在隐瞒事实或任何一方被欺诈的事实。

案例2：陕西省西安市中级人民法院，付某峰与刘某阳，太某航空科技有限公司，王某民间借贷纠纷二审民事判决书〔（2020）陕01民终15941号〕认为：

依据《票据法》第十条第一款"票据的签发、取得和转让，应当遵循诚实信用的原则，具有真实的交易关系和债权债务关系"之规定，虽票据行为应有真实的票据原因关系，即真实的交易关系，但该条规定应属管理性法条，即使承兑汇票项下没有真实的交易背景，也无法认定票据行为无效。根据票据无因管理性理论，票据的基础法律关系独立于票据关系，票据基础法律关系的效力不影响票据关系的效力。因此，基础法律关系的缺陷并不当然导致票据行为无效。

裁判观点二：在票据追索权纠纷中，如果持票人非系票据被背书人，需要举证证明票据来源合法且取得票据时无恶意或者重大过失（与主文案例相比举证责任倒置）。

案例3：北京市第三中级人民法院，河北通某防腐保温工程有限公司（以下简称通某公司）与北京佳某金秋建材有限公司等票据纠纷二审民事判决书〔（2021）京03民终323号〕认为：

本院认为，本案的争议焦点是通某公司作为最后持票人是否基于合法手段或者善意且支付了合理对价取得票据。通某公司行使追索权的关键在于审查通某公司是否属于涉案票据的合法持有人，并享有票据权利。票据权利的取得以占有票据为必要，并要求持票人合法、有效地持有票据。根据《票据法》的相关规定，持票人取得票据权利必须具备三个条件：一是持票人应支付对价；二是持票人取得票据的手段合法；三是持票人取得票据时主观上具备善意。本案中，通某公司系非经出票、背书等票据行为而通过单纯交付取得票据的持票人，应举证证明票据来源的合法性且在取得票据时无恶意或重大过失。审理中，通某公司向本院提供了《产品订货合同》《河间市巨某橡塑胶制品经销处的证明》《销货清单》以及案外人出具《证明》《货物运输协议》，证明其基于真实的买卖交易关系并支付了相应的对价取得了案涉的票据，但上述证据中的二份证明材料不符合证据形式的相关要求,《销货清单》亦系通某公司单方出具,而《货物运输协议》的内容亦存在诸多疑点,在通某公司未能进一步提供其他证据予以佐证的情况下,上述证据无法形成较为完整的证据链条,故依据现有证据不足以证明通某公司为合法持票人。

案例 4:江苏省扬州市中级人民法院,高邮市红某锌铝合金厂(以下简称红某厂)与姚某强、李某龙票据追索权纠纷二审民事判决书[(2017)苏 10 民终 3598 号]认为:

本院认为,姚某强并非经背书转让取得案涉票据,其对于票据的取得负有证明责任。现姚某强持有六张商业承兑汇票,且其举证了在汇票到期日后委托收款被付款人拒付的拒绝付款理由书。另姚某强对于票据取得举证了相关债权转让协议,姚某强根据该债权转让协议对其中 50 万元借款起诉朱某祥时,朱某祥未应诉答辩。综合上述证据审查,可以判断姚某强陈述的票据流转经过属实,案涉票据的被背书人行使追索权,票据转手回到了票据收款人中某公司法定代表人朱某祥处,朱某祥实施了转让票据追索权的行为,并向受让人交付了票据和拒绝付款理由书。对于票据追索权的转让法律并无禁止性规定,且债务人对让与人的抗辩,可以向受让人主张,票据追索权的转让并不损害债务人权益。红某厂二审中对中某公司提出基础法律关系违约抗辩,但未能提交证明双方之间基础法律关系权利义务内容的证据,故本院对红某厂该抗辩理由不予采信。红某厂在一、二审中均对持票人票据来源的合法性提出抗辩,但并未提供相关反驳证据,也没有其他权利人通过公示催告程序对票据主张除权判决等足以否认持票人享有债权的证据。据此,本院对于姚某强取得票据来源的合法性予以确认,持票人姚某强向红某厂主张相应权利,本院依法应予支持。

036 基于民间贴现取得票据的当事人,是否享有票据权利?

裁判要旨

票据贴现属于国家特许经营业务,基于违法民间贴现而取得票据的当事人不享有票据权利,在汇票被拒付后,其无权向票据前手追索票据款本息。

案情简介[①]

一、2019年3月11日，泰某公司作为出票人、承兑人签发一张电子商业承兑汇票，票面金额为132.75万元，收款人为瓦某德皮斯特公司，票据到期日为同年9月11日。

二、2019年3月14日，瓦某德皮斯特公司将汇票背书转让给中某嘉业公司。票据到期后，中某嘉业公司依法向泰某公司提示付款，但被拒绝付款。被拒付后，中某嘉业公司于电子商业汇票系统向泰某公司和瓦某德皮斯特公司发起追索，但未获得清偿，票据状态显示为"拒付追索待清偿"。

三、之后，中某嘉业公司以泰某公司和瓦某德皮斯特公司为共同被告向法院提起票据追索权之诉，请求法院判令二被告连带向其支付票据款本息。诉讼中，法院查明，瓦某德皮斯特公司与中某嘉业公司之间的票据转让属民间贴现，且中某嘉业公司不具有法定贴现资质。

四、二审北京市第三中级人民法院认为中某嘉业公司不具有法定贴现资质，瓦某德皮斯特公司与中某嘉业公司之间的贴现行为无效，中某嘉业公司不是合法持票人，不享有票据权利，无权向二被告追索票据款本息。

律师评析

本案的争议焦点为，基于民间贴现而取得票据的当事人，是否享有票据权利。北京市第三中级人民法院对此持否定态度，我们认可法院的裁判观点，理由如下：

1. 在我国，票据贴现属于国家特许经营业务，只有经过批准，有权开展票据贴现业务的银行、金融机构才能够从事票据贴现业务，民间贴现行为违反部门规章的效力性强制性规定。

2. 民间贴现行为危害了国家的金融管理秩序，损害了社会公共利益，属"违背公序良俗"无效行为。

3. 最高人民法院发布的《全国法院民商事审判工作会议纪要》第一百零一条也对民间贴现行为的效力作出了明确的规定："票据贴现属于国家特许经营业

[①] 北京市第三中级人民法院，瓦某德皮斯特建筑设计咨询（北京）有限公司（以下简称瓦某德皮斯特公司）等与北京中某嘉业建筑安装有限公司（以下简称中某嘉业公司）票据追索权纠纷二审民事判决书[（2020）京03民终5261号]。

务，合法持票人向不具有法定贴现资质的当事人进行'贴现'的，该行为应当认定无效，贴现款和票据应当相互返还。当事人不能返还票据的，原合法持票人可以拒绝返还贴现款。"

实务经验总结

1. 对于被追索人而言，如确有证据表明持票人系通过民间贴现行为取得票据的，则被追索人可据此对"持票人"的诉请进行抗辩，主张该民间贴现的受让人不属于合法持票人，不享有票据权利。

2. 根据票据行为无因性原则，基于民间贴现而取得票据的当事人通过合法途径将票据背书转让给后手的，如果后手系基于合法手段或者善意且支付合理对价取得票据的，则应认定为合法持票人，享有票据权利。因此，前述"民间贴现的受让人不属于合法持票人"的抗辩仅适用于民间贴现的直接受让人作为"持票人"的情况。

相关法律规定

《贷款通则》

第九条第七款 票据贴现，系指贷款人以购买借款人未到期商业票据的方式发放的贷款。

《电子商业汇票业务管理办法》

第四十二条第一款 贴现是指持票人在票据到期日前，将票据权利背书转让给金融机构，由其扣除一定利息后，将约定金额支付给持票人的票据行为。

《中华人民共和国民法典》

第一百五十三条 违反法律、行政法规的强制性规定的民事法律行为无效。但是，该强制性规定不导致该民事法律行为无效的除外。

违背公序良俗的民事法律行为无效。

裁判意见

以下为该案在法院审理阶段，判决书中"本院认为"就该问题的论述：

本院认为，结合二审中瓦某德皮斯特公司提交的证据及双方在庭审中的陈述，本院认为中某嘉业公司所称双方存在民间借贷关系、诉争汇票系瓦某德皮斯特公司所提供的借款担保的主张与本案证据所指向的客观事实不符，本院认定瓦某德皮斯特公司与中某嘉业公司之间的票据转让属民间贴现行为。

中国人民银行颁布的《贷款通则》第九条第七款规定："票据贴现，系指贷款人以购买借款人未到期商业票据的方式发放的贷款。"《商业汇票承兑、贴现与再贴现管理暂行办法》（现已失效）第二条第二款规定："本办法所称贴现系指商业汇票的持票人在汇票到期日前，为了取得资金贴付一定利息将票据权利转让给金融机构的票据行为，是金融机构向持票人融通资金的一种方式。"《电子商业汇票业务管理办法》第四十二条第一款规定："贴现是指持票人在票据到期日前，将票据权利背书转让给金融机构，由其扣除一定利息后，将约定金额支付给持票人的票据行为。"由上述规定可见，在我国，能够进行票据贴现的主体为金融机构。票据贴现业务为特许经营业务，未经许可，其他主体不能经营票据贴现业务。票据民间贴现，是指不具有法定贴现资质的主体进行的票据"贴现"，该非法"贴现"行为违反了国家关于金融业务特许经营的强制性规定，危害了国家的金融管理秩序。《民法总则》（现已失效）第一百四十三条规定："具备下列条件的民事法律行为有效：……（三）不违反法律、行政法规的强制性规定，不违背公序良俗。"《合同法》（现已失效）第五十二条规定："有下列情形之一的，合同无效：……（四）损害社会公共利益。……"民间贴现行为因违反上述部门规章的强制性规定，危害了国家的金融管理秩序，损害了社会公共利益，故其属于《民法总则》第一百四十三条规定的"违背公序良俗"或《合同法》第五十二条第四项规定的"损害社会公共利益"行为，应认定无效。综上，票据贴现属于国家特许经营业务，合法持票人向不具有法定贴现资质的当事人进行"贴现"的，该行为应当认定无效，贴现款和票据应当相互返还。

本案中，据查明的事实，瓦某德皮斯特公司与中某嘉业公司之间不具有真实的债权债务关系，双方之间转让票据的行为属于民间贴现行为，故应当认定无效。中某嘉业公司一审起诉要求瓦某德皮斯特公司及泰某公司连带支付票面金额及利息的诉求，系基于转让行为有效提出，一审判决支持其诉求属适用法律有误，本院依法改判不予支持。经释明，中某嘉业公司申请就合同无效的法律后果一并处理，本院依法改判中某嘉业公司及瓦某德皮斯特公司相互返还票据及贴现款。

延伸阅读

裁判观点：合法持票人向不具有法定贴现资质的当事人进行贴现的，该行为无效，贴现款和票据应当相互返还，基于违法贴现而取得票据的当事人，不享有票据权利（与主文案例观点相同）。

案例1：江苏省南京市中级人民法院，南京海某建筑工程有限公司（以下简称海某建筑公司）与罗某全、罗某印等票据损害责任纠纷二审民事判决书〔（2019）苏01民终9182号〕认为：

《民法总则》（现已失效）第一百四十三条规定："具备下列条件的民事法律行为有效：（一）行为人具有相应的民事行为能力；（二）意思表示真实；（三）不违反法律、行政法规的强制性规定，不违背公序良俗。"根据《中国人民银行关于印发〈商业汇票承兑、贴现与再贴现管理暂行办法〉的通知》（现已失效）第二条第二款规定："本办法所称贴现系指商业汇票的持票人在汇票到期日前，为了取得资金贴付一定利息将票据权利转让给金融机构的票据行为，是金融机构向持票人融通资金的一种方式。"2009年10月16日施行的《电子商业汇票业务管理办法》第四十二条第一款规定："贴现是指持票人在票据到期日前，将票据权利背书转让给金融机构，由其扣除一定利息后，将约定金额支付给持票人的票据行为。"由上述规定可知，可以进行票据贴现的主体为金融机构。票据贴现业务为特许经营业务，未经许可，其他主体不能经营票据贴现业务。本案中，罗某全、罗某印、孔某香向海某建筑公司主张票据损害责任，前提条件是芳某鑫公司系案涉汇票的合法持票人。根据在案证据及查明事实，案涉票据系芳某鑫公司以民间贴现方式从不具有法定贴现资质的案外人黄某军处获得，该行为违反了国家关于金融业务特许经营的强制性规定，危害了国家的金融管理秩序，损害了社会公共利益，故其属于《民法总则》（现已失效）第一百四十三条规定的"违背公序良俗"，应当认定无效。芳某鑫公司并不能据此获得案涉汇票的票据权利。罗某全、罗某印、孔某香向海某建筑公司主张票据损害责任，缺乏事实和法律依据，本院不予支持。

案例2：宁夏回族自治区银川市中级人民法院，余姚市盛某电器经营部与宁波华某安防科技有限公司（以下简称华某安防公司）、宝某石化集团财务有限公司票据追索权纠纷一审民事判决书〔（2019）宁01民初898号〕认为：

关于案由的问题。原告取得案涉两张电子银行承兑汇票，是基于向前手被告华某安防公司的买卖，原告不具有法定贴现资质。《电子商业汇票业务管理办法》第四十二条第一款规定："贴现是指持票人在票据到期日前，将票据权利背书转让给金融机构，由其扣除一定利息后，将约定金额支付给持票人的票据行为。"票据贴现的主体为金融机构，贴现业务为特许经营业务，未经许可，其他主体不能经营票据贴现业务。根据《合同法》（现已失效）第五十二条"有下列情形之一的，合同无效：……（四）损害社会公共利益。……"的规定，原告与被告华某安防公司的行为危害了国家的金融管理秩序，损害了社会公共利益，应认定无效。原告取得票据的方式不合法，其未取得票据权利，无权进行追索，故本案案由应属票据纠纷。

关于原告行使追索权的问题。因原告不属于合法持票人，不享有票据权利，故无权向其他背书人及承兑人、出票人主张追索权利，其诉请其他被告不予支持。鉴于原告与被告华某安防公司之间的票据交付民事法律行为无效，根据《民法总则》（现已失效）第一百五十七条规定："民事法律行为无效、被撤销或者确定不发生效力后，行为人因该行为取得的财产，应当予以返还……"故应由被告华某安防公司返还原告票据款680400元，原告将案涉票据返还华某安防公司。原告在该行为中有过错，其利息主张不予支持。

037 电子商票的持票人是否可能因未按期限提示承兑而不享有追索权？

裁判要旨

根据《电子商业汇票业务管理办法》第三十二条的规定，电子商业汇票在进入市场流通前已被承兑。因此，持票人无须向承兑人提示承兑，更不会因未按期限提示承兑而不享有追索权。

案情简介[1]

一、2017年6月，出票人中某工公司签发电子商业承兑汇票八张，金额均为5000万元，到期日均为2018年6月8日，收款人均为阜阳俊某公司。后收款人阜阳俊某公司将上述汇票背书转让给龙里国某村镇银行，龙里国某村镇银行又背

---

[1] 最高人民法院，吉林集某农村商业银行股份有限公司（以下简称吉林集某农商行）、龙里国某村镇银行有限责任公司（以下简称龙里国某村镇银行）票据追索权纠纷二审民事判决书［（2020）最高法民终888号］。

书转让给吉林集某农商行，吉林集某农商行将八张票据背书转让给新疆博某农商行以办理贴现。

二、后新疆博某农商行在电子商业汇票系统中向承兑人中某工公司提示付款，但被承兑人拒付，随后新疆博某农商行向票据前手发起了线上追索。鉴于八张汇票未获得兑付，持票人新疆博某农商行以背书人龙里国某村镇银行和吉林集某农商行作为共同被告向法院提起了票据追索权之诉。请求法院判令各被告连带向其支付票据款本息以及其他费用。

三、诉讼中，两被告主张"持票人新疆博某农商行未在法定期间内向中某工公司提示承兑，丧失对前手的追索权"，二审最高人民法院对此不予支持。

律师评析

本案中，法院认为，持票人并不因未提示承兑而丧失对票据前手的追索权。我们认可法院的裁判观点，理由如下：

1. 根据《电子商业汇票业务管理办法》第三十二条规定可知，出票人向付款人签发电子商业承兑汇票时应提前作出承兑，因此，处于市场流通中的电子商业承兑汇票原则上均已经被承兑，持票人无须再提示承兑。

2. 电子商业承兑汇票票面信息一般均会记载"出票人承诺：本汇票请予以承兑，到期无条件付款；承兑人承兑：本汇票已经承兑，到期无条件付款"，这表明汇票在出票日即已经承兑。

此外，提示付款与提示承兑，虽仅有两字之差，但在概念、性质、功能上均存在本质区别。

1. 提示承兑，是指汇票的持票人向汇票上所载的付款人出示汇票，请求其承诺付款的行为。提示承兑的目的仅在于请求承兑人就是否承担到期付款义务加以确定。电子商业承兑汇票的持票人无须提示承兑，因为出票人在向收款人交付汇票前应当依法进行承兑，所以通常情况下，电子商业承兑汇票的承兑日与持票日一致。

2. 提示付款，是指持票人向承兑人出示票据请求付款的行为，系持票人行使票据付款请求权的具体表现形式。电子商业承兑汇票的持票人应当在汇票到期日之次日起10日内向承兑人提示付款。

实务经验总结

1. 电子商业承兑汇票的持票人无须向承兑人提示承兑。这是因为在电子商业汇票系统中，如果汇票未被承兑，则出票人无法完成出票行为。所以能够进入市场流通的汇票，一定是已经被承兑的汇票。此等情况下，持票人当然无须再次提示承兑。

2. 在票据追索权纠纷中，票据前手以"持票人未于法定期间内提示承兑的，丧失对前手追索权"进行抗辩的，人民法院不予支持。我们建议票据前手厘清提示承兑和提示付款的区别，以避免在诉讼中做无意义的抗辩。

相关法律规定

《电子商业汇票业务管理办法》

第三十二条 电子商业汇票交付收款人前，应由付款人承兑。

第三十六条 承兑人应在票据到期日前，承兑电子商业汇票。

裁判意见

以下为该案在法院审理阶段，判决书中"本院认为"就该问题的论述：

关于承兑问题。承兑，是指汇票付款人承诺在汇票到期日支付汇票金额的票据行为。提示承兑，是指持票人向付款人出示汇票，并要求付款人在票据上表示在票据到期日愿意对票据付款的行为。案涉十二张汇票系电子商业汇票，根据《电子商业汇票业务管理办法》第三十二条关于"电子商业汇票交付收款人前，应由付款人承兑"的规定，案涉十二张汇票已经由付款人中某工公司承兑才得以交付收款人。案涉十二张汇票的承兑信息均载明："出票人承诺：本汇票请予以承兑，到期无条件付款；承兑人承兑：本汇票已经承兑，到期无条件付款。"故案涉十二张汇票在出票日即已经承兑，故无须承兑及提示承兑。

延伸阅读

裁判观点：在票据追索权之诉中，电子商业承兑汇票票面载明"本汇票已经承兑，到期无条件付款"的，票据前手主张持票人未在法定期限内提示承兑的，人民法院不予支持。

案例1：重庆市九龙坡区人民法院，重庆新某顺电力安装工程有限公司与北某银翔汽车有限公司等票据纠纷一审民事判决书［（2018）渝0107民初25043号］认为：

本案所涉的电子商业承兑汇票在"承兑信息"栏已经明确记载"承兑人承兑：本汇票已经承兑，到期无条件付款。承兑日期2018年1月29日"。因此，本案所涉的电子商业承兑汇票在汇票到期前早已向付款人进行了提示承兑。被告辩称汇票持票人未按照规定期限提示承兑的，超过规定期限提示付款，丧失追索权，其抗辩意见无事实依据，故本院对被告的抗辩意见不予采纳。

案例2：湖南省长沙市中级人民法院，湖南鸿某能源贸易有限公司（以下简称鸿某公司）、湖南新某地南岭经贸有限责任公司（以下简称新某地公司）票据追索权纠纷二审民事判决书［（2019）湘01民终13391号］认为：

鸿某公司主张新某地公司未在案涉汇票到期前提示承兑，丧失追索权。对此本院认为，《票据法》第三十八条规定："承兑是指汇票付款人承诺在汇票到期日支付汇票金额的票据行为。"《电子商业汇票业务管理办法》第二条第四款规定："电子商业汇票的付款人为承兑人。"本案中，新某地公司因与鸿某公司之间存在买卖合同关系而自鸿某公司处合法取得涉案汇票，涉案汇票记载事项完备，背书连续，系有效票据，故新某地公司依法享有票据权利。因案涉汇票在新某地公司合法持有之前，承兑人已于2018年6月21日作出"本汇票已经承兑，到期无条件付款"的承诺，故对鸿某公司的该项主张本院不予支持。

案例3：江苏省南通市中级人民法院，南通明某重工机械有限公司（以下简称明某公司）与江苏联某数控机床有限公司（以下简称联某公司）票据追索权纠纷二审民事判决书［（2019）苏06民终1796号］认为：

根据《票据法》第三十九条第一款规定："定日付款或者出票后定期付款的汇票，持票人应当在汇票到期日前向付款人提示承兑。"提示承兑，是指持票人向付款人出示汇票，并要求付款人承诺付款的行为。第四十条第二款规定："汇票未按照规定期限提示承兑的，持票人丧失对其前手的追索权。"《电子商业汇票业务管理办法》第三十六条则规定："承兑人应在票据到期日前，承兑电子商业汇票。"从案涉票据记载看，承兑人已于2018年1月29日即汇票到期前承兑，记载"本汇票已经承兑，到期无条件付款"字样。明某公司称持票人未按期提示承兑，并据此主张联某公司丧失对其前手的追索权，缺乏事实依据。

038 出票人在汇票上记载"不得转让"字样的，背书受让人是否享有票据权利？

裁判要旨

出票人签发的电子商业承兑汇票记载"不得转让"字样，收款人取得汇票后将之背书转让的，该次背书以及后续发生的一系列背书行为均不产生票据法上的效力，背书转让后的受让人不享有票据权利。

案情简介[①]

一、2017年7月3日，沃某玛公司向赢某公司签发两张电子商业承兑汇票，金额均为500万元，到期日均为2018年7月3日，并标记"不得转让"。

二、2018年3月31日，赢某公司将上述汇票背书给沃某玛公司，标记"可再转让"。2018年4月1日，沃某玛公司将上述汇票背书转让给汇某公司，标记"不得转让"。

三、2018年7月3日，汇某公司向承兑人提示付款，接入行以承兑人账户余额不足为由代为拒付。

四、之后，汇某公司以沃某玛公司和赢某公司为共同被告提起票据追索权之诉，请求法院判令各被告连带向其支付票据款本息。诉讼中，深圳市中级人民法院认为，鉴于沃某玛公司作为出票人签发的汇票记载"不得转让"字样，后续全部背书行为均无效，汇某公司不享有任何票据权利，非票据追索权之诉的适格原告，并裁定驳回起诉。

律师评析

本案的争议焦点为，出票人在汇票上记载有"不得转让"字样，收款人将该汇票背书转让的，受让人是否享有票据权利。深圳市中级人民法院对此持否定态度，我们认可法院的裁判观点，理由如下：

1. 出票人在票据上所作的记载对整个票据具有统领约束力，一旦出票人禁

[①] 广东省深圳市中级人民法院，深圳市汇某物流有限公司（以下简称汇某公司）、深圳市赢某科技股份有限公司（以下简称赢某公司）票据追索权纠纷二审民事裁定书［（2019）粤03民终30442号］。

止票据转让，则该票据即丧失流通性。

2. 票据的文义性内置了票面信息的公示公信力，一旦出票人在票面上明示取消票据的背书转让性，即推定后续背书受让人对此系明知，属于恶意受让人，不具有信赖利益，因此，法律没有必要赋予其票据权利。

实务经验总结

在接收电子商业承兑汇票之前，拟背书受让人应审慎审查票面信息，关注出票人以及前手背书人是否允许票据转让，具体操作如下：

1. 拒绝受让出票人记载有"不得转让"字样的汇票。

2. 谨慎受让前手背书人（非出票人和直接前手）记载有"不得转让"字样的汇票，因为受让人对该前手背书人不享有追索权。

相关法律规定

《中华人民共和国票据法》

第二十七条第二款　出票人在汇票上记载"不得转让"字样的，汇票不得转让。

《最高人民法院关于审理票据纠纷案件若干问题的规定》（2008年调整，该司法解释已经于2020年被再次修订，该条文内容未发生变更）

第四十八条　依照票据法第二十七条的规定，票据的出票人在票据上记载"不得转让"字样，票据持有人背书转让的，背书行为无效。背书转让后的受让人不得享有票据权利，票据的出票人、承兑人对受让人不承担票据责任。

裁判意见

以下为该案在法院审理阶段，判决书中"本院认为"就该问题的论述：

本院认为，本案二审的争议焦点为，汇某公司能否向赢某公司行使涉案票据的追索权。本案涉案两张电子商业承兑汇票的出票人沃某玛公司在出票时备注了"不得转让"。根据票据行为的基本理论，出票行为是属于基本票据行为，之所以基本，是因为法律规定出票行为在形式上有效，票据就有效；如果出票行为在形式上不符合法律要求，纵然其他票据行为符合要求也无济于事。不仅如此，出票人在票据上所作的记载对整个票据具有约束力，而附属的票据行为所作的记载,通常仅约束相对人。对此,《票据法》第二十七条第二款规定:"出票人在汇票上记载'不得转让'字样的,汇票不得转让。"也就是说,出票人记载不得转让之后,该票据就失去了流通性。如果收款人又将该票据背书转让的,该背书行为不产生票据法上的效力。《最高人民法院关于审理票据纠纷案件若干问题的规定》(2008调整)第四十八条进一步规定,票据的出票人在票据上记载"不得转让"字样,票据持有人背书转让的,背书行为无效。背书转让后的受让人不得享有票据权利。

本案中,嬴某公司将出票人为沃某玛公司的涉案两张电子商业承兑汇票又背书转让给沃某玛公司,该背书行为无效,背书转让后的受让人沃某玛公司不得享有票据权利。沃某玛公司将涉案票据再转让给汇某公司,这一过程中沃某玛公司的身份已经不再是出票人,而是背书人与被背书人,该背书行为同样无效,汇某公司不得享有涉案票据的权利。因此,汇某公司既不是涉案票据的权利人,也不是本案的适格主体,不具有涉案票据的追索权。

延伸阅读

裁判观点:出票人签发电子商业承兑汇票且票面明确记载"不得转让"的,后续发生的"背书转让"行为无效,背书受让人不享有任何票据权利,不属于票据当事人(与主文案例裁判观点相同)。

案例:安徽省含山县人民法院,安徽省卓某印务有限公司(以下简称卓某印务公司)与安徽省含某瓷业股份有限公司(以下简称安徽瓷业公司)、上海含某瓷业有限公司(以下简称上海瓷业公司)票据追索权纠纷一审民事判决书〔(2020)皖0522民初864号〕认为:

本院认为,上海瓷业公司提交的案涉两张商业承兑汇票记载有"此票不得转让"字样,表明其出票时对后手被背书人安徽瓷业公司有明确的提示,安徽瓷业公司不应再对其后手进行背书转让,其背书给卓某印务公司的行为无效。卓某印务公司不得享有票据权利,上海瓷业公司对受让人卓某印务公司不承担票据责任。

039 未将拒付事由书面通知前手，持票人可否行使追索权？

裁判要旨

在承兑人拒绝付款或视为拒绝付款的情况下，持票人均应当将拒付事由书面通知其直接前手。持票人未履行或迟延履行该等通知义务的，持票人仍可以行使追索权。

案情简介[①]

一、2018年1月2日，宝某储运公司作为出票人，开具电子商业承兑汇票，票面金额为100万元，承兑人为宝某财务公司，汇票到期日为2018年7月2日，收款人为大某能源公司。背书情况：大某能源公司背书转让给中某建勘公司，中某建勘公司背书转让给顺某公司。

二、票据到期后，顺某公司在票据期限内向承兑人宝某财务公司提示付款，宝某财务公司未予付款，票据状态为"提示付款待签收"。

三、2018年7月10日，宝某财务公司在其官方网站公告：凡持有公司10万元至50万元（含）已到期尚未兑付票据客户，于7月16日至20日全部兑付，其余投资机构将于本月23日至8月20日，进行统筹、协调、沟通、兑付完毕。2018年8月12日，顺某公司向宝某财务公司、宝某储运公司分别发出《律师函》要求兑付，但均未兑付。

四、之后，顺某公司以大某能源公司和中某建勘公司为共同被告，请求法院判令各被告连带向其清偿票据款本息。诉讼中，中某建勘公司主张，顺某公司未于法定期间内向直接前手发送拒绝事由书面通知，丧失对直接前手的追索权。北京金融法院不认可中某建勘公司的前述抗辩，并判决支持顺某公司的诉讼请求。

律师评析

本案的争议焦点是，在持票人未于法定期间内向直接前手书面通知拒付事由的情况下，持票人是否因此丧失对直接前手的追索权。

[①] 北京金融法院，大某能源化工营销有限公司（以下简称大某能源公司）与中某建勘集团有限公司（以下简称中某建勘公司）票据追索权纠纷二审民事判决书［（2022）京74民终119号］。

《票据法》第六十六条第二款规定:"未按照前款规定期限通知的,持票人仍可以行使追索权……"根据该条规定可知,无论持票人是否将被拒绝事由书面通知其直接前手,持票人均可行使追索权。

实务经验总结

如果直接前手举证证明因未及时接收到通知而遭受损失,持票人则面临赔偿损失的风险,同时有些法院会因持票人未履行或迟延履行通知义务,而裁量核减持票人主张的利息,我们有以下两点建议:

1. 承兑人明确拒绝付款的,持票人应当在被拒付之日起三日内,将被拒付相关情况以书面形式通知直接前手;关于是否有必要通知其他前手(非直接前手)的问题,鉴于《票据法》第六十六条仅将通知直接前手规定为法定义务,持票人对是否通知其他前手具有选择权。

2. 承兑人对提示付款不予应答,以至于票据状态持续维持于"(逾期)提示付款待签收"的,持票人可将该等事实予以公证,并将公证文书通知直接前手(主文案例观点);当然,鉴于前述手段较为烦琐,我们认为,原则上持票人将"承兑人不予应答构成事实上的拒付"以及相关情况以书面形式向直接前手说明即可。

相关法律规定

《中华人民共和国票据法》

第六十六条 持票人应当自收到被拒绝承兑或者被拒绝付款的有关证明之日起三日内,将被拒绝事由书面通知其前手;其前手应当自收到通知之日起三日内书面通知其再前手。持票人也可以同时向各汇票债务人发出书面通知。

未按照前款规定期限通知的,持票人仍可以行使追索权。因延期通知给其前手或者出票人造成损失的,由没有按照规定期限通知的汇票当事人,承担对该损失的赔偿责任,但是所赔偿的金额以汇票金额为限。

在规定期限内将通知按照法定地址或者约定的地址邮寄的,视为已经发出通知。

裁判意见

以下为该案在法院审理阶段,判决书中"本院认为"就该问题的论述:

《票据法》第六十六条第一款、第二款规定："持票人应当自收到被拒绝承兑或者被拒绝付款的有关证明之日起三日内，将被拒绝事由书面通知其前手；其前手应当自收到通知之日起三日内书面通知其再前手。持票人也可以同时向各汇票债务人发出书面通知。未按照前款规定期限通知的，持票人仍可以行使追索权。因延期通知给其前手或者出票人造成损失的，由没有按照规定期限通知的汇票当事人，承担对该损失的赔偿责任，但是所赔偿的金额以汇票金额为限。"由此可见，持票人的拒绝事由通知义务系其法定义务，也是为了给前手相应的准备时间。《票据法》第六十三条规定持票人因承兑人或者付款人死亡、逃匿或者其他原因，不能取得拒绝证明的，可以依法取得其他有关证明。《最高人民法院关于审理票据纠纷案件若干问题的规定》（2020年修正）第七十条规定，《票据法》第六十三条所称"其他有关证明"包括公证机构出具的具有拒绝证明效力的文书。承兑人自己作出并发布的表明其没有支付票款能力的公告，可以认定为拒绝证明。因此，在出现付款人或承兑人未能及时应答的情况时，一则持票人可以将此过程进行公证，二则可以将宝某财务公司的公告内容书面通知其前手，二者择其一均可。即便按照当时的司法解释规定，持票人也可以选择公证机构出具具有拒绝证明效力的文书向其前手进行书面通知。由此，一审法院认定视为拒绝付款情况下持票人不负有向其前手或其他票据债务人的通知义务，本院难以认同。但持票人未履行通知义务，并不影响追索权的行使，只是因延期通知给其前手或者出票人造成损失的，由没有按照规定期限通知的汇票当事人，承担对该损失的赔偿责任，但是所赔偿的金额以汇票金额为限。

延伸阅读

裁判观点：持票人应当将拒绝事由及时书面通知其直接前手，持票人未通知或延期通知前手的法律后果是对给其前手造成的损失承担赔偿责任，而不影响其行使追索权（与主文案例裁判观点相同）。

案例：山东省东营市中级人民法院，河北创某建筑装饰工程有限公司与淄博优某新材料科技有限公司（以下简称淄博优某公司）等票据追索权纠纷民事二审民事判决书［（2022）鲁05民终454号］认为：

本院认为，淄博优某公司一审、二审提交的证据可以证实其系合法持票人，其在案涉票据到期后承兑被拒，有权依据《票据法》的规定进行追偿。《票据法》第六十六条第一款和第二款规定："持票人应当自收到被拒绝承兑或者被拒绝付款的有关证明之日起三日内,将被拒绝事由书面通知其前手;其前手应当自收到通知之日起三日内书面通知其再前手。持票人也可以同时向各汇票债务人发出书面通知。未按照前款规定期限通知的,持票人仍可以行使追索权。因延期通知给其前手或者出票人造成损失的,由没有按照规定期限通知的汇票当事人,承担对该损失的赔偿责任,但是所赔偿的金额以汇票金额为限。"根据该规定,淄博优某公司未书面通知前手,不影响其行使追索权。

第五节　票据再追索权

040 仅有持票人出具的清偿证明而未提供银行付款凭证的,被追索人可否行使再追索权?

裁判要旨

仅有持票人出具的清偿票据款证明而未提供银行付款凭证,即足以证明被追索人已经向持票人支付了票据款本息,被追索人可据此行使再追索权。

案情简介[①]

一、2014年11月24日,现某物流港公司向中某七局签发了一张电子商业承兑汇票,票据金额为1500万元,到期日为2015年11月23日,承兑人为现某物流港公司。

二、2015年11月24日,中某七局将上述三种电子商业承兑汇票背书转让给华某公司。票据到期后,华某公司向现某物流港公司提示付款,但被拒绝付款。此后,华某公司对中某七局进行了拒付追索。根据华某公司出具的清偿票据款证明,中某七局已于2015年12月18日向华某公司清偿了1500万元。

三、2016年1月7日,中某七局作为再追索权人以出票人现某物流港公司为被告提起票据追索权之诉,请求法院判令现某物流港公司向其支付票据款本息。

---

① 最高人民法院,现某(邯郸)物流港开发有限公司(以下简称现某物流港公司)等与中国建某第七工程局有限公司(以下简称中某七局)票据追索权及合同纠纷案[(2017)最高法民终718号]。

四、诉讼中，现某物流港公司主张"针对案涉 1500 万元的商业承兑汇票，中某七局仅提供了持票人华某公司的清偿证明，而无任何转款记录等客观证据，不足以证明其已清偿涉案 1500 万元票据款"。一审河北省高级人民法院和二审最高人民法院均不认可现某物流港公司主张的前述抗辩，并判决支持了中某七局的诉讼请求。

律师评析

在某些特定场景下，如执行异议之诉中，购房人仅提供收据尚不足以认定已经实际付款。相比收据，银行转账凭证则系证明双方当事人之间存在金钱流转关系的更直接、有效的证据。那么，在票据追索权之诉中，被追索权人不能提供该等证据的情况下，被追索权人可否仅凭持票人出具的付款证明等收据，行使再追索权呢？

本案中，最高人民法院认为《票据法》第七十条第二款和第七十一条第二款规定均要求行使追索权的持票人应当向已付款的被追索权人出具所收到利息和费用的收据，而法律之所以要求持票人负担出具收据的法定义务，就是为了便捷被追索人继续向其票据前手追索，保证票据的高效流通性。此等情况下，如对被追索权人苛以提供银行转账记录等其他证据的举证责任，则违背了前述条款的立法目的。

实务经验总结

1. 被追索权人向持票人支付票据款本息时，应要求持票人出具相应收据。

2. 持票人出具的收据不仅可证明被追索权人已向持票人支付了相应票据款本息，同时该收据中载明的清偿时点是三个月的再追索权权利时效的起算点。如持票人错误将该时点提前的，将会导致再追索权权利时效被不当缩短，不利于被追索人向除出票人和承兑人外的票据前手行使再追索权。

相关法律规定

《中华人民共和国票据法》

第七十条第二款 被追索人清偿债务时，持票人应当交出汇票和有关拒绝证明，并出具所收到利息和费用的收据。

第七十一条第二款　行使再追索权的被追索人获得清偿时，应当交出汇票和有关拒绝证明，并出具所收到利息和费用的收据。

裁判意见

以下为该案在法院审理阶段，判决书中"本院认为"就该问题的论述：

关于现某物流港公司的责任问题，对此现某物流港公司提出了三项上诉主张。现某物流港公司第一项上诉主张是中某七局未提供充分证据证明其已清偿其中1500万元的票据款，故不享有票据再追索权。《票据法》第七十条规定："持票人行使追索权，可以请求被追索人支付下列金额和费用：（一）被拒绝付款的汇票金额；（二）汇票金额自到期日或者提示付款日起至清偿日止，按照中国人民银行规定的利率计算的利息；（三）取得有关拒绝证明和发出通知书的费用。被追索人清偿债务时，持票人应当交出汇票和有关拒绝证明，并出具所收到利息和费用的收据。"第七十一条规定："被追索人依照前条规定清偿后，可以向其他汇票债务人行使再追索权，请求其他汇票债务人支付下列金额和费用：（一）已清偿的全部金额；（二）前项金额自清偿日起至再追索清偿日止，按照中国人民银行规定的利率计算的利息；（三）发出通知书的费用。行使再追索权的被追索人获得清偿时，应当交出汇票和有关拒绝证明，并出具所收到利息和费用的收据。"本案中，持票人北京天某德瑞贸易有限公司向中某七局追索票款，交出汇票和有关拒绝证明，并向中某七局出具了票据款1500万元已全部获偿的证明，符合《票据法》第七十条的规定，故中某七局有权依据《票据法》第七十一条的规定向现某物流港公司行使再追索权。现某物流港公司关于北京天某德瑞贸易有限公司出具的清偿证明不足以证明中某七局已清偿涉案1500万元票据款的上诉理由不能成立，本院不予支持。

延伸阅读

无

041 向逾期提示付款的持票人付款的前手，是否享有再追索权？

裁判要旨

持票人逾期提示付款的，丧失对前手的追索权。前手仍向持票人付款的，不得取得再追索权。

案情简介[①]

一、宁夏灵武宝某大古储运有限公司作为出票人，于2018年1月29日签发电子商业承兑汇票一张，票据金额为5万元，收款人为宁夏宝某能源化工有限公司，承兑人为宝某财务公司，汇票到期日为2018年7月29日。

二、经过多次背书转让，明某公司在取得该汇票后再次将汇票背书转让给联某公司，联某公司又转让给赛某欧公司。

三、汇票到期后，持有人赛某欧公司未能于法定期间内提示付款，此后提示付款被拒付。之后，经赛某欧公司追索，联某公司向其清偿了票据款本息。

四、之后，联某公司以明某公司为被告提起票据追索权之诉，请求法院判令明某公司向其支付票据款本息。诉讼中，法院认为，赛某欧公司逾期提示付款，丧失对联某公司的追索权，此后即便联某公司向赛某欧公司支付了票据款本息，联某公司也并不因此成为持票人，取得再追索权，并最终判决驳回联某公司的诉讼请求。

律师评析

本案的争议焦点为，持票人逾期提示付款的，向其承担了票据责任的前手，是否就此取得再追索权。

《电子商业汇票业务管理办法》第六十六条规定，若（持票人）未在提示付款期内发出过提示付款，则只可向出票人、承兑人拒付追索。该条说明持票人逾期提示付款的，其对除出票人和承兑人外的票据前手不享有票据法上的请求权，

[①] 江苏省南通市中级人民法院，南通明某重工机械有限公司（以下简称明某公司）与江苏联某数控机床有限公司（以下简称联某公司）票据追索权纠纷二审民事判决书[（2019）苏06民终1796号]。

那么票据前手自然无须向持票人支付票据款本息。如果票据前手向持票人支付了票据款本息，则该前手对持票人享有不当得利请求权，而非取得对其他票据前手的再追索权。

实务经验总结

非出票人和承兑人的票据当事人被持票人追索时，应审查持票人是否曾于法定期间内向承兑人提示付款，如持票人存在期前或逾期提示付款的，原则上持票人无权向除出票人和承兑人外的票据前手追索。

相关法律规定

《电子商业汇票业务管理办法》

第六十六条 持票人在票据到期日前被拒付的，不得拒付追索。持票人在提示付款期内被拒付的，可向所有前手拒付追索。持票人超过提示付款期提示付款被拒付的，若持票人在提示付款期内曾发出过提示付款，则可向所有前手拒付追索；若未在提示付款期内发出过提示付款，则只可向出票人、承兑人拒付追索。

裁判意见

以下为该案在法院审理阶段，判决书中"本院认为"就该问题的论述：

《电子商业汇票业务管理办法》第六十六条规定："……持票人超过提示付款期提示付款被拒付的，若持票人在提示付款期内曾发出过提示付款，则可向所有前手拒付追索；若未在提示付款期内发出过提示付款，则只可向出票人、承兑人拒付追索。"据此，若未按期提示付款，持票人仍可向出票人、承兑人主张付款请求权，但将丧失对前手的追索权。本案中，持票人联某公司向其前手明某公司进行追索，认为该票据因承兑人宝某财务公司有关票据活动涉嫌违法犯罪、公安机关正在调查取证而未能承兑，其已经向后手兑付了款项。但从案涉票据记载看，该票据状态为"逾期提示付款待签收"，即相关持票人未能在提示付款期内向承兑人请求付款，持票人此时如被拒绝付款，仅可向承兑人和出票人拒付追索。明某公司并非案涉票据的承兑人或出票人，即使联某公司被拒绝付款并已经向其后手支付了票据金额，也丧失了对其前手明某公司的追索权。

> 延伸阅读

无

042 直接前手依基础法律关系向持票人清偿债务后，其是否享有票据再追索权？

> 裁判要旨

清偿基础法律关系所生债务客观上使得相应票据债务亦得以清偿，因此，直接前手依基础法律关系向持票人履行完毕付款义务后，该直接前手即成为票据权利人，享有再追索权。

> 案情简介[①]

一、巨某公司与久某公司因业务关系，2020年1月19日，久某公司背书转让给巨某公司电子商业承兑汇票一张，出票人、承兑人为鑫某公司，收款人为中某六局建筑安装分公司，票面金额为200万元，汇票到期日为2020年12月16日。票面载明的背书人依次为：中某六局建筑安装分公司、久某公司、巨某公司、科某杰公司。

二、汇票到期后，科某杰公司向鑫某公司提示付款被拒，之后，科某杰公司以巨某公司为被告，向新乡县人民法院提起买卖合同纠纷。2021年3月5日，巨某公司与科某杰公司达成了调解协议。2021年3月9日，巨某公司按照调解协议约定，将200万元货款支付给科某杰公司。

三、之后，巨某公司以鑫某公司、中某六局建筑安装分公司、久某公司为共同被告向法院提起票据追索权之诉，以行使再追索权，请求法院判令各被告连带向其支付票据款本息。

四、一审河南省汝州市人民法院和二审河南省平顶山市中级人民法院均认

[①] 河南省平顶山市中级人民法院，中某六局集团有限公司建筑安装分公司（以下简称中某六局建筑安装分公司）、河南省巨某实业有限公司（以下简称巨某公司）等票据追索权纠纷民事二审民事判决书［（2021）豫04民终3109号］。

为，虽然巨某公司依据买卖合同及基于买卖合同纠纷作出的调解书向科某杰公司支付了 200 万元货款，但巨某公司的付款行为使得相应的票据债务消灭，因此，巨某公司属于适格的再追索权人。一审法院判决支持了巨某公司的诉讼请求，二审法院予以维持。

律师评析

本案的争议焦点为，直接前手向持票人履行完毕基础法律关系项下的付款义务后，是否成为适格的持票人，享有再追索权。平顶山市中级人民法院对此持肯定态度，我们认可法院的裁判观点，理由如下：

持票人被拒付后，享有两项请求权：其一为基础法律关系项下的债权请求权；其二为票据法律关系项下的追索权，持票人有权择一行使。在持票人选择行使追索权，直接前手依据票据法律关系向持票人支付票据款本息后，毫无疑问直接前手依法享有票据再追索权，可基于票据法律关系主张再追索权，也可基于基础法律关系向其直接前手（以下简称前前手）主张合同权利。在持票人选择行使债权请求权的情况下，直接前手依据基础法律关系向持票人清偿债务，如果认为此种情况下直接前手清偿债务后，不享有再追索权，而只能依据基础法律关系向前前手主张合同债权，那么，这相当于赋予持票人的选择权以剥夺直接前手实体请求权的功能，这对直接前手显失公允。

实务经验总结

直接前手依据基础法律关系履行合同义务或者依据票据法律关系向持票人支付票据款本息后，即成为该票据的持票人，依法享有再追索权，可基于票据法律关系行使再追索权。

相关法律规定

《中华人民共和国票据法》

第七十一条 被追索人依照前条规定清偿后，可以向其他汇票债务人行使再追索权，请求其他汇票债务人支付下列金额和费用：

（一）已清偿的全部金额；

（二）前项金额自清偿日起至再追索清偿日止，按照中国人民银行规定的利率计算的利息；

（三）发出通知书的费用。

行使再追索权的被追索人获得清偿时，应当交出汇票和有关拒绝证明，并出具所收到利息和费用的收据。

裁判意见

以下为该案在法院审理阶段，判决书中"本院认为"就该问题的论述：

一审法院认为，汇票到期后持票人通过票据交换系统向付款人提示付款的，应视同持票人提示付款，付款人必须在当日足额付款。电子银行承兑汇票票据状态长期处于处理中，应当视为拒绝付款。2020年12月15日，科某杰公司通过光某银行电子商业承兑汇票系统向承兑人鑫某公司提示付款，承兑人既不签收票据进行付款，也不进行拒付操作。2020年12月29日，科某杰公司再次向承兑人鑫某公司提示付款被拒付。以上情形视为承兑人鑫某公司拒绝付款。本案中，2020年1月19日，巨某公司从久某公司合法取得案涉汇票，该汇票记载事项完备、背书连续，系有效票据。2020年6月29日，巨某公司又将上述汇票背书转让给科某杰公司。2021年1月，科某杰公司因案涉汇票到期被承兑人鑫某公司拒绝付款，诉至新乡县人民法院，要求巨某公司支付货款200万元，巨某公司与科某杰公司达成了调解协议。2021年3月9日，巨某公司依据新乡县人民法院（2021）豫0721民初214号民事调解书向后手科某杰公司支付了票据款项200万元。该付款行为虽系履行买卖合同纠纷民事调解书的行为，但本质上亦属票据清偿行为。根据法律规定，持票人可以不按照汇票债务人的先后顺序，对其中任何一人、数人或者全体行使追索权。被追索人清偿债务后，与持票人享有同一权利，可以向其他汇票债务人行使再追索权。虽然目前案涉电子商业承兑汇票科某杰公司无法退还给巨某公司，但是并非因巨某公司过错所导致。因此，巨某公司清偿债务200万元后，与持票人享有同一权利。巨某公司有权向其前手及其他汇票债务人行使票据再追索权。即有权向鑫某公司、中某六局建筑安装分公司、久某公司追索票据款及利息（利息自清偿日起至再追索清偿日止，按照中国人民银行规定的利率计算）。鑫某公司、中某六局建筑安装分公司、久某公司依法应对巨某公司承担连带责任。

二审法院认可一审法院裁判观点，并对一审判决予以维持。

延伸阅读

裁判观点：直接前手基于生效法律文书履行完毕基础法律关系项下的付款义务后，即成为票据权利人，依法享有再追索权。

案例1：安徽省巢湖市人民法院（原巢湖市居巢区人民法院），巢湖市鸿某新型建材有限公司（以下简称鸿某建材公司）、江苏省苏某建设集团股份有限公司（以下简称苏某建设公司）买卖合同纠纷民事一审民事判决书〔（2021）皖0181民初6642号〕认为：

被告苏某建设公司背书给原告鸿某建材公司的230424100002820200525643 31××××号汇票因承兑人账户余额不足被拒付，原告鸿某建材公司的相应货款未得到实现，故该汇票的票面金额1752811.89元不应计入已付货款，被告苏某建设公司仍应就该笔货款履行支付义务。因此，被告苏某建设公司未付货款为6453712.43元。但原告鸿某建材公司应将23042410000282020052564331××××号汇票的票据权利退还给被告苏某建设公司，因客观上该汇票现处于无法退还被告苏某建设公司的状态，为保障被告苏某建设公司向其前手即该汇票出票人兼承兑人长春信某房地产开发有限公司的票据追索权，本院确认自被告苏某建设公司向原告鸿某建材公司履行完毕本判决确定的义务之日起，被告苏某建设公司成为该汇票的票据权利人。

案例2：北京市第三中级人民法院，北京三某弘源文化传播有限公司（以下简称三某弘源公司）与北京翠某竹文化发展有限公司等票据追索权纠纷上诉案〔（2017）京03民终11273号〕认为：

本案的争议焦点为，三某弘源公司是否享有票据再追索权。再追索权是经其他票据权利人追索而清偿了票据债务的票据债务人，取得票据后向其前手再为追索的权利。依据查明的事实，外某誉成公司并未通过行使票据权利的方式向前手三某弘源公司追索，而是依据买卖合同纠纷起诉三某弘源公司，而后三某弘源公司依据生效判决向外某誉成公司支付了相关款项，该付款行为虽是履行买卖合同纠纷生效判决的行为，并非基于票据关系所为，但清偿基础法律关系所生债务的同时客观上使得相应票据债务亦得以清偿，另外某誉成公司亦将涉案支票交付三某弘源公司，此行为本身亦表明向三某弘源公司移转了相应票据权利，故而三某弘源公司享有向其前手及出票人等其他票据债务人继续追索的权利。

043 再追索权的权利时效期间从哪一天开始计算？

裁判要旨

若被追索人主动清偿的，票据再追索权行使期限的起算点为清偿日。若被追索人未主动清偿被提起诉讼的，票据再追索权行使期限起算点为被提起诉讼之日。

案情简介①

一、2019年5月31日，上海拉某贝尔公司作为出票人签发了一张电子商业承兑汇票，到期日为2019年12月10日，收款人为明某公司，金额为267407.31元。该汇票经明某公司背书转让给品某公司，品某公司再背书转让给森某公司。

二、汇票到期后，持票人森某公司向承兑人提示付款，但遭受拒付。2020年1月13日，森某公司起诉至江苏省苏州市吴江区人民法院，要求品某公司、上海拉某贝尔公司偿还票据款本息。

三、2020年4月，吴江区人民法院组织三方调解，双方达成（2020）苏0509民初1260号民事调解协议，协议约定品某公司、上海拉某贝尔公司连带向持票人森某公司支付票据款。该调解协议生效后，品某公司、上海拉某贝尔公司均未依约履行调解协议。2020年6月，森某公司向吴江区人民法院申请强制执行，品某公司作为被执行人依法向森某公司清偿了票据款。至此，品某公司成为案涉票据的持票人。

四、2020年9月10日，品某公司以出票人上海拉某贝尔公司和收款人明某公司为共同被告向法院提起诉讼。诉讼中，江苏省南通市中级人民法院认为品某公司未主动清偿票款本息，此等情况下，三个月的再追索权的起算点自品某公司被提起诉讼之日而非自实际清偿日为基准，鉴于品某公司向明某公司行使再追索权的时点未落入法定的时效期间，品某公司丧失对明某公司的再追索权。

---

① 江苏省南通市中级人民法院，新疆拉某贝尔服饰股份有限公司（以下简称上海拉某贝尔公司）与南通明某时装有限公司（以下简称明某公司）等票据追索权纠纷民事二审民事判决书［（2021）苏06民终2090号］。

> 律师评析

本案中，法院认为，在被追索人未主动清偿债务而被提起诉讼的情况下，再追索权的起算点为其被提起诉讼之日。我们认为，法院的前述观点值得商榷，理由如下：

1. 该等观点在实践中缺乏可操作性。一审普通程序的审限为六个月甚至更长，即便票据追索权纠纷适用简易程序，审理期限也有三个月，加上部分案件当事人会申请上诉甚至再审，前诉很难在三个月内形成生效的法律文书。如适用被提起诉讼之日作为再追索权的起算点，势必会大量出现因法院未能在三个月内审理完毕前诉，导致再追索权人在后诉中直接丧失对除出票人和承兑人外的追索权，这显然不合理。

2. 在前诉的判决生效之前，被追索人是否应当承担票据责任处于不确定的状态，如适用被提起诉讼之日作为再追索权的起算点，则有预先判定责任的嫌疑。

3. 再追索权系被追索人承担票据责任之后才能享有，即承担票据责任在前，享有再追索权在后，如适用被提起诉讼之日作为再追索权的起算点，便会陷入"再追索权尚未产生，其'存续期间'便开始计算"的矛盾之中。

因此，相较于前述南通中院的裁判观点，我们认为本文"延伸阅读"部分所引用的青岛市中级人民法院、北京金融法院的相反裁判观点更具合理性。

> 实务经验总结

1. 票据前手被追索后，如其主动承担向持票人清偿票据款本息的，我们建议再追索权人在实际清偿票据款本息之日起三个月内尽快向出票人、承兑人以及其他票据前手行使再追索权。

2. 持票人以提起诉讼的方式向票据前手行使追索权，且该诉讼在三个月内审理完毕的，我们建议依据该诉讼生效判决而承担票据责任的被追索人，在被提起诉讼之日起三个月向前手主张再追索权。

> 相关法律规定

《中华人民共和国票据法》

第十七条 票据权利在下列期限内不行使而消灭：

（一）持票人对票据的出票人和承兑人的权利，自票据到期日起二年。见票即付的汇票、本票，自出票日起二年；

（二）持票人对支票出票人的权利，自出票日起六个月；

（三）持票人对前手的追索权，自被拒绝承兑或者被拒绝付款之日起六个月；

（四）持票人对前手的再追索权，自清偿日或者被提起诉讼之日起三个月。

票据的出票日、到期日由票据当事人依法确定。

裁判意见

以下为该案在法院审理阶段，判决书中"本院认为"就该问题的论述：

本案中，品某公司于2020年1月即被起诉，2020年4月在人民法院组织下与最后持票人达成调解协议。达成调解协议之后，品某公司未依约履行，直至2020年6月被人民法院通过强制执行程序才履行清偿责任。虽然其清偿时间为2020年6月，但依据《票据法》第十七条第一款第四项的规定，持票人对其前手的再追索权自清偿日或者被提起诉讼之日起三个月不行使而消灭，此条规定两个起算点即清偿日及被提起诉讼之日，此处的清偿日应当理解为主动清偿，而非被强制清偿，否则没有必要规定两个起算点。品某公司于2020年1月即被起诉，直至2020年9月才诉至一审法院，要求其前手明某公司承担票据责任，明显已经超过法律规定的票据权利时效期间，对品某公司要求明某公司承担票据责任的请求，依法予以驳回。品某公司丧失票据权利，但仍享有民事权利。

延伸阅读

裁判观点：即便被提起诉讼之日到再追索权人行权之日超过了三个月，但只要实际清偿之日到再追索权人行权之日未超过三个月，持票人依然享有再追索权（与主文案例裁判观点相反）。

案例1：山东省青岛市中级人民法院，青岛乾某高科新材料股份有限公司（以下简称乾某高科公司）与深圳市鑫某新能源有限公司（以下简称鑫某公司）票据追索权纠纷二审民事判决书［（2020）鲁02民终6789号］认为：

关于本案的争议焦点，美某海创公司认为，美某海创公司提交的证据能够证明票据自到期之日起至今均未付款，已经构成"拒绝付款"中的客观上无力履行付款义务而无法付款的情形，且美某海创公司清偿之日为2019年9月16日，起诉之日在法定追索时效内，未丧失对乾某高科公司、鑫某公司的再追索权。乾某高科公司、鑫某公司认为，本案中案涉票据并未被拒付，而且美某海创公司未提供证据证明案涉票据被拒绝承兑，所以无论是拒付追索还是非拒付追索，美某海创公司均不取得对其前手的追索权。且本案中美某海创公司提交的菏泽市牡丹区人民法院的判决书显示鄄城县万某商贸有限公司对美某海创公司提起的追索权纠纷时间为2019年2月18日，而美某海创公司提起诉讼时间为2019年10月18日，明显超过法律规定的自提起诉讼之日起三个月的权利时效，因此，美某海创公司的诉请无法律依据，且超过法律规定的期限，应当依法判决驳回美某海创公司的全部诉请。

一审法院认为，因美某海创公司在山东省菏泽市牡丹区人民法院（2019）鲁1702民初844号案件中已经作为被追索人向其前手清偿了票据款及相应利息106.55万元，故依据相关法律规定，其可以向其他汇票债务人行使再追索权。因美某海创公司实际清偿上述款项的时间为2019年9月16日，截至美某海创公司向一审法院起诉之日2019年10月23日，未超过《票据法》规定的追索时效，因此，乾某高科公司、鑫某公司作为该汇票的债务人，美某海创公司有权向其行使再追索权，故对于美某海创公司要求乾某高科公司、鑫某公司支付美某海创公司票据及相关款项106.55万元的主张，一审法院予以支持。

二审法院对一审法院的前述主张予以维持。

案例2：北京金融法院，邯郸金某太行水泥有限责任公司等与中油宝某顺（秦皇岛）钢管有限公司（以下简称宝某顺公司）票据追索权纠纷二审民事判决书〔（2021）京74民终376号〕认为：

天某环境公司抗辩的宝某顺公司未在票据时效内行使再追索权，再追索权已消灭，天某环境公司不承担票据责任。依据《票据法》第十七条之规定，持票人对前手行使再追索权，自清偿日或者被提起诉讼之日起三个月。依据该法律规定，宝某顺公司因本案诉争的票据被提起票据追索权诉讼，宝某顺公司在该案执行过程中，依据法院的执行通知书和执行裁定书，于2021年1月13日清偿了该案的票据金额及案件受理费和执行费，该日期应为清偿日，宝某顺公司清偿了上述票据款后，已于2021年2月2日通过网上立案向一审法院提起了本案再追索权诉讼，一审法院并于2021年2月8日收到宝某顺公司的起诉书及证据材料，未超出法律规定的自清偿日起三个月行使再追索权的票据权利时效，其依法有权行使再追索权。故天某环境公司的该抗辩理由，于法无据，一审法院不予采信。

二审法院认为，持票人对前手行使再追索权，自清偿日或者被提起诉讼之日起三个月。本案中，宝某顺公司清偿日是 2021 年 1 月 13 日，提起诉讼的时间是 2021 年 2 月 2 日，未超出法律规定的自清偿日起三个月行使再追索权的票据权利时效，故本院对该上诉理由不予采纳。

第六节 票据追索权纠纷之诉讼主体

044 持票人行使票据追索权时，如何确定追索对象？

阅读提示

汇票作为一种非现金支付凭证，在国内金融行业急速发展的大背景下，扮演着重要的角色。但在汇票出票、背书等票据行为过程中因涉及出票人、承兑人、背书人、持票人等众多主体，一旦有环节出现问题，往往会导致一系列复杂的票据纠纷诉讼。实践中，持票人可能会因为多种原因遭遇拒付，如何在票据纠纷中确定追索权行使对象，对后续诉讼推进至关重要。

裁判要旨

汇票追索权，是指持票人在汇票到期不获付款或期前不获承兑或者有其他法定原因时，对于其前手可以请求偿还汇票金额、利息及费用的权利。持票人在行使汇票追索权时，可以追索的对象包括出票人、背书人、承兑人及保证人，这些追索对象对持票人均承担连带责任，持票人可以选择对其中任何一人行使追索权，也可以选择对其中数人或者全体行使追索权。

案情简介[①]

一、2016 年 11 月 17 日，北某控股集团有限公司向万某公司出具一份票面金额为 200 万元，到期日为 2017 年 11 月 16 日的电子商业承兑汇票，后万某公司当天将该电子商业承兑汇票背书转让给亿某公司。

二、2016 年 12 月 1 日，亿某公司将该汇票背书转让给世某公司。

---

① 福建省高级人民法院，万某新材料科技有限公司（以下简称万某公司）与苏州世某纺织有限公司（以下简称世某公司）票据追索权纠纷再审审查与审判监督民事裁定书［（2019）闽民申 1847 号］。

三、2017 年 11 月 16 日，世某公司于票据到期后向银行提示付款，11 月 20 日银行回复拒付。

四、2017 年 11 月 20 日，世某公司再次提示付款，11 月 24 日再次收到被拒付回复。

五、世某公司向法院提起诉讼，请求法院判令非直接前手万某公司支付票据款以及利息。万某公司申请追加亿某公司为共同被告。

六、一审福建省晋江市人民法院、二审福建省泉州市中级人民法院和再审福建省高级人民法院均支持了世某公司的诉讼请求，对万某公司要求追加亿某公司为共同被告的申请不予支持。

律师评析

依据《票据法》第六十八条第二款规定，汇票到期被拒绝付款的，持票人可以对背书人、出票人以及汇票的其他债务人行使追索权，且持票人的追索权可以不按照汇票债务人的先后顺序，对其中任何一人、数人或者全体行使追索权。故世某公司依法享有对万某公司的追索权，万某公司应依照《票据法》第七十条第一款第一项、第二项的规定，支付持票人即世某公司被拒绝付款的汇票金额 200 万元及提示付款日期至清偿日止，按中国人民银行规定的利率计算的利息。

实务经验总结

1. 持票人行使票据追索权时，对被告的人选、数量等具有选择权。持票人可以选择背书人、出票人、保证人等汇票债务人中的一个或者多个行使追索权，如果未获清偿，持票人还可以继续向其他的票据债务人行使追偿权。

2. 因票据权利而引起的诉讼，属于《民事诉讼法》（2021 年修正）第二十六条、《最高人民法院关于审理票据纠纷案件若干问题的规定》（2020 年修正）第六条规定的票据纠纷，应适用特殊地域管辖，由被告所在地或者票据支付地人民法院管辖。此处，我们提请注意的是，票据权利纠纷仅限于因行使票据的付款请求权和票据追索权而引发的纠纷，而票据交付请求权、票据返还请求权、票据损害赔偿请求权、票据利益返还请求权和汇票回单签发请求权等纠纷不适用特殊地域管辖。

3. 基于以上两点，我们建议持票人在行使票据追索权时将案涉票据全部前手列为共同被告，如此，一则可以最大限度地保障自身权益；二则可以根据被告住所地选择最便捷的管辖法院。

相关法律规定

《中华人民共和国票据法》

第六十八条　汇票的出票人、背书人、承兑人和保证人对持票人承担连带责任。

持票人可以不按照汇票债务人的先后顺序，对其中任何一人、数人或者全体行使追索权。

持票人对汇票债务人中的一人或者数人已经进行追索的，对其他汇票债务人仍可以行使追索权。被追索人清偿债务后，与持票人享有同一权利。

《中华人民共和国民事诉讼法》（2021年修正）

第二十六条　因票据纠纷提起的诉讼，由票据支付地或者被告住所地人民法院管辖。

裁判意见

以下为该案在法院审理阶段，判决书中"本院认为"就该问题的论述：

本院认为，根据《票据法》第六十一条第一款"汇票到期被拒绝付款的，持票人可以对背书人、出票人以及汇票的其他债务人行使追索权"以及第六十八条第二款、第三款"持票人可以不按照汇票债务人的先后顺序，对其中任何一人、数人或者全体行使追索权。持票人对汇票债务人中的一人或者数人已经进行追索的，对其他汇票债务人仍可以行使追索权。被追索人清偿债务后，与持票人享有同一权利"之规定，世某公司有权仅对万某公司行使票据追索权。原审法院根据票据的无因性，对万某公司提出的追加亿某公司为本案当事人的申请不予准许亦无不当。

延伸阅读

裁判观点一：行使票据追索权时，持票人对于被告的人选、数量具有选择权，其可以选择就一个或者多个票据债务人行使追索权（与主文案例观点相同）。

案例1：最高人民法院，恒某银行股份有限公司南通分行（以下简称恒某银行）与兴某银行股份有限公司哈尔滨分行（以下简称兴某银行）票据追索权纠纷二审民事判决书〔（2017）最高法民终449号〕认为：

关于原审法院未追加包某农信社作为本案第三人是否正确的问题，当事人在诉讼中可以申请追加第三人，但是否允许，由人民法院审查决定。本案系兴某银行提起的票据追索权纠纷，根据《票据法》第六十八条的规定，汇票的出票人、背书人、承兑人和保证人对持票人承担连带责任。持票人可以不按照汇票债务人的先后顺序，对其中任何一人、数人或者全体行使追索权。持票人对汇票债务人中的一人或者数人已经进行追索的，对其他汇票债务人仍可以行使追索权。被追索人清偿债务后，与持票人享有同一权利。兴某银行作为案涉票据的持票人，享有追索对象选择权。兴某银行选择民某银行和恒某银行进行票据追索，并不违反法律的规定。原审法院不予准许恒某银行追加包某农信社为第三人并无不当。

裁判观点二：持票人向票据债务人行使追索权，被追索人付款之后，取得票据权利，可以继续对其前手行使票据追索权，并且可以选择将票据的背书人、出票人、保证人等汇票债务人中的一人或者数人列为被告。

案例2：北京市第一中级人民法院，邦某技术股份有限公司与深圳市世某本原科技股份有限公司（以下简称世某本原公司）票据追索权纠纷二审民事判决书〔（2021）京01民终3643号〕认为：

根据《票据法》的规定，汇票到期被拒绝付款的，持票人可以对背书人、出票人以及票据的其他债务人行使追索权。汇票的出票人、背书人、承兑人和保证人对持票人承担连带责任。持票人可以不按照汇票债务人的先后顺序，对其中任何一人、数人或者全体行使追索权。持票人对汇票债务人中的一人或数人已经进行追索的，对其他汇票债务人仍可以行使追索权。被追索人清偿债务后，与持票人享有同一权利。被追索人依规定清偿后，可以向其他汇票债务人行使再追索权。本案现有证据足以证实，世某本原公司取得涉案票据后又进行了背书转让，票据被拒付之后，其后手顺序向前手追索，世某本原公司在诉讼执行程序中向其直接后手清偿了债务，并取回票据，继而取得与最后的持票人相同的权利。

裁判观点三：持票人行使追索权、被追索人行使再追索权时，对票据的出票人、背书人、承兑人、保证人等票据债务人具有选择权，并且票据纠纷管辖系特殊地域管辖——票据支付地或被告住所地人民法院管辖，因此，持票人和被追索人行使票据权利时，间接对管辖法院具有选择权。

案例3：山西省高级人民法院，云南能某物流有限责任公司与山西某无烟煤矿业集团有限责任公司、山西诚某永和贸易有限公司等票据追索权纠纷民事管辖裁定书〔（2020）晋民辖终 25 号〕认为：

  本院经审查认为，关于山西某无烟煤矿业集团有限责任公司可否选择上诉人、各原审被告之间行使票据追索权问题，本案系山西某无烟煤矿业集团有限责任公司提起的票据追索权纠纷，根据《票据法》第六十八条的规定，汇票的出票人、背书人、承兑人和保证人对持票人承担连带责任。持票人可以不按照汇票债务人的先后顺序，对其中任何一人、数人或者全体行使追索权。持票人对汇票债务人中的一人或者数人已经进行追索的，对其他汇票债务人仍可以行使追索权。被追索人清偿债务后，与持票人享有同一权利。山西某无烟煤矿业集团有限责任公司作为案涉票据的持票人，享有追索对象选择权。山西某无烟煤矿业集团有限责任公司选择上诉人、各原审被告之间进行票据追索，并不违反法律规定。

  关于太原市中级人民法院对本案是否具有管辖权问题，《民事诉讼法》（2017 年修正）第二十五条规定："因票据纠纷提起的诉讼，由票据支付地或者被告住所地人民法院管辖。"第二十一条第三款规定："同一诉讼的几个被告住所地、经常居住地在两个以上人民法院辖区的，各该人民法院都有管辖权。"本案票据追索权涉及上诉人和各原审被告，其中山西诚某永和贸易有限公司住所地为太原市，太原市中级人民法院对本案依法具有管辖权。

045 商票存在回头背书情况，持票人可否向全部前手追索？

裁判要旨

  持票人（非出票人）将汇票背书转让给后手，经流转后该汇票最终又被背书转让回持票人的，持票人对其后手不享有票据追索权。

案情简介①

  一、2020 年 6 月 10 日，和某裕公司（出票人）向建某公司（收款人）开具电子商业承兑汇票一张，票面金额为 3038934.3 元，汇票到期日为 2021 年 6 月

---

① 重庆市北碚区人民法院，重庆富某 1 建材有限公司（以下简称富某 1 公司）与重庆建某第三建设有限责任公司（以下简称建某公司）、重庆富某 2 混凝土有限公司（以下简称富某 2 公司）票据追索权纠纷一审民事判决书〔（2021）渝 0109 民初 11062 号〕。

10 日。汇票承兑人为和某裕公司。

二、建某公司取得上述电子商业承兑汇票后，于 2020 年 12 月 31 日将该汇票背书转让给富某 1 公司。2021 年 6 月 9 日，富某 1 公司将该汇票背书转让给富某 2 公司。同日，富某 2 公司将该汇票背书转让给富某 1 公司。案情如图 1 所示：

```
和某裕公司（出票人） → 建某公司（收款人） → 富某1公司（持票人） → 富某2公司
                                                    ↑                    |
                                                    └──── 回头背书 ──────┘
```

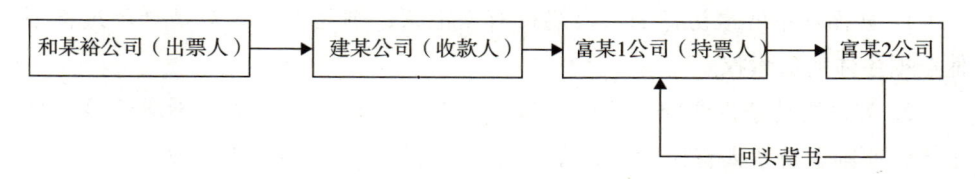

图 1　本案示意

三、汇票到期当日即 2021 年 6 月 10 日，富某 1 公司于电子商业汇票系统向承兑人提示付款被拒付。2021 年 9 月 21 日，持票人富某 1 公司以和某裕公司、建某公司和富某 2 公司为共同被告向法院提起诉讼，请求法院判令各被告连带向其清偿票据款本息。

四、诉讼中，法院认为，富某 1 公司将票据背书转让给富某 2 公司后，富某 2 公司又将票据背书转让给富某 1 公司，构成回头背书，且持票人富某 1 公司属于《票据法》第六十九条规定的"持票人为背书人"的情况，因此，作为富某 1 公司后手的富某 2 公司免受追索。

律师评析

回头背书，是指以票据上的原债务人为被背书人的背书，即票据的原被背书人在已经取得对票据金额享有的权利（票据权利）之后，又将该票据背书回给票据的原债务人（出票人等），使得票据原债务人另行取得对票据金额的权利，成为债权人，处置该票据金额。

《票据法》第六十九条规定："持票人为出票人的，对其前手无追索权。持票人为背书人的，对其后手无追索权。"也就是说，由于原被背书人已经享有票据金额权利，之后再回头背书，故对于回头背书的被背书人（原债务人）来讲，发生消灭债权债务关系的效力。因此，如回头背书循环中的最初背书人成为最终持票人，其对循环中后续的被背书人均无追索权。

实务经验总结

票据流转过程中存在回头背书循环，持票人可根据如下规则选取追索对象：

1. 如循环中的最初背书人最终持有该汇票，则其不享有对该循环过程中其他票据主体的追索权。

2. 如最终持票人的前手之间出现回头背书循环，且持票人不属于该循环中主体，原则上持票人有权对回头背书循环中的任一主体行使追索权。

相关法律规定

《中华人民共和国票据法》

第六十九条　持票人为出票人的，对其前手无追索权。持票人为背书人的，对其后手无追索权。

裁判意见

以下为该案在法院审理阶段，判决书中"本院认为"就该问题的论述：

根据《票据法》第六十九条"持票人为出票人的，对其前手无追索权。持票人为背书人的，对其后手无追索权"的规定，涉案票据明显构成票据的回头背书。本案中，持票人原告富某1公司作为背书人，依照前述法律规定，其对被告富某2公司不得再行使追索权。

延伸阅读

裁判观点：票据流转过程中存在回头背书循环的情况，且持票人不是回头背书循环参与主体中的初始背书人的，则持票人对回头背书参与主体均享有追索权。

案例1：江苏省淮安市中级人民法院（原江苏省淮阴市中级人民法院），东莞市航某新能源材料有限公司（以下简称航某公司）与艾某电子（深圳）有限公司（以下简称艾某电子公司）、江苏威某汽车工业发展有限公司（以下简称威某公司）等票据纠纷二审民事判决书［（2020）苏08民终131号］认为：

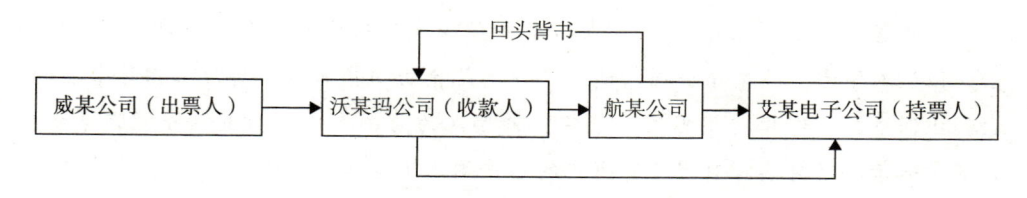

```
                    ┌──── 回头背书 ────┐
                    ↓                  │
威某公司（出票人）→ 沃某玛公司（收款人）→ 航某公司 → 艾某电子公司（持票人）
                                                    ↑                      │
                                                    └──────────────────────┘
```

图2　本案示意

本院认为，被上诉人艾某电子公司持有汇票被拒付，其依据法律规定，要求出票人威某公司支付票款、背书人承担连带责任。上诉人航某公司则认为，其与沃某玛公司之间的票据交易基础关系已消灭，且航某公司已丧失了对沃某玛公司的追索权，故艾某电子公司无权向其追索。对此，本院认为，上诉人航某公司系120万元汇票的背书人，虽出现"回头背书"给沃某玛公司，但系基于新的独立的交易行为产生，在本案中并不影响背书人的身份认定，我国《票据法》并未限制被背书人的资格，因此，在先的票据债务人可以再次成为票据权利人，票据仍然有效，票据上权利也仍然存在。而且接收票据的债权人仍然可以背书转让该票据，即在票据上不会发生因混同而票据权利消灭的情况。此外，上诉人依据《票据法》第六十九条规定："持票人为出票人的，对其前手无追索权。持票人为背书人的，对其后手无追索权。"而本案持票人艾某电子公司既不是出票人，也不是背书人，根据法律规定，其可以向任何前手行使追索权，故对上诉人该上诉理由亦不予支持。（案情如图2所示）。

案例2：天津市滨海新区人民法院，天津玖某健商贸有限公司（以下简称玖某健公司）与滨海团泊新某（天津）控股有限公司（以下简称新某公司）、天津团泊奥某莱斯投资有限公司（以下简称奥某莱斯公司）票据追索权纠纷一审民事判决书〔（2020）津0116民初8108号〕认为：

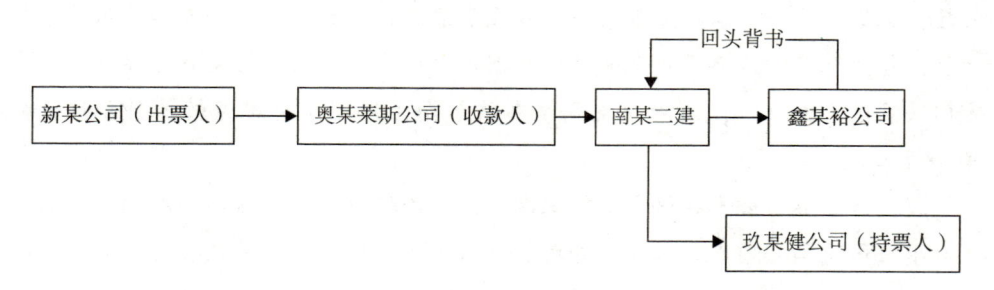

```
                                      ┌──── 回头背书 ────┐
                                      ↓                  │
新某公司（出票人）→ 奥某莱斯公司（收款人）→ 南某二建 → 鑫某裕公司
                                          │
                                          ↓
                                   玖某健公司（持票人）
```

图3　本案示意

被告鑫某裕公司主张其与南某二建存在回头背书情形，其不应承担连带责任。但从本案看，鑫某裕公司与南某二建均是合法的背书人，其应承担背书后的权利担保责任，依据《票据法》规定，持票人为背书人的，对其后手无追索权，并不意味着所有持票人对回头背书中的后手均无追索权。本案中，原告作为持票人既不是背书人，且被告鑫某裕公司与南某二建均是原告的前手，显然其未丧失对被告鑫某裕公司的追索权，故被告鑫某裕公司与南某二建的抗辩无法律依据，本院不予支持。(案情如图3所示)。

046 在票据追索权诉讼中，被告能否申请追加出票人为第三人？

裁判要旨

原告未将出票人列为被告的票据追索权之诉中，被告申请追加出票人为第三人的，人民法院不予支持。

案情简介[①]

一、2020年8月27日，上海闻某公司从上海炫某实业有限公司处受让了一张电子商业承兑汇票，该票据金额为50万元，出票人为湖南恒某置业有限公司、收款人为江苏苏某公司，汇票到期日为2021年7月9日。背书情况为江苏苏某公司背书转让给天某荣达公司，天某荣达公司背书转让给上海闻某公司。

二、票据到期后，上海闻某公司于法定期间内提示付款，并被承兑人拒付。之后，上海闻某公司以江苏苏某公司和天某荣达公司为共同被告提起票据追索权之诉，鉴于天某荣达公司注册地位于北京市门头沟区，上海闻某公司遂诉至北京市门头沟区人民法院，请求法院判令各被告向上海闻某公司连带支付票据金额50万元及利息。

三、江苏苏某公司在提交答辩状期间，向法院申请将票据出票人湖南恒某置业有限公司追加为案件第三人，并对管辖权提出异议。江苏苏某公司认为，票据

[①] 北京市门头沟区人民法院，上海闻某实业有限公司（以下简称上海闻某公司）与北京天某荣达建设工程有限公司（以下简称天某荣达公司）等票据追索权纠纷一审民事裁定书[（2021）京0109民初5024号]。

出票人为湖南恒某置业有限公司，湖南恒某置业有限公司系恒某地产集团有限公司关联公司，案件应移送至有管辖权的广州市中级人民法院审理。

四、北京市门头沟区人民法院认为，上海闻某公司有权仅选择向江苏苏某公司、天某荣达公司为被告提起诉讼，没有追加出票人湖南恒某置业有限公司为第三人之必要，并裁定驳回江苏苏某公司提出的管辖权异议。

律师评析

本案的争议焦点为，票据追索权之诉中，是否有必要追加出票人为第三人。对此法院认为，无必要将出票人列为第三人，理由如下：

在票据追索权之诉中，对于原被告的诉讼标的，出票人没有独立请求权。同时，出票人并不当然系票据义务最终负担者，如在票据存在非法贴现、出票人禁止转让的票据被转让等情况下，出票人均无须承担票据责任。因此，案件的审理结果并不当然与出票人具有利害关系，没有必要追加出票人为第三人。

实务经验总结

1. 在票据追索权之诉中，无论是向法院申请追加出票人和承兑人为共同被告还是第三人，几乎没有法院予以支持，因此，被追索人通过申请追加出票人和承兑人加入诉讼的方式提出管辖权异议的路径不可行。

2. 在出票人为恒某、华某幸福的关联公司，可能涉及最高人民法院指定集中管辖的情况下，持票人可以选择不列出票人为被告，而仅列其他前手为被告，由此可以在其他前手所在地人民法院提起追索权诉讼，规避关于集中管辖的规定，大幅度加快持票人取得胜诉裁判文书及通过强制执行回款的效率。

相关法律规定

《中华人民共和国票据法》

第六十八条　汇票的出票人、背书人、承兑人和保证人对持票人承担连带责任。

持票人可以不按照汇票债务人的先后顺序，对其中任何一人、数人或者全体行使追索权。

持票人对汇票债务人中的一人或者数人已经进行追索的，对其他汇票债务人仍可以行使追索权。被追索人清偿债务后，与持票人享有同一权利。

裁判意见

以下为该案在法院审理阶段，判决书中"本院认为"就该问题的论述：

本院经审查认为，本案是以票据追索权纠纷提起的诉讼。《票据法》第六十八条第一款、第二款规定："汇票的出票人、背书人、承兑人和保证人对持票人承担连带责任。持票人可以不按照汇票债务人的先后顺序，对其中任何一人、数人或者全体行使追索权。"上海闻某公司以票据到期提示付款被拒付为由向该票据背书人主张票据追索权，江苏苏某公司、天某荣达公司系该票据的背书人，故上海闻某公司有权选择向江苏苏某公司、天某荣达公司提起诉讼，在管辖异议阶段本案没有追加出票人湖南恒某置业有限公司为第三人的必要性。故对于江苏苏某公司关于将本案移送至出票人的股东恒某地产集团有限公司的集中管辖法院广州市中级人民法院审理的请求，本院不予支持。

延伸阅读

裁判观点一：原告未要求出票人承担清偿义务且出票人不是必须参加诉讼的当事人，不应追加出票人为第三人。

案例1：北京市昌平区（县）人民法院，成都铁某物流有限公司票据追索权纠纷一审民事判决书［（2021）京0114民初15272号］认为：

关于廊坊雅某公司申请追加出票人固安京某幸福房地产开发有限公司为第三人并要求第三人与被告承担连带责任的意见，因原告在本案中不要求出票人承担清偿义务，且出票人不是必须参加诉讼的当事人，故本院对廊坊雅某公司的申请不予追加。

案例2：山东省东营市东营区人民法院，东营市烟某寒建筑工程有限公司与重庆建某住宅建设有限公司等票据追索权纠纷民事一审民事判决书［（2021）鲁0502民初4342号］认为：

本院认为，根据东营市烟某寒建筑工程有限公司提供的证据，能够证明东营市烟某寒建筑工程有限公司系案涉票据的持票人，其在该票据付款到期日提示付款，被拒付。根据法律规定，汇票到期被拒绝付款的，持票人可以向背书人、出票人以及汇票的其他债务人行使追索权。根据《票据法》第六十八条第一款和第二款的规定："汇票的出票人、背书人、承兑人和保证人对持票人承担连带责任。持票人可以不按照汇票债务人的先后顺序，对其中任何一人、数人或者全体行使追索权"，重庆建某住宅建设有限公司请求本案中追加出票人重庆川某房地产开发有限公司作为第三人参加诉讼，本院不予准许。

案例3：广东省广州市海珠区人民法院，深圳市益某保理有限公司与广州市校某教育科技有限公司票据追索权纠纷一审民事判决书〔（2018）粤0105民初16097号〕认为：

根据《票据法》第六十八条第二款的规定："持票人可以不按照汇票债务人的先后顺序，对其中任何一人、数人或者全体行使追索权"，故被告抗辩称应追加出票人为第三人，缺乏依据，本院不予采纳。

裁判观点二：原则上出票人系最终票据义务承担者，案件处理结果同出票人有法律上的利害关系，因此，应当追加出票人为第三人。

案例4：山东省济南市天桥区人民法院，山东玉某建材有限公司与济南泉某装饰有限公司等票据追索权纠纷民事一审民事裁定书〔（2021）鲁0105民初10474号之一〕认为：

本院经审查认为，本案案由为票据追索权纠纷。案涉票据的出票人、承兑人为青岛金某置业有限公司，该公司为恒某集团有限公司的关联公司。诉讼过程中，济南泉某装饰有限公司向本院提出管辖权异议，并申请追加出票人青岛金某置业有限公司作为第三人参加诉讼，本院依法予以追加。《民事诉讼法》（2017年修正）第三十七条第一款规定："有管辖权的人民法院由于特殊原因，不能行使管辖权的，由上级人民法院指定管辖。"根据相关规定，为保障恒某集团有限公司及其关联企业案件的妥善解决，本案移送广州市中级人民法院处理为宜。

047 票据前手是分公司的，持票人可否把母公司列为共同被告？

裁判要旨

持票人将作为票据前手的分公司和不是票据当事人的母公司列为共同被告，要求两者承担付款义务的，人民法院仅支持持票人对母公司的诉讼请求。

案情简介[①]

一、端某公司从南阳友某机械设备有限公司处背书受让取得一张电子商业承兑汇票，金额为 100 万元，到期日为 2021 年 5 月 6 日，出票人及承兑人均为霸州鼎某园区建设发展有限公司，收款人是泽某霸州分公司，背书情况为：泽某霸州分公司背书转让给深圳誉某贸易有限公司，后者背书转让给南阳友某机械设备有限公司，之后南阳友某机械设备有限公司再背书转让给端某公司。

二、汇票到期后，端某公司于法定期间内通过电子商业承兑汇票系统向承兑人提示付款，但承兑人拒绝付款，理由为承兑人账户余额不足。此后，端某公司向收款人泽某霸州分公司发起线上追索，票据状态为"拒付追索待清偿"。

三、之后，端某公司以泽某霸州分公司和泽某公司（泽某霸州分公司系泽某公司的分支机构）为共同被告向法院提起票据追索权之诉，请求法院判令两被告连带向其支付票据款本息。

四、一审浙江省嘉善县人民法院和二审浙江省嘉兴市中级人民法院均认为，作为泽某公司分支机构的泽某霸州分公司不具有法人资格，相关法律责任应由泽某公司承担，并判决驳回端某公司要求泽某霸州分公司承担清偿票据款本息法律责任的诉讼请求。

律师评析

本案的争议焦点为，分公司作为票据前手被追索，且持票人将该分公司和其母公司列为共同被告，要求两者承担连带付款义务。人民法院是否应予以支持。

本文主文案例观点为，分公司不具有承担民事责任的资格，法院最终判决仅由母公司承担付款义务。实践中，除前述观点外，另一较主流的观点则认为，分公司与母公司连带承担付款义务更具合理性（详见延伸阅读裁判观点二）。

我们认可分公司与母公司连带承担法律责任的观点，理由如下：

1. 毫无疑问，分公司具有作为诉讼当事人参与诉讼的资格，在分公司有权作为被告参与诉讼的情况下，否认其具有承担民事责任的资格，则《民事诉讼法》赋予分公司被告资格的正当性依据可能会遭受质疑。

2.《最高人民法院关于民事执行中变更、追加当事人若干问题的规定》

[①] 浙江省嘉兴市中级人民法院，南阳端某商贸有限公司（以下简称端某公司）、嘉兴泽某环境科技有限公司（以下简称泽某公司）等票据追索权纠纷二审民事判决书〔（2021）浙 04 民终 3462 号〕。

（2020年修正）第十五条规定："作为被执行人的法人分支机构，不能清偿生效法律文书确定的债务，申请执行人申请变更、追加该法人为被执行人的，人民法院应予支持……"前述司法解释的存在及实践中确有分公司系生效判决的被执行人的情况，表明分公司具有承担民事责任的资格，在其为票据前手的情况下，法院原则上应依法判令分公司和母公司连带向持票人支付票据款本息。

虽然我们认可分公司与母公司连带承担法律责任的观点，但从判决执行角度而言，两种裁判观点并无本质区别。因为分公司的财产系母公司的责任财产的组成部分，一旦母公司的财产不足以清偿生效法律文书确定的债务，则执行法院可直接执行分公司的财产。所以即便法院仅判决母公司承担支付票据款本息的义务，分公司也并不当然免责。

实务经验总结

如票据前手系分公司，我们建议持票人在提起票据追索权之诉时，将分公司和母公司一同列为被告。

相关法律规定

《中华人民共和国公司法》

第十四条第一款 公司可以设立分公司。设立分公司，应当向公司登记机关申请登记，领取营业执照。分公司不具有法人资格，其民事责任由公司承担。

裁判意见

以下为该案在法院审理阶段，判决书中"本院认为"就该问题的论述：

泽某霸州分公司虽系案涉票据记载的背书人，但其作为分公司不具有法人资格，相关法律责任应当由其母公司即泽某公司承担，端某公司诉请泽某公司与泽某霸州分公司承担连带责任缺乏依据，不予支持。

判决泽某公司于判决生效后十日内向端某公司支付票面金额本金人民币100万元及利息……

延伸阅读

裁判观点一：分公司不具有法人资格，不是承担法律责任的民事主体，分公司作为票据前手的，持票人只能以母公司为被告提起诉讼，要求母公司承担付款义务（与主文案例裁判观点相同）。

案例1：山东省青岛市中级人民法院，中某九局集团有限公司（以下简称中某公司）与中某九局集团有限公司大连分公司（以下简称中某大连公司）等票据追索权纠纷民事二审民事判决书［（2022）鲁02民终824号］认为：

一审法院认为，根据《票据法》第六十八条第一款"汇票的出票人、背书人、承兑人和保证人对持票人承担连带责任"的规定，中某大连公司、蓬某公司、海某公司作为背书人应当承担连带清偿责任。另根据《公司法》第十四条"分公司不具有法人资格，其民事责任由公司承担"的规定，中某大连公司作为中某公司的分公司，其法律责任应由中某公司承担，故对临沂合某电子有限公司要求中某公司与蓬某公司、海某公司承担连带清偿责任的诉讼请求，合法有据，一审法院予以支持；对临沂合某电子有限公司要求中某大连分公司承担责任的诉讼请求，一审法院予以驳回。

裁判观点二：《公司法》虽然规定，分公司不具有法人资格，其民事责任由公司承担，但这并不当然意味着分公司不具有承担民事责任的资格。分公司作为票据前手被追索的，如持票人要求分公司和母公司连带承担付款义务，人民法院应予以支持。

案例2：广东省东莞市中级人民法院，东莞市常平洪某晟塑胶原料经营部（以下简称洪某晟经营部）与罗某杰、张某友、深圳市贵某电子科技有限公司东莞分公司（以下简称贵某公司东莞分公司）等票据付款请求权纠纷一案民事二审判决书［（2020）粤19民终5340号］认为：

贵某公司系贵某东莞分公司的总公司，依照《民法总则》（现已失效）第七十四条"法人可以依法设立分支机构。法律、行政法规规定分支机构应当登记的，依照其规定。分支机构以自己的名义从事民事活动，产生的民事责任由法人承担；也可以先以该分支机构管理的财产承担，不足以承担的，由法人承担"的规定，洪某晟经营部请求贵某公司承担案涉责任，于法有据，原审法院依法予以支持。判决，限贵某公司东莞分公司、贵某公司于判决发生法律效力之日起五日内向洪某晟经营部支付与支票金额相当的款项共计15.7万元及相应的利息……

案例3：新疆维吾尔自治区乌鲁木齐市中级人民法院，新疆九某国际贸易有限公司（以下简称九某公司）与陕西子某科技有限责任公司新疆分公司（以下简称子某新疆公司）、陕西子某科技有限责任公司（以下简称子某公司）票据追索权纠纷案［（2016）新01民终1792号］认为：

《公司法》第十四条规定，"……分公司不具有法人资格，其民事责任由公司承担"，但并未免除分公司应承担的民事责任，故对子某新疆分公司不具有独立法人资格，不承担责任的抗辩理由，本院不予采纳。九某公司要求子某公司承担连带责任的主张没有法律依据。子某公司、子某新疆分公司应向九某公司共同承担付款义务。

案例4：山东省青岛市市南区人民法院，淄博冠某保温材料有限公司诉江苏中某建筑产业集团有限责任公司青岛分公司（以下简称中某建筑公司青岛分公司）票据纠纷案［（2017）鲁0202民初462号］认为：

中某建筑公司青岛分公司为非独立法人，不能独立对外承担责任，中某建筑公司作为中某建筑公司青岛分公司的母公司，有义务对中某建筑公司青岛分公司的债务承担清偿责任。

判决，一、中某建筑公司青岛分公司于本判决生效之日起10日内支付淄博冠某保温材料有限公司汇票票面金额30万元及自2016年2月16日起至实际清偿之日止的利息（按中国人民银行规定的企业同期流动资金贷款利率计算）；二、江苏中某建筑公司对本判决第一项确定的债务承担清偿责任。

048 前手系一人公司的，持票人可否将该一人公司的股东列为共同被告？

裁判要旨

前手系一人公司的，持票人有权将该前手的股东列为共同被告，如该股东不能举证证明一人公司财产独立于股东财产的，其应当与该一人公司连带承担票据责任。

案情简介[①]

一、2019年11月25日，贵某金融公司作为出票人，向收款人金某螂公司出

---

① 贵州省贵阳市中级人民法院，中某金融集团股份有限公司（以下简称中某金融公司）、苏州宏某石材有限公司（以下简称宏某石材公司）等票据付款请求权纠纷民事二审民事判决书［（2021）黔01民终12530号］。

具电子商业承兑汇票一张，票据金额为 500 万元，汇票到期日为 2020 年 11 月 25 日，承兑人为贵某金融公司。2020 年 11 月 16 日，金某螂公司背书转让该汇票给宏某石材公司。

二、票据到期后，宏某石材公司向贵某金融公司提示付款被拒，遂以贵某金融公司、中某金融公司（中某金融公司系贵某金融公司的唯一股东）、金某螂公司为共同被告向法院提起票据追索权之诉，请求法院判令各被告连带向宏某石材公司支付票据款本息。

三、诉讼中，中某金融公司向法院提交了贵某金融公司 2019 年和 2020 年的审计报告，拟证明中某金融公司与贵某金融公司人格独立，中某金融公司不应承担连带责任。一审贵州省贵阳市观山湖区人民法院和二审贵州省贵阳市中级人民法院均认为，中某金融公司提交的审计报告内容不足以证明中某金融公司与贵某金融公司人格独立，并支持了宏某石材公司的诉讼请求。

律师评析

本案的争议焦点为，前手系一人公司的，持票人要求一人公司的股东与该公司连带承担票据责任的，人民法院是否支持。对此，贵阳市中级人民法院予以支持。我们认可法院的裁判观点。

鉴于一人公司仅有一名股东，相比于普通的有限责任公司，一人公司股东对公司的控制力更强，公司外部人员质疑股东财产与公司财产混同具有合理性，因此，根据《公司法》第六十三条，一人公司股东应"自证清白"。在票据追索权之诉中，持票人有权将作为票据前手一人有限责任公司和非前手的股东列为共同被告，如股东不能证明公司财产与自身财产相独立的，股东须与公司连带承担票据责任。

实务经验总结

诚然，在执行阶段通过追加被执行人的方式，可以实现执行一人公司股东财产的目标，但为避免提起追加、变更被执行人异议之诉的程序烦琐，我们建议在票据前手系一人公司的情况下，持票人在诉讼阶段即直接将一人公司的股东列为共同被告，要求其与一人公司连带承担票据责任。

对于一人公司的股东而言，其应举证证明自身财产独立于一人公司的财产，常见的较有证明力的证据即一人公司的年度审计报告。当然，法院对审计报告内容、审计时间等提出了较严苛的标准，具体如下：

1. 需要完整提交一人公司存续期间每一会计年度的审计报告。

2. 提交的审计报告须在法律规定的正常年度审计期限内作出，即在每一会计年度终了时编制财务会计报告，并经会计师事务所审计。

3. 审计报告能够客观反映一人公司的财务状况，为辅助印证一人公司财产独立，我们建议股东补充提供制作审计报告的基础会计资料（如银行流水，交易凭证，公司账簿等）。

相关法律规定

《中华人民共和国公司法》

第二十条 公司股东应当遵守法律、行政法规和公司章程，依法行使股东权利，不得滥用股东权利损害公司或者其他股东的利益；不得滥用公司法人独立地位和股东有限责任损害公司债权人的利益。

公司股东滥用股东权利给公司或者其他股东造成损失的，应当依法承担赔偿责任。

公司股东滥用公司法人独立地位和股东有限责任，逃避债务，严重损害公司债权人利益的，应当对公司债务承担连带责任。

第六十三条 一人有限责任公司的股东不能证明公司财产独立于股东自己的财产的，应当对公司债务承担连带责任。

裁判意见

以下为该案在法院审理阶段，判决书中"本院认为"就该问题的论述：

本院认为，根据上诉人中某金融公司的上诉请求，本案的争议焦点为，中某金融公司是否应对贵某金融公司的案涉债务承担连带清偿责任。

《公司法》第二十条是否认公司法人人格的原则性规定，适用于所有公司形式，而一人公司只有一个自然人或者一个法人股东，股东与公司的联系更为紧密，股东对公司的控制力更强，股东与公司之间存在人格混同的可能性也更大。因此，在债权人与股东利益平衡时，应当对股东科以更重的注意义务。《公司法》第六十三条对一人有限责任公司的财产独立的事实，确定了举证责任倒置的规则，即一人公司的股东应当举证证明公司财产独立于股东自己财产。在其未完成举证证明责任的情况下，应当对公司债务承担连带责任，此为法律对一人公司的特别规定，应当优先适用。本案中，中某金融公司系贵某金融公司的唯一股东，从举证情况看，中某金融公司虽然提交了贵某金融公司2019年、2020年的年度审计报告，但根据审计报告的内容，仅能证明公司的财务报表制作符合规范，反映了公司的真实财务状况，但是无法证明中某金融公司财产与贵某金融公司财产是否相互独立，故不能达到上诉人的证明目的。因中某金融公司无法证明其个人财产独立于贵某金融公司，构成财产混同，其作为唯一股东应当对贵某金融公司的债务承担连带责任。

延伸阅读

裁判观点：持票人有权将前手的唯一股东列为共同被告提起票据追索权之诉，诉讼中股东应提供证据证明一人公司财产独立于股东财产。

案例1：四川省成都市中级人民法院，四川鼎某泰贸易有限公司（以下简称鼎某泰公司）与四川顺某建筑工程机械有限公司（以下简称顺某公司）等票据付款请求权纠纷民事二审民事判决书［（2022）川01民终3393号］认为：

本院认为，本案二审的主要争议焦点为，鼎某泰公司是否应对蓝某公司的案涉债务承担连带责任。对此本院评析如下：《公司法》第二十条是否认公司法人人格的原则性规定，适用于所有的公司形式，而一人公司为有限责任公司中的特殊形式。因一人公司只有一个自然人或者一个法人股东，股东与公司联系更为紧密，股东对公司的控制力更强，股东与公司存在人格混同的可能性也更大，因此，在债权人与股东的利益平衡时，应当对股东科以更重的注意义务。本法第六十三条对一人公司财产独立的事实，确定了举证责任倒置的规则，即一人公司的股东应当举证证明公司财产独立于股东自己的财产，在其未完成举证证明责任的情况下，应当对公司债务承担连带责任。此为法律对一人公司的特别规定，应当优先适用。而判断一人公司财产与股东财产是否混同，主要审查公司是否建立了独立规范的财务制度，财务支付是否明晰，是否具有独立的经营场所等。本案二审中，鼎某泰公司提交了蓝某公司2019年至2021年公司账户明细及银行对账单、蓝某公司2019年至2021年三年资产负债表和利润表及现金流量表等证据，结合鼎某泰公司在一审中提供的资产负债表、利润表以及公司的工商登记资料，证明蓝某公司和股东鼎某泰公司财务制度相互独立，公司财产与股东财产分别列支列收，独立核算，公司经营场所各自独立的相关事实。本院认为，从举证责任来看，鼎某泰公司对其上诉主张完成了初步的证明责任，而顺某公司未在本院指定的期间内提出反驳证据以证明鼎某泰公司和蓝某公司存在财产混同的情形，故对其要求鼎某泰公司承担连带责任的主张不予支持。对鼎某泰公司主张不应承担保全费的理由，因鼎某泰公司对本案债务不承担连带责任，本院不再予以审查。

案例 2：江苏省无锡市中级人民法院，重庆嘉某翔商贸有限公司（以下简称嘉某翔公司）、重庆新某机械设备有限公司（以下简称新某公司）与建某（常州）化工有限公司（以下简称建某常州公司）、重庆理某智造汽车有限公司（以下简称理某公司）等票据追索权纠纷二审民事判决书［（2020）苏 02 民终 2532 号］认为：

新某公司对理某公司在案涉票据项下的债务不应当承担连带责任。二审中，新某公司提交了四份审计报告，证明新某公司与理某公司之间的财产独立，建某常州公司对此表示认可，虽然嘉某翔公司以审计报告系新某公司单方委托形成，对其不予认可，但是嘉某翔公司亦未提供反证。故对新某公司提交的审计报告及其证明目的，本院予以采信。建某常州公司主张新某公司对理某公司在案涉票据项下的债务承担连带责任的请求，本院不予支持。

案例 3：重庆市第一中级人民法院，重庆力某财务有限公司与建某（江苏）化工有限公司、力某实业（集团）股份有限公司等票据追索权纠纷二审民事判决书［（2020）渝 01 民终 5818 号］认为：

《公司法》第六十三条规定，一人有限责任公司的股东不能证明公司财产独立于股东自己的财产的，应当对公司债务承担连带责任。力某汽车发动机公司作为一人公司，其股东为力某新能源汽车公司。力某新能源汽车公司如欲证明其财产与力某汽车发动机公司的财产相互独立，则应举示二者财产相互独立的初步证据。力某汽车发动机公司提交的审计报告系复印件，未提交原件进行核对，亦无其他证据相印证，故一审法院对该证据材料不予采信。力某新能源汽车公司应对力某汽车发动机公司的债务承担连带责任。

第七节　票据追索权纠纷之诉讼请求

049　票据追索权纠纷中，哪些情况下持票人可以向票据前手主张差旅费和律师费？

裁判要旨

在票据追索权纠纷中，持票人可以向前手追索"取得有关拒付证明和发出通知书的费用"。电子商业承兑汇票的持票人通过电子商业汇票系统提示付款和发起拒付追索，且承兑人或接入机构也在电子商业汇票系统中作出拒付应答的，原则上持票人无权向票据前手主张律师费和差旅费。

案情简介[①]

一、2017年6月，出票人中某工公司签发电子商业承兑汇票八张，金额均为5000万元，到期日均为2018年6月8日，收款人均为阜阳俊某公司。后收款人阜阳俊某公司将上述汇票背书转让给龙里国某村镇银行，龙里国某村镇银行又背书转让给吉林集某农商行，吉林集某农商行将八张票据背书转让给新疆博某农商行以办理贴现。

二、后新疆博某农商行在电子商业汇票系统中向承兑人中某工公司提示付款，但被承兑人拒付，随后新疆博某农商行向票据前手发起了线上追索。鉴于八张汇票未获得兑付，持票人新疆博某农商行以背书人龙里国某村镇银行和吉林集某农商行作为共同被告向法院提起了票据追索权之诉，请求法院判令各被告连带向其支付票据款本息以及为追索债权产生的差旅费和律师费。

三、一审新疆维吾尔自治区高级人民法院未支持原告新疆博某农商行关于支付律师费和差旅费的诉讼请求，二审最高人民法院对此予以维持。

---

① 最高人民法院，吉林集某农村商业银行股份有限公司（以下简称吉林集某农商行）、龙里国某村镇银行有限责任公司（以下简称龙里国某村镇银行）票据追索权纠纷二审民事判决书［（2020）最高法民终888号］。

律师评析

本案中，法院认为，被告主张的律师费和差旅费不应得到支持，我们认可法院的裁判观点，理由如下：

《票据法》第七十条规定，票据追索权纠纷中，持票人可以追索"取得有关拒绝证明和发出通知书的费用"。本案中，原告主张的律师费和差旅费与其取得拒付证明和发出通知书并无事实上的因果关系。

1. 原告作为电子商业承兑汇票的持票人通过电子商业汇票系统向承兑人提示付款、向票据前手发出拒付追索通知书，客观上无须为"发出通知书"而支出任何费用。

2. 本案中，承兑人也是通过电子商业汇票作出了拒付的应答，原告亦没有为了取得拒付证明而支出任何费用。

实务经验总结

在票据追索权纠纷中，原则上持票人无权向前手追索支出的律师费和差旅费，因为该笔律师费并非"取得有关拒绝证明和发出通知书的费用"的范畴，但以下两种情况除外：

1. 持票人与票据前手在合同中另有约定。比如，约定持票人为获得票据款而支出的律师费、差旅费由票据前手承担。但需注意的是，持票人据此主张律师费和差旅费的请求权基础是基础法律关系（合同关系），而不是票据法律关系。因此，在票据追索权纠纷项下提出该项请求涉及诉的合并问题，原则上须经过法院同意。

2. 差旅费和律师费确属于为"取得有关拒绝证明和发出通知书"而支出。比如，持票人于法定期限内提示付款，但承兑人和接入机构均迟迟不予应答，以至于持票人只得通过发律师函、线下前往承兑人处等方式取得纸质版拒付证明，此等情况下，律师费和差旅费的支出与"取得有关拒绝证明和发出通知书"之间具有事实上的因果关系。

相关法律规定

《中华人民共和国票据法》

第七十条　持票人行使追索权,可以请求被追索人支付下列金额和费用:

(一)被拒绝付款的汇票金额;

(二)汇票金额自到期日或者提示付款日起至清偿日止,按照中国人民银行规定的利率计算的利息;

(三)取得有关拒绝证明和发出通知书的费用。

被追索人清偿债务时,持票人应当交出汇票和有关拒绝证明,并出具所收到利息和费用的收据。

裁判意见

以下为该案在法院审理阶段,判决书中"本院认为"就该问题的论述:

关于新疆博某农商行主张的追索债权发生的费用主要包括本案诉讼委托律师的费用2397784.09元和为追索债权产生的差旅费97941.5元。本院认为,根据《票据法》第七十条的规定,行使追索权取得有关拒绝证明和发出通知书的费用是可以请求的。本案涉及的汇票为电子商业承兑汇票,新疆博某农商行向出票人提示付款,以及向出票人、收款人、前手背书人和被背书人所发出的拒付追索请求信息均是在电子商业汇票系统中进行,所发生的差旅费与此并无关联,因此,对新疆博某农商行的该项诉讼请求,本院不予支持。对于律师费用,新疆博某农商行没有提供法律依据,本院亦不予支持。

最高人民法院二审维持一审法院的上述论述和相应裁判结果。

延伸阅读

裁判观点一:持票人不能证明其主张的律师费和差旅费系取得有关拒绝证明和发出通知书的费用,无权向票据前手追索这两项费用(与主文案例观点相同)。

案例1:浙江省舟山市中级人民法院,舟山市金某机械有限公司(以下简称金某公司)与舟山市定海区金某机械厂(以下简称金某厂)票据追索权纠纷二审民事判决书〔(2020)浙09民终368号〕认为:

对于金某公司主张的律师费,依照《票据法》第七十条第一款的规定,持票人行使追索权,可以请求被追索人支付被拒绝付款的汇票金额;汇票金额自到期日或者提示付款日起至清偿日止,按照中国人民银行规定的利率计算的利息;取得有关拒绝证明和发出通知书的费用,但并不包含因诉讼而产生的律师费,故金某公司要求金某厂承担律师费并无法律依据,亦无合同依据,本院不予支持。

裁判观点二:持票人和票据前手约定,持票人为获得票据款项支出的费用由票据前手承担的,持票人有权向该前手主张律师费。

案例2:广西壮族自治区梧州市中级人民法院,正某国际商业保理有限公司与天某智慧城市科技股份有限公司票据追索权纠纷一审民事判决书[(2020)桂04民初1号]认为:

关于6万元律师费的问题,鉴于票据的基础合同关系及原告与被告签订的《保证合同》《差额支付承诺》约定了因被告违约,原告为实现本合同项下债权所支出的费用(包括但不限于诉讼费、律师费、保全费等)由被告支付,但由于原告目前实际支出的律师费为3万元,本院支持原告已经支付的3万元,对尚未支付的3万元律师费,因该损失尚未实际发生,本院不予支持。

050 票据追索权纠纷中,利息如何计算?

裁判要旨

在票据追索权纠纷中,人民法院仅支持1倍一年期市场贷款报价利率(LPR)计算的利息。

案情简介[①]

一、2018年12月27日,力某乘用车公司作为出票人签发收款人为伯某科技公司的电子商业承兑汇票一张,票据金额为50万元,承兑人为力某财务公司,到期日为2019年12月27日。

二、伯某科技公司收票后于2019年1月29日背书转让给伯某电气公司,伯某电气公司于2019年1月30日背书转让给腾某欣科技公司,腾某欣科技公司基于买卖合同关系又于当日将案涉票据背书转让给海某科技公司。

---

① 重庆市高级人民法院,江苏海某智光科技有限公司(以下简称海某科技公司)与杭州伯某车辆电气工程有限公司(以下简称伯某电气公司)等票据追索权纠纷二审民事判决书[(2021)渝民终13号]。

三、2020年5月11日，持票人海某科技公司向承兑人力某财务公司提示付款，但被拒绝付款。海某科技公司以力某乘用车公司、伯某科技公司、伯某电气公司和腾某欣科技公司为共同被告，请求法院判令各被告连带向其清偿票据款本金50万元，连带支付以50万元为基数从汇票到期日到实际付清日为止，按照同期全国银行间同业拆借中心公布的贷款市场报价利率的2倍（2倍LPR）计算利息。

四、诉讼中，重庆市高级人民法院认为，海某科技公司仅能主张按照同期全国银行间同业拆借中心公布的贷款市场报价利率计算的利息（1倍的LPR计算的利息）。

律师评析

本案的争议焦点为，持票人是否可以主张超过1倍LPR计算的利息。对此，重庆市高级人民法院不予支持。

鉴于自2019年8月20日起，中国人民银行贷款基准利率这一标准已经取消。《票据法》第七十条的"中国人民银行规定的利率计算的利息"应解释为"按照同期全国银行间同业拆借中心公布的贷款市场报价利率计算的利息"。同时，鉴于该条中并未规定超过1倍的利率计算利息，从文义解释角度，持票人仅有权主张1倍LPR计算的利息。

实务经验总结

1. 持票人行使票据追索权时，可以向票据前手追索票据款本金以及以票据款本金为基数自汇票到期日或提示付款日起至实际付清日止，按照同期全国银行间同业拆借中心公布的贷款市场报价利率的1倍（即1倍LPR）计算的利息。

2. 鉴于法院对超过1倍LPR计算的利息不予支持，持票人无必要诉请法院判决支持超过1倍LPR计算的利息。

相关法律规定

《最高人民法院关于审理票据纠纷案件若干问题的规定》（2020年修正）

第二十一条 票据法第七十条、第七十一条所称中国人民银行规定的利率，是指中国人民银行规定的企业同期流动资金贷款利率。

《中华人民共和国票据法》

第七十条 持票人行使追索权，可以请求被追索人支付下列金额和费用：

（一）被拒绝付款的汇票金额；

（二）汇票金额自到期日或者提示付款日起至清偿日止，按照中国人民银行规定的利率计算的利息；

（三）取得有关拒绝证明和发出通知书的费用。

被追索人清偿债务时，持票人应当交出汇票和有关拒绝证明，并出具所收到利息和费用的收据。

裁判意见

以下为该案在法院审理阶段，判决书中"本院认为"就该问题的论述：

《最高人民法院关于审理票据纠纷案件若干问题的规定》第二十一条规定："票据法第七十条、第七十一条所称中国人民银行规定的利率，是指中国人民银行规定的企业同期流动资金贷款利率。"因自2019年8月20日起，中国人民银行已经授权全国银行间同业拆借中心于每月20日（遇节假日顺延）9时30分公布贷款市场报价利率，中国人民银行贷款基准利率这一标准已经取消。一审法院按照同期全国银行间同业拆借中心公布的贷款市场报价利率计算利息，于法有据。海某科技公司主张，按照同期全国银行间同业拆借中心公布的贷款市场报价利率的2倍计算利息，没有法律依据，本院不予支持。

延伸阅读

裁判观点：持票人仅应按全国银行间同业拆借中心公布的一年期市场贷款报价利率（LPR）向前手主张相应利息损失（与主文案例裁判观点相同）。

案例1：河南省长葛市人民法院，温州市秀某液压机械有限责任公司（以下简称秀某公司）与河南森某重工有限公司（以下简称森某公司）票据追索权纠纷民事一审民事判决书〔（2021）豫1082民初2006号〕认为：

本院认为，合法的票据权利应予保护。原告秀某公司合法取得案涉票据，依法享有票据权利。原告秀某公司作为15万元电子商业承兑汇票的持票人和被背书人，在票据付款被拒绝后，有权向被告森某公司主张票据权利，被告森某公司应承担本案民事责任。原告请求的利息损失（按全国银行间同业拆借中心公布的一年期市场贷款报价利率的4倍）过高，依据相关法律规定，被告仅应按全国银行间同业拆借中心公布的一年期市场贷款报价利率支付相应利息损失。

案例2：四川省崇州市人民法院，江苏中某建筑产业集团有限责任公司（以下简称中某建筑公司）与成都市中某城投投资有限公司（以下简称中某城投公司）票据追索权纠纷民事一审民事判决书［（2021）川0184民初1949号］认为：

本院认为，中某建筑公司因与中某城投公司之间有建设工程施工合同关系，中某城投公司用电子商业承兑汇票支付中某建筑公司的部分工程款，中某城投公司是出票人，中某建筑公司是持票人，但到期后被拒绝付款，依照《票据法》第六十一条"汇票到期被拒绝付款的，持票人可以对背书人、出票人以及汇票的其他债务人行使追索权。汇票到期日前，有下列情形之一的，持票人也可以行使追索权：（一）汇票被拒绝承兑的……"和第七十条"持票人行使追索权，可以请求被追索人支付下列金额和费用：（一）被拒绝付款的汇票金额；（二）汇票金额自到期日或者提示付款日起至清偿日止，按照中国人民银行规定的利率计算的利息；（三）取得有关拒绝证明和发出通知书的费用。被追索人清偿债务时，持票人应当交出汇票和有关拒绝证明，并出具所收到利息和费用的收据"的规定，中某建筑公司请求中某城投公司支付被拒绝付款的商业承兑汇票金额1050万元、公证费1664元符合法律规定，本院予以支持。其利息应当按照中国人民银行授权全国银行间同业拆借中心贷款市场报价利率为标准计算。对中某建筑公司主张的LPR的2倍计算利息的请求本院不予支持。

051 持票人逾期提示付款的，利息起算点为票据到期日还是提示付款日？

裁判要旨

持票人逾期提示付款的，其向前手追索票据利息时，仅有权请求提示付款日起至实际清偿日止期间的利息，无权请求票据到期日至提示付款日之间的利息。

案情简介[①]

一、2018年12月27日，力某乘用车公司作为出票人签发收款人为伯某科技公司的电子商业承兑汇票一张，票据金额为50万元，承兑人为力某财务公司，到期日为2019年12月27日。

二、伯某科技公司于2019年1月29日背书转让给伯某电气公司，伯某电气公司于2019年1月30日背书转让给腾某欣科技公司，腾某欣科技公司基于买卖合同关系又于当日将案涉票据背书转让给海某科技公司。

三、2020年5月11日，持票人海某科技公司向承兑人力某财务公司提示付款（构成逾期提示付款），但被拒绝付款。海某科技公司以力某乘用车公司、力某财务公司、伯某科技公司、伯某电气公司和腾某欣科技公司为共同被告，请求法院判令各被告连带向其清偿票据款本金50万元，连带支付以50万元为基数从汇票到期日（2019年12月27日）到实际付清日为止，按照同期全国银行间同业拆借中心公布的贷款市场报价利率的2倍（2倍LPR）计算利息。

四、诉讼中，重庆市高级人民法院判决支持了力某乘用车公司、力某财务公司向持票人海某科技公司支付票据款本息的诉讼请求，不过利息起算点并非以海某科技公司诉请的"票据到期日起"，而是以"持票人提示付款日"为起算点，利率按照同期全国银行间同业拆借中心公布的贷款市场报价利率计算。

律师评析

在持票人逾期提示付款的情况下，利息起算点为票据到期日还是提示付款日？是否有权请求汇票到期日起至提示付款日期间的利息？对此，重庆市高级人民法院认为，利息起算点应为提示付款日，持票人请求前手支付票据到期日至提示付款日之间利息的，法院不予支持。我们认可法院的前述观点。

票据法律关系有别于合同法律关系，票据到期日届至后，承兑人并不当然负有向持票人付款的义务。只有在持票人向承兑人提示付款之后，承兑人的付款义务才自始产生，因此，在汇票到期日至提示付款日期间，承兑人有权不支付票据款，持票人自然无权主张该期间内的逾期付款利息。

[①] 重庆市高级人民法院，江苏海某智光科技有限公司（以下简称海某科技公司）与杭州伯某车辆电气工程有限公司（以下简称伯某电气公司）等票据追索权纠纷二审民事判决书［（2021）渝民终13号］。

实务经验总结

1.《票据法》第七十条规定，持票人向票据前手行使追索权时，可以请求前手支付逾期付款利息，利息起算点为汇票到期日或持票人向承兑人提示付款日。

2. 鉴于法院对"期内以及逾期提示付款时，持票人主张利息的起算点应以到期日还是提示付款日为准"持有不同观点，我们建议持票人进行期内或逾期提示付款的，选择以"汇票到期日"为利息起算点，以争取在诉讼中获得更大利益。

3. 如果持票人曾于汇票到期日之前提示付款的，即期前提示付款的，我们认为，持票人在列诉讼请求时，可以"提示付款日"为利息起算点。当然，对于该起算点的选择，法院可能不予支持，但存在一定的争取空间（如延伸阅读案例2），因为汇票到期日之前持票人提示付款的，承兑人有权拒绝付款，因此，期前提示付款日至票据到期日之间，不存在逾期付款的问题，持票人原则上无权主张该期间内的逾期付款利息。

相关法律规定

《中华人民共和国票据法》

第七十条 持票人行使追索权，可以请求被追索人支付下列金额和费用：

（一）被拒绝付款的汇票金额；

（二）汇票金额自到期日或者提示付款日起至清偿日止，按照中国人民银行规定的利率计算的利息；

（三）取得有关拒绝证明和发出通知书的费用。

被追索人清偿债务时，持票人应当交出汇票和有关拒绝证明，并出具所收到利息和费用的收据。

裁判意见

以下为该案在法院审理阶段，判决书中"本院认为"就该问题的论述：

关于票据款利息的起算时间和利率问题。《票据法》第七十条规定："持票人行使追索权，可以请求被追索人支付下列金额和费用：……（二）汇票金额自到期日或者提示付款日起至清偿日止,按照中国人民银行规定的利率计算的利息……"如前所述,因海某科技公司于 2020 年 5 月 11 日才向力某财务公司提示付款,一审法院以 2020 年 5 月 11 日作为利息的起算时间,符合法律规定。

延伸阅读

裁判观点一:持票人于法定期间内提示付款后被拒付,其行使追索权时,有权请求票据前手支付自提示付款日起至实际清偿日止的利息。

案例 1:四川省成都市中级人民法院,蓝某地产有限责任公司(以下简称蓝某地产公司)与大城县锂某环保科技有限公司(以下简称大城锂某环保公司)票据追索权纠纷民事二审民事判决书〔(2022)川 01 民终 1913 号〕认为:

关于利息起算时间的问题。《票据法》第七十条第一款规定:"持票人行使追索权,可以请求被追索人支付下列金额和费用:(一)被拒绝付款的汇票金额;(二)汇票金额自到期日或者提示付款日起至清偿日止,按照中国人民银行规定的利率计算的利息;(三)取得有关拒绝证明和发出通知书的费用。"第五十四条规定:"持票人依照前条规定提示付款的,付款人必须在当日足额付款。"本案中,案涉票据的到期日为 2021 年 8 月 7 日,大城锂某环保公司首次提示付款日为 2021 年 8 月 9 日,蓝某地产公司应当于提示付款当日足额付款,蓝某地产公司未履行付款义务,应自提示付款日起至清偿日止,按照中国人民银行规定的利率支付利息。

裁判观点二:持票人于票据到期日前提示付款后被拒付的,有权向前手主张自提示付款日起至实际清偿日止的利息。

案例 2:广西壮族自治区南宁市青秀区人民法院,海南康某达贸易有限公司(以下简称康某达公司)与广西建某燃料有限责任公司(以下简称建某公司)、广西图某进出口贸易有限责任公司(以下简称图某公司)等票据纠纷一审民事判决书〔(2018)桂 0103 民初 3038 号〕认为:

关于追索金额的问题。根据《票据法》第七十条第一款"持票人行使追索权,可以请求被追索人支付下列金额和费用:(一)被拒绝付款的汇票金额;(二)汇票金额自到期日或者提示付款日起至清偿日止,按照中国人民银行规定的利率计算的利息;(三)取得有关拒绝证明和发出通知书的费用"之规定,康某达公司有权要求图某公司、建某公司连带偿还票据金额 200 万元以及自提示付款日起的利息。利息的计算方法如下:以 200 万元为基数,自 2017 年 10 月 19

日起至上述款项实际清偿之日止，按中国人民银行同期贷款利率计算。

（备注：本案中，汇票到期日为2017年10月25日，而持票人于2017年10月19日即提示付款，属于期前提示付款的情形。）

裁判观点三：持票人向前手追索票据利息时，以汇票到期日为利息起算点，符合法律规定，而不论持票人提示付款的时点（与主文案例裁判观点相反）。

案例3：辽宁省高级人民法院，大连长兴岛港某土地开发有限公司与大连羽某建筑工程有限公司（以下简称羽某公司）票据追索权纠纷二审民事判决书［（2020）辽民终973号］认为：

本案一审的争议焦点为，利息按何标准计算。《票据法》第七十条第一款第二项规定，持票人行使追索权，可以请求被追索人支付下列金额和费用：……（二）汇票金额自到期日或者提示付款日起至清偿日止，按照中国人民银行规定的利率计算的利息……羽某公司主张，自汇票到期日即2019年9月4日起至清偿日止，以案涉汇票金额3000万元作为基数计算的利息有事实及法律依据。

（备注：本案中，持票人提示付款日与汇票到期日为同一日。）

案例4：北京市房山区人民法院，北京磊某汇海商贸有限公司（以下简称磊某公司）与中某房勘（北京）建设工程有限公司（以下简称中某公司）等票据追索权纠纷一审民事判决书［（2021）京0111民初13408号］认为：

依照《票据法》第六十八条第一款规定，汇票的出票人、背书人、承兑人和保证人对持票人承担连带责任；第七十条规定，持票人行使追索权，可以请求被追索人支付被拒绝付款的汇票金额及汇票金额自到期日或者提示付款日起至清偿日止按照中国人民银行规定的利率计算的利息。故磊某公司主张星某公司、中某公司连带支付汇票金额318833.69元及自到期日（2021年7月9日）起的利息的诉讼请求，符合法律规定，本院予以支持。

（备注：本案中，持票人提示付款日为2021年7月12日，汇票到期日为2021年7月9日。）

052 未将拒付事由书面通知前手，持票人是否丧失追索利息的权利？

裁判要旨

持票人未于法定期间内向直接前手书面通知拒付事由的，丧失向直接前手主张逾期通知期间内利息的权利。

案情简介[①]

一、2021年5月31日，江苏省某公司（出票人）向扬州建某电子商务有限公司（收款人）出具电子商业承兑汇票一张，票据金额为20万元，汇票到期日为2021年11月30日，承兑人为江苏省某公司。

二、2021年6月1日，扬州建某电子商务有限公司将案涉汇票背书转给瑞某经贸公司；2021年7月5日，瑞某经贸公司将案涉汇票背书转让给瑞某物资公司。

三、汇票到期后，持票人瑞某物资公司于法定期间内向江苏省某公司提示付款，2021年12月6日被拒付。2022年1月，持票人瑞某物资公司以出票人江苏省某公司、收款人扬州建某电子商务有限公司以及直接前手瑞某经贸公司为共同被告向法院提起追索权之诉，请求法院判令各被告连带向其清偿票据款本息。

四、诉讼中，直接前手瑞某经贸公司主张瑞某物资公司未于法定期间内将拒付事由通知瑞某经贸公司，导致瑞某经贸公司未能及时得知票据拒付情况，以至于未能及时向瑞某物资公司承担票据义务，因此，瑞某经贸公司不应承担逾期通知期间的利息。山东省济南高新技术产业开发区人民法院认可瑞某经贸公司的前述抗辩。

律师评析

本案的争议焦点是，持票人未于法定期间内向直接前手通知拒付事由的，是

---

① 山东省济南高新技术产业开发区人民法院，山东瑞某物资有限公司（以下简称瑞某物资公司）、山东瑞某经贸有限公司（以下简称瑞某经贸公司）等票据追索权纠纷民事一审民事判决书［（2022）鲁0191民初524号］。

否丧失逾期通知期间内的利息追索权。法院认为，此等情况下，持票人无权主张逾期通知期间的利息。我们不认可法院的前述观点。

我们认为，逾期通知期间的利息并不等同于逾期通知给直接前手造成的损失，不影响直接前手向其前手再追索利息的权利，因为即便持票人将拒付事由依法及时通知直接前手，直接前手并不必然主动承担票据责任。况且在主文案例中，当起诉状副本送达直接前手时，其也并未立即向持票人支付票据款本息。

实务经验总结

实践中，对"持票人未于法定期间内向直接前手通知拒付事由的，是否丧失逾期通知期间内的利息追索权"持有不同的观点，为稳妥起见，我们有以下两点建议：

1. 承兑人明确拒绝付款的，持票人应当在被拒付之日起三日内，将被拒付相关情况以书面形式通知直接前手。关于是否有必要通知其他前手（非直接前手），鉴于《票据法》第六十六条仅将通知直接前手规定为法定义务，持票人对是否通知其他前手具有选择权。

2. 承兑人对提示付款不予应答，以至于票据状态持续维持"（逾期）提示付款待签收"的，持票人可将该等事实予以公证，并将公证文书通知直接前手。当然，鉴于前述手段较为烦琐，原则上持票人将"承兑人不予应答构成事实上的拒付"以及相关情况以书面形式向直接前手说明即可。

相关法律规定

《中华人民共和国票据法》

第六十六条 持票人应当自收到被拒绝承兑或者被拒绝付款的有关证明之日起三日内，将被拒绝事由书面通知其前手；其前手应当自收到通知之日起三日内书面通知其再前手。持票人也可以同时向各汇票债务人发出书面通知。

未按照前款规定期限通知的，持票人仍可以行使追索权。因延期通知给其前手或者出票人造成损失的，由没有按照规定期限通知的汇票当事人，承担对该损失的赔偿责任，但是所赔偿的金额以汇票金额为限。

在规定期限内将通知按照法定地址或者约定的地址邮寄的，视为已经发出通知。

裁判意见

以下为该案在法院审理阶段,判决书中"本院认为"就该问题的论述:

关于利息,由于瑞某物资公司未举证其在收到拒付通知后书面通知瑞某经贸公司,应承担因延期通知给其前手或者出票人造成的损失。故本院依法支持以20万元为基数,自立案之日即2022年1月26日起至清偿之日止,按照全国银行间同业拆借中心公布的同期贷款市场报价利率计算利息,超出部分不予支持。

延伸阅读

裁判观点:持票人未通知或延期通知前手的法律后果是对给其前手造成的损失承担赔偿责任,而非丧失追索利息的权利(与主文案例裁判观点相反)。

案例1:天津市第三中级人民法院,北京华某绿原生态绿化技术有限公司(以下简称北京华某公司)与滨州市兴某恒业建筑机械设备租赁有限公司(以下简称兴某恒业公司)等票据追索权纠纷民事二审民事判决书[(2022)津03民终6号]认为:

本院认为,本案的争议焦点为,兴某恒业公司对其前手是否享有追索权,追索范围是否包括自到期日起至清偿日止的利息。《票据法》第六十六条第二款规定:"未按照前款规定期限通知的,持票人仍可以行使追索权。因延期通知给其前手或者出票人造成损失的,由没有按照规定期限通知的汇票当事人,承担对该损失的赔偿责任,但是所赔偿的金额以汇票金额为限。"据此,持票人延期通知前手的法律后果是对因延期通知给其前手造成的损失承担赔偿责任,而非丧失追索利息的权利。另外,北京华某公司自始至终不认可支付兴某恒业公司被拒绝付款的汇票金额,现以兴某恒业公司延期通知为由拒付利息,缺乏事实和法律依据,本院不予支持。

案例2:云南省昆明市西山区人民法院,昆明道某贸易有限公司与云南磷某集团有限公司尖山磷矿分公司(以下简称磷某集团尖山公司)、云南磷某集团有限公司票据追索权纠纷一审民事判决书[(2020)云0112民初5515号]认为:

《票据法》第六十一条第一款规定,汇票到期被拒绝付款的,持票人可以对背书人、出票人以及汇票的其他债务人行使追索权。原告于2019年1月29日通过电子商业汇票系统向被告磷某集团尖山公司提出票据追索申请,行使了票据追索权。被告磷某集团尖山公司没有履行票据付款责任,原告要求其支付汇票金额

100万元的请求,本院予以支持。《票据法》第六十六条规定:"持票人应当自收到被拒绝承兑或者被拒绝付款的有关证明之日起三日内,将被拒绝事由书面通知其前手;其前手应当自收到通知之日起三日内书面通知其再前手。持票人也可以同时向各汇票债务人发出书面通知。未按照前款规定期限通知的,持票人仍可以行使追索权。因延期通知给其前手或者出票人造成损失的,由没有按照规定期限通知的汇票当事人,承担对该损失的赔偿责任,但是所赔偿的金额以汇票金额为限。在规定期限内将通知按照法定地址或者约定的地址邮寄的,视为已经发出通知。"原告没有在2018年11月22日前通知被告磷某集团尖山公司汇票被拒付的情形,直至2019年1月29日直接向被告磷某集团尖山公司追索。原告延迟通知的行为并不影响被告磷某集团尖山公司向其前手再追索利息的权利,其不承担利息的理由缺乏依据,本院不予支持。被告磷某集团尖山公司仍然应当支付原告自2018年11月11日(汇票到期日)起计算的利息。

053 持票人与出票人约定逾期利息的计算标准的,该约定是否有效?

裁判要旨

持票人与出票人就票据兑付约定逾期付款利息的,该约定不违反法律、行政法规的效力性强制性规范,约定有效,持票人就此主张逾期付款利息的,人民法院应予以支持。

案情简介[①]

一、2017年8月30日,出票人邦某公司签发了一张电子商业承兑汇票。票据金额为26万元;承兑人为邦某公司;收款人为泉某公司;汇票到期日为2018年2月27日。背书情况:泉某公司背书转让给先某公司,先某公司又背书转让给畅某公司。

二、汇票到期后,畅某公司向承兑人提示付款,并被拒绝付款。2018年6月

[①] 北京市第一中级人民法院,邦某技术股份有限公司(以下简称邦某公司)与杭州畅某通信设备有限公司(以下简称畅某公司)票据追索权纠纷二审民事判决书 [(2020)京01民终5767号]。

10 日，邦某公司与畅某公司签订《商票兑付协议》，其上载明：就票据款 26 万元，邦某公司承诺分两次兑付完毕，2018 年 6 月 25 日前兑付 16 万元，2018 年 7 月 25 日前兑付剩余的 10 万元。若不能如期兑付，畅某公司可通过法律途径追索应兑付的本金、违约金、逾期利息（逾期利息以汇票到期之日起每月未还金额的 2% 计算）。

三、之后，鉴于邦某公司未能按照《商票兑付协议》的约定向畅某公司清偿票据款，畅某公司遂以邦某公司为被告提起票据追索权之诉，请求法院判令邦某公司向畅某公司支付票据款本金以及逾期利息，逾期利息以汇票到期之日起每月未还金额的 2% 计算。

四、北京市第一中级人民法院认可《商票兑付协议》关于逾期利息约定的有效性，并判决支持了畅某公司的诉讼请求。

律师评析

本案的争议焦点为，在《票据法》第七十一条对票据追索权纠纷中的逾期付款利息进行明确约定的情况下，持票人和出票人是否可以就逾期利息另行约定。

对此，法院认为，在票据追索权纠纷中，持票人与承兑人就票据款兑付约定逾期付款利息的，该约定有效，因为《票据法》第七十一条并非效力性强制性规范。同时，虽持票人主张出票人支付票据款本金的请求权基础系法定的追索权，主张出票人支付逾期付款利息的请求权基础系双方之间的约定，但就前述两项主张，持票人可直接在票据追索权纠纷一案中一并作为诉讼请求提起，而不必为诉的合并问题所累。

（备注：本案中《商票兑付协议》签订时间为 2018 年 6 月 10 日，当时利息管制的上限为年利率 24%，而非全国银行间同业拆借中心发布的一年期贷款市场报价利率 4 倍。因此，法院对持票人主张的逾期利息标准为月息 2% 予以支持，而未进行调减。）

实务经验总结

1. 持票人被拒绝付款后与出票人/承兑人就票据兑付达成协议的，我们建议在协议的违约条款部分，明确约定逾期付款利率、逾期付款利息起止点、利息计算基数等内容。提请注意的是，约定的逾期付款利率不应超过全国银行间同业拆借中心发布的一年期贷款市场报价利率 4 倍，否则超过部分的利息法院不予支持。

2. 在票据追索权纠纷中，持票人可同时在一个案件中向法院请求出票人支付票据款本金和约定的利息。

相关法律规定

《中华人民共和国票据法》

第七十一条 被追索人依照前条规定清偿后，可以向其他汇票债务人行使再追索权，请求其他汇票债务人支付下列金额和费用：

（一）已清偿的全部金额；

（二）前项金额自清偿日起至再追索清偿日止，按照中国人民银行规定的利率计算的利息；

（三）发出通知书的费用。

行使再追索权的被追索人获得清偿时，应当交出汇票和有关拒绝证明，并出具所收到利息和费用的收据。

裁判意见

以下为该案在法院审理阶段，判决书中"本院认为"就该问题的论述：

《商票兑付协议》明确约定若不能如期兑付，畅某公司可通过法律途径追索应兑付的本金、违约金、逾期利息，且约定了逾期利息标准为月息 2%，邦某公司在一审时虽提出利率计算标准过高，但一审综合本案情况认定双方的约定亦非过高并无不当，本院予以支持。邦某公司的该项上诉理由不能成立，本院对此不予采信。

延伸阅读

裁判观点：出票人与持票人就票据款支付约定高于《票据法》第七十一条规定的利息，且不违反法律效力性强制性规范的，人民法院对持票人主张约定利息的诉讼请求予以支持。

案例：山东省东营市中级人民法院，中国民某银行股份有限公司东营分行（以下简称民某银行东营分行）与东营市东某石油化工有限责任公司（以下简称东某石油公司)、东营市垦某黄某工贸有限责任公司（以下简称黄某工贸公司）票据追索权纠纷、留置权纠纷一审民事判决书［(2018)鲁05民初603号］认为：

关于利息，其一，民某银行东营分行主张黄某工贸公司自2018年6月14日起至实际清偿之日止，按中国人民银行同期同档次贷款基准利率支付利息，本院认为，民某银行东营分行于2018年6月15日向上海浦某发展银行股份有限公司广州分行支付票款，故利息应自支付之日起计算。《最高人民法院关于审理票据纠纷案件若干问题的规定》(2008年调整)第二十二条规定，《票据法》第七十条、第七十一条所称中国人民银行规定的利率，是指中国人民银行规定的企业同期流动资金贷款利率。民某银行东营分行主张的利率符合法律规定，本院予以支持。其二，民某银行东营分行主张东某石油公司既根据《票据法》的规定支付利息，又根据《商业汇票贴现协议》的约定支付利息，本院认为，民某银行东营分行不应重复主张利息，对于两部分利息本院择一予以支持，因当事人约定利息高于法定利息，且不违反法律规定，本院根据《商业汇票贴现协议》的约定对民某银行东营分行对东某石油公司主张的利息予以支持。

054 持票人与出票人约定逾期利息高于 LPR 四倍的部分，是否能够得到法院支持？

裁判要旨

持票人与出票人约定逾期利息高于一年期贷款市场报价利率四倍的部分，人民法院不予支持。

案情简介[①]

一、2020年1月3日，湘某投资公司作为出票人向沧州科某公司签发了一张电子商业承兑汇票，金额为400万元，出票日期为2020年1月3日，收款人为

[①] 贵州省遵义市中级人民法院，遵义市湘某投资（集团）有限公司（以下简称湘某投资公司）、沧州科某商贸有限公司（以下简称沧州科某公司）票据付款请求权纠纷二审民事判决书［(2021)黔03民终3129号］。

沧州科某公司，承兑人为湘某投资公司，到期日为2020年6月28日，票据已经承兑且可以转让。

二、汇票到期后，持票人沧州科某公司向承兑人提示付款，并被拒付。2021年2月19日，沧州科某公司与湘某投资公司签订《协议书》，载明：双方一致同意票据兑付方式如下：2021年3月28日兑付200万元，2021年4月28日兑付200万元；同时"违约责任"约定：湘某投资公司未能如期支付票据款的，须向沧州科某公司支付逾期利息，年利率为17%。

三、鉴于湘某投资公司未能按照《协议书》约定向沧州科某公司支付票据款本金，沧州科某公司以湘某投资公司为被告提起票据追索权纠纷，请求法院判令被告向其支付票据款本息，利息以每年17%的标准计算。

四、诉讼中，沧州科某公司主张年利率17%的利息过高，法院不应予以全部支持，并主张应该按照一年期贷款市场报价利率计算利息。贵州省遵义市中级人民法院认为，沧州科某公司主张的利息不应超过一年期贷款市场报价利率四倍（计算的利息），并对超过部分的利息不予支持。

律师评析

本案的争议焦点为，持票人和出票人就票据款支付约定了逾期付款利息，且该利息计算标准超过了一年期贷款市场报价利率的四倍，该约定是否有效。如约定有效，持票人是否可以主张超过一年期贷款市场报价利率的四倍计算的利息？

对此，法院认可了持票人和出票人之间关于逾期付款利息约定的效力，同时，类推适用民间借贷纠纷的利息管制规则，对约定的逾期付款利息予以调减，仅支持了一年期贷款市场报价利率的四倍计算的利息。

实务经验总结

持票人被拒绝付款后与出票人就票据兑付达成协议的，我们建议在协议的违约条款部分，明确约定逾期付款利率、逾期付款利息起止点、利息计算基数等内容。提请注意的是，约定的逾期付款利率不超过全国银行间同业拆借中心发布的一年期贷款市场报价利率四倍，因为即便约定超过该利率，超过部分的利息法院也不予支持。

相关法律规定

《中华人民共和国票据法》

第七十一条　被追索人依照前条规定清偿后，可以向其他汇票债务人行使再追索权，请求其他汇票债务人支付下列金额和费用：

（一）已清偿的全部金额；

（二）前项金额自清偿日起至再追索清偿日止，按照中国人民银行规定的利率计算的利息；

（三）发出通知书的费用。

行使再追索权的被追索人获得清偿时，应当交出汇票和有关拒绝证明，并出具所收到利息和费用的收据。

《最高人民法院关于审理民间借贷案件适用法律若干问题的规定》（2020年第二次修正）

第二十五条　出借人请求借款人按照合同约定利率支付利息的，人民法院应予支持，但是双方约定的利率超过合同成立时一年期贷款市场报价利率四倍的除外。

前款所称"一年期贷款市场报价利率"，是指中国人民银行授权全国银行间同业拆借中心自2019年8月20日起每月发布的一年期贷款市场报价利率。

裁判意见

以下为该案在法院审理阶段，判决书中"本院认为"就该问题的论述：

双方当事人就逾期利息在《协议书》中作了明确约定，根据《民法总则》（现已失效）第一百四十三条关于"具备下列条件的民事法律行为有效：（一）行为人具有相应的民事行为能力；（二）意思表示真实；（三）不违反法律、行政法规的强制性规定，不违背公序良俗"之规定，该《协议书》系双方当事人真实意思表示，不违反法律、行政法规的强制性规定，不违背公序良俗，该《协议书》有效，故其中关于逾期利息为17%的约定有效，对双方均具有约束力。一审中湘某投资公司抗辩约定逾期利息为17%过高，请求法院予以调减，一审法院根据全国银行间同业拆借中心公布的贷款市场报价利率的一年期利率的四倍确定本案逾期利息为15.4%并无不当，本院予以确认。上诉人关于逾期利息应当为3.85%的主张，过分低于其与被上诉人约定的逾期利息年化率17%，且没有事实和法律依据，本院不予采纳。上诉人的该项上诉理由不成立，本院不予支持。

> **延伸阅读**

　　无

055 票据追索权纠纷中，持票人能否向票据前手主张公证费？

> **裁判要旨**

　　如公证事项虽与拒付证明相关，但确无必要公证的，人民法院对持票人主张的公证费用，不予支持。

> **案情简介**[①]

　　一、2019年7月4日，博某集团签发金额为1510926.3元的电子商业汇票一张，收款人为恒某公司，承兑人为博某集团，汇票到期日为2019年10月4日。

　　二、汇票到期后，恒某公司于法定期间内向博某集团提示付款，后被拒付，票据状态为"拒付追索待清偿"。

　　三、为固定证据，恒某公司对电子商业汇票系统中该票据的票面记载信息、提示付款操作等事项进行公证。之后，恒某公司以博某集团为被告提起票据追索权之诉，请求法院判令博某集团向恒某公司支付票据款本息及公证费。

　　四、诉讼中，博某集团主张，案涉票据状态显示恒某公司已经被拒付，票据本身即为拒付证明，恒某公司没有必要进行公证。因此，恒某公司支出的公证费不属于取得有关拒绝证明的费用。

　　五、海淀区人民法院认可博某集团的前述主张，认为恒某公司主张的公证费，不属于取得拒绝证明的必要费用，不符合《票据法》第七十条的规定，最终判决驳回恒某公司的该项诉讼请求。

[①] 北京市海淀区人民法院，北京恒某家具科技有限公司（以下简称恒某公司）与博某环境集团股份有限公司（以下简称博某集团）票据追索权纠纷一审民事判决书［（2020）京0108民初10375号］。

律师评析

鉴于电子商业承兑汇票相关的票据行为全部在电子商业汇票系统进行，持票人基于固定证据、方便举证的考量，选择将票面记载内容、提示付款时间、发起线上追索时间等事项予以公证，并在追索权之诉中向票据前手主张公证费。实践中，不同法院对公证费是否应当予以支持，持有不同的观点。

1. 法院严格认定公证费是否属于《票据法》第七十条第一款第三项规定的"取得有关拒绝证明和发出通知书的费用"，在此基础上进一步考察已公证事项是否确有必要予以公证，否则法院不支持持票人主张公证费的诉讼请求（本文主文案例的裁判观点）。

2. 法院对公证事项是否属于拒绝证明和发出通知书相关及公证的必要性采取宽松认定态度，只要持票人进行公证，原则上推定该笔公证费属于"取得有关拒绝证明和发出通知书的费用"，并判决予以支持（延伸阅读裁判观点二）。

3. 法院直接认定公证费系持票人为实现票据权利、获得清偿所支出的必要费用，并认为该笔必要费用的支出是因被追索人未及时付款所致，因此，理应由被追索人负担公证费（延伸阅读裁判观点三）。

实务经验总结

我们在办理一系列票据纠纷案件的过程中发现，绝大多数法院认可持票人提交的票据截图载明的信息，结合被追索人均为票据当事人，可自行登录电子商业汇票系统查询票据相关信息的事实，我们认为，持票人确无必要对票面记载内容、提示付款时间、发起线上追索时间等事项予以公证。此等情况下，公证费原则上不应该被认定为必要费用。因此，我们不建议持票人对前述事项进行公证。

当然，实践中，确实有法院强制要求持票人对票据状态予以公证，否则不予立案的情况。此等情况下，我们建议持票人向法院申请增加如下诉讼请求：请求法院判令各被告连带向原告支付公证费××元。

相关法律规定

《中华人民共和国票据法》

第七十条 持票人行使追索权，可以请求被追索人支付下列金额和费用：

（一）被拒绝付款的汇票金额；

（二）汇票金额自到期日或者提示付款日起至清偿日止，按照中国人民银行规定的利率计算的利息；

（三）取得有关拒绝证明和发出通知书的费用。

被追索人清偿债务时，持票人应当交出汇票和有关拒绝证明，并出具所收到利息和费用的收据。

裁判意见

以下为该案在法院审理阶段，判决书中"本院认为"就该问题的论述：

因恒某公司主张的公证费不属于取得拒绝证明的必要费用，其相应诉讼请求，本院依法不予支持。

延伸阅读

裁判观点一：法院认为，公证费系取得有关拒绝证明的费用，依据《票据法》第七十条第一款第二项规定应当予以支持，且法院对公证的目标事项是否属于拒绝证明采取严格认定态度（与主文案例观点相同）。

案例1：重庆市綦江区（县）人民法院，重庆松某电力有限公司与上海幽某贸易有限公司等票据追索权纠纷一审民事判决书［（2019）渝0110民初7397号］认为：

对原告的第二项诉讼请求，原告要求被告支付其为取得拒绝证明的费用6000元，但从查明的事实看，原告为本案共办理三次公证，其中（2019）渝綦证字第1618号公证书和（2019）渝綦证字第1809号公证书是为取得拒绝证明，故本院主张原告取得拒绝证明的费用为4000元。

裁判观点二：法院认为，公证费系取得有关拒绝证明的费用，依据《票据法》第七十条第一款第二项应当予以支持，但法院对公证的目标事项是否属于拒绝证明、公证是否有必要均采取宽松认定态度。

案例2：福建省厦门市思明区人民法院，厦门嵘某建筑机械贸易有限公司（以下简称厦门嵘某建筑机械公司）与中某四局建设发展有限公司（以下简称中某四局）等票据追索权纠纷民事一审民事判决书［（2021）闽0203民初21917号］认为：

公证内容：票据号码×××01620210113820162428的电子商业承兑汇票，票据金额为1000100元，出票日期为2021年1月13日，汇票到期日为2021年7月13日，承兑日期为2021年1月13日，出票人、承兑人均为揭阳恒某投资管理公司，收票人为中某四局，开户行为中国建某银行股份有限公司潮州市分行，性质为可转让，承兑信息为"出票人承诺：本汇票予以承兑，到期无条件付款；承兑人承兑：本汇票已经承兑，到期无条件付款"。2021年1月29日，该张票据经背书转让给厦门恒某益建筑劳务公司，2021年2月9日，经厦门恒某益建筑劳务公司背书转让给厦门嵘某建筑机械公司。2021年7月19日，厦门嵘某建筑机械公司提示付款，但被拒绝签收付款。2021年8月13日，该票据在中国建某银行企业网上银行系统页面显示状态为"提示付款已拒付"。2021年8月16日，厦门嵘某建筑机械公司在电子商业汇票系统发出"拒付追索申请"，其后票据状态显示为"拒付追索待清偿"。

2021年11月23日，厦门嵘某建筑机械公司在厦门市鹭江公证处对前述电子商业汇票的相关内容进行保全证据公证，形成（2021）厦鹭证内字第78962号《公证书》，为此厦门嵘某建筑机械公司支出公证费1700元。

关于其他费用，公证费属于厦门嵘某建筑机械公司为取得有关拒绝证明和发出通知书的费用，根据《票据法》第七十条第一款规定，可予支持。保全保险费及保全费，系厦门嵘某建筑机械公司为实现债权、维护自身合法权益而支出的合理费用，并未超出必要限度，其要求怠于履责一方承担，于法不悖，可予支持。

案例3：重庆市大渡口区人民法院，合某小额贷款（重庆）有限公司（以下简称合某小贷公司）与中某建设集团有限公司、重庆翔某诚贸易有限公司等票据追索权纠纷一审民事判决书［（2021）渝0104民初2088号］认为：

审理中，合某小贷公司举示的《公证书》能够证明原告在电子商业汇票系统中就该汇票提示付款，但被拒绝签收付款，拒付理由为商业承兑汇票承兑人账户余额不足，故合某小贷公司已提供被拒绝承兑或者被拒绝付款的有关证明。

关于公证费用的承担。合某小贷公司为取得涉案票据被拒付的有关拒绝证明，申请公证予以固定证据，为此支付了公证费1000元，本院依法予以支持。

裁判观点三：法院认为，持票人因行使票据权利而进行公证，并由此产生公证费，该笔费用应由被追索人承担，而不论公证事项是否为拒付证明。

案例4：云南省昆明市官渡区人民法院，武某集团昆明钢铁股份有限公司与亿某集团财务有限公司等票据追索权纠纷民事一审民事判决书［（2021）云0111

民初 1438 号］认为：

对于原告所主张的为固定证据而产生的公证费 2000 元，原告已经提供了证据，且系其主张债权产生的必要费用，本院予以支持。

案例 5：重庆市渝中区人民法院，青岛汉某股份有限公司（以下简称青岛汉某公司）与国某重庆市电力公司（以下简称重庆电力公司）、重庆华某地维水泥有限公司票据纠纷一审民事判决书［（2019）渝 0103 民初 19166 号］认为：

青岛汉某公司因票据未能兑付，向公证机关申请证据保全而产生的费用 8000 元，是为诉讼而产生的必要费用，也是因被告未付款而产生的损失，对青岛汉某公司要求重庆电力公司支付公证费的诉讼请求，本院予以支持。

案例 6：四川省渠县人民法院，四川欣某商贸有限公司、渠县瑞某仁和置业有限公司票据追索权纠纷民事一审民事判决书［（2022）川 1725 民初 117 号］认为：

原告在诉讼过程中支出的公证费 1000 元，有增值税发票佐证，该笔费用属于为实现票据权利而产生的必要费用，且符合市场行情，并无不合理之处，故本院予以支持。

056 前手根据生效法律文书向持票人清偿后，是否可向其他前手追索受理费、保全费、上诉费等前案判决确定的费用？

裁判要旨

再追索权根据生效法律文书向持票人清偿后，无权向出票人、承兑人及其他票据前手再追索案件受理费、保全费、上诉费等费用。

案情简介①

一、2020 年 4 月 22 日，来安孔某郡公司（出票人）向广东博某公司（收款人）开具了一张电子商业承兑汇票，票据金额为 3.5 万元，汇票到期日为 2021

---

① 安徽省来安县人民法院，广东博某精工建材有限公司（以下简称广东博某公司）、来安孔某郡房地产开发有限公司（以下简称来安孔某郡公司）票据追索权纠纷民事一审民事判决书［（2021）皖 1122 民初 4429 号］。

年 4 月 22 日，承兑人为来安孔某郡公司。后该票据被依次背书转让给宽某修公司、兴某公司、泽某公司。

二、泽某公司于票据到期日提示付款，来安孔某郡公司拒付，拒付理由为承兑人账户余额不足。泽某公司于 2021 年 5 月 7 日向山东省邹城市人民法院提起诉讼（以下简称前案），要求广东博某公司、宽某修公司、兴某公司支付票据款 3.5 万元及利息。

三、山东省邹城市人民法院作出（2021）鲁 0883 民初 3423 号民事判决，判决广东博某公司、兴某公司、宽某修公司于判决生效后十日内连带支付泽某公司商业承兑汇票金额 3.5 万元及利息（以 3.5 万元为基数，自 2021 年 4 月 23 日起至清偿之日止，按照全国银行间同业拆借中心公布的贷款市场报价利率计算）。该判决生效后，山东省邹城市人民法院通过执行程序执行广东博某公司商业承兑汇票金额 3.5 万元及利息、受理费 338 元、财产保全费 370 元。

四、之后，广东博某公司以出票人/承兑人来安孔某郡公司为被告行使再追索权，请求法院判令来安孔某郡公司向其支付汇票金额 3.5 万元及利息，以及前案受理费 338 元、财产保全费 370 元。

五、安徽省来安县人民法院认为，广东博某公司在前案中支出的受理费及保全费系因广东博某公司怠于履行票据责任所致，该笔损失应由广东博某公司负担，并最终判决驳回了广东博某公司关于前案案件受理费和保全费的请求。

律师评析

本案的争议焦点为，被追索对象依据生效判决支出的案件受理费、保全费、上诉费等费用，是否有权向前手追索。本案中，法院持否定态度。法院认为，持票人被拒付后，有权向前手行使追索权，一旦前手接收到追索通知，前手依法应无条件付款。前手被追索后拒付或迟延付款导致持票人对其提起追索权之诉，并由此产生受理费、保全费、上诉费等支出，因为前案的发生及费用的支出系被追索对象自身过错导致，有鉴于此，其无权追索在前案中支出的受理费、保全费、上诉费等费用。

实践中，绝大多数法院不支持再追索权人追索前案的受理费、保全费、上诉费，不支持的理由除前述理由外，还包括如下观点：

1. 前案的受理费、保全费、上诉费不属于《票据法》第七十一条规定的追索范围，再追索权人主张前述费用于法无据。

2. 前案的生效判决已经对受理费、保全费、上诉费等费用的承担主体及承担方式作出了明确指令，再追索权人有权根据前案的生效判决就超过自身负担范围的部分向其他责任主体追偿，而无权要求其他前手对此承担连带责任。

我们认为，是否应支持再追索权人关于前案受理费、保全费、上诉费的主张，应视情况而定。

第一，持票人在电子商业汇票系统发起线上追索的，对被追索对象关于前案受理费、保全费、上诉费的主张不应予以支持。因为电子商业汇票系统受《票据法》规制，原则上只要持票人能成功发起线上追索就意味着该持票人享有无瑕疵的票据追索权。此等情况下，被追索对象理应积极履行票据责任。被追索对象拒付或迟延支付引发前案并为此支出受理费等的，根据责任自负原则，该等支出理应由被追索对象承担。

第二，持票人不能在电子商业汇票系统发起线上追索的，对被追索对象关于前案受理费、保全费、上诉费的主张应予以支持。首先持票人不能于电子商业汇票系统发起线上追索，这意味着持票人享有的追索权很可能存在瑕疵，如未于法定提起付款期间内提示付款、未于法定票据权利时效期间内发起追索等。此等情况下，前手是否负有向持票人付款的义务系不确定的，有待于人民法院实体审理后确定，因此，前诉的发起是持票人行使追索权的必经之路，当然受理费、保全费、上诉费等支出也属于必然支出。对《票据法》第七十一条第一款第三项进行目的解释，被追索对象行使再追索权所支出的必要费用属于再追索的范畴，因此，受理费、保全费、上诉费等支出属于再追索范畴。同时，被追索对象是否应承担票据责任的不确定性说明了前案的发起不可归责于被追索对象，而应归咎于承兑人拒付。有鉴于前述两点理由，对被追索对象关于前案受理费、保全费、上诉费的主张应予以支持，要求出票人和承兑人作前述费用的最终承担者，具有相当的正当性。

实务经验总结

对于除出票人/承兑人外的被追索对象而言，如果持票人已于电子商业汇票系统成功发起线上追索，我们建议被追索对象积极向持票人支付票据款本息。因为一旦持票人提起追索权诉讼，被追索对象很大概率会成为案件受理费、保全费、上诉费等费用的最终承担主体，并因此遭受损失。

相关法律规定

《中华人民共和国票据法》

第七十一条 被追索人依照前条规定清偿后,可以向其他汇票债务人行使再追索权,请求其他汇票债务人支付下列金额和费用:

(一)已清偿的全部金额;

(二)前项金额自清偿日起至再追索清偿日止,按照中国人民银行规定的利率计算的利息;

(三)发出通知书的费用。

行使再追索权的被追索人获得清偿时,应当交出汇票和有关拒绝证明,并出具所收到利息和费用的收据。

裁判意见

以下为该案在法院审理阶段,判决书中"本院认为"就该问题的论述:

对于广东博某公司主张的受理费及保全费,因背书人以背书转让汇票后,即承担保证其后手所持汇票承兑和付款的责任,广东博某公司作为案涉汇票的背书人在汇票得不到承兑或者付款时,即负有向持票人清偿的票据责任,故对因持票人对其提起诉讼主张票据权利而产生的案件受理费以及保全费的主张,本院不予支持。

延伸阅读

裁判观点一:前案案件受理费系行使再追索权必然产生的费用,再追索权人有权向其他前手追索前案的案件受理费。

案例1:江苏省张家港市人民法院,常熟纺某机械厂有限公司(以下简称常熟纺某厂公司)与山东日某纺织机械有限公司(以下简称日某公司)等票据追索权纠纷民事一审民事判决书〔(2021)苏0582民初13963号〕认为:

本院认为,孝某公司诉常熟纺某厂公司、日某公司、博某公司、恒某公司案件中,共计执行到位108886元(含案件受理费2300元、执行费1511元、利息5075元),其中执行费1511元不是行使再追索权必然产生的费用,应予以扣除,按比例分摊该案四被告各应自负的执行费金额为377.75元。原告常熟纺某厂公司向孝某公司支付的款项108886元中扣除执行费377.75元,原告常熟纺某厂公司实际支付孝某公司汇票款 108508.25 元，就该汇票款其有权向其他汇票债务人即其前手之中的一人或数人行使再追索权。

案例 2：江苏省张家港市人民法院，北京双某电气股份有限公司（以下简称北京双某公司）与上海德某能动力电池有限公司、德某能（张家港）动力电池有限公司等票据追索权纠纷一审民事判决书［（2021）苏 0582 民初 5071 号］认为：

本院认为，根据辽宁省锦州市古塔区人民法院在审理及执行过程中认定的事实，原告北京双某公司为案涉票据的债务人，在执行过程中履行了票据债务，另根据《票据法》第六十八条第三款"被追索人清偿债务后，与持票人享有同一权利"及《票据法》第七十一条第一款"被追索人依照前条规定清偿后，可以向其他汇票债务人行使再追索权"的规定，原告北京双某公司在清偿票据债务后有权向其票据前手，即本案三被告行使再追索权，故对于原告北京双某公司要求三被告支付票据款 100 万元及自 2021 年 2 月 7 日起按全国银行间同业拆借中心公布的贷款市场报价利率 LPR 计算的利息以及已支出的案件受理费 13939 元的诉讼请求应予支持。

案例 3：甘肃省白银市白银区人民法院，中某甘肃水泥有限责任公司（以下简称中某水泥公司）与白银顺某商贸有限责任公司（以下简称白银顺某公司）、上海妃某实业有限公司（以下简称上海妃某公司）、上海律某实业发展有限公司（以下简称上海律某公司）票据追索权纠纷民事一审民事判决书［（2020）甘 0402 民初 2926 号］认为：

本院认为，票据"再追索权"是经其他票据权利人追索而清偿了票据债务的票据债务人取得票据后向其前手再为追索的权利。票据"再追索权"又称"代位追索权"，再追索权的取得是基于票据追索权的代位性特性，即持票人行使追索权在获得相应清偿后，追索权并未消灭而是移转给被追索人，被追索人在清偿债务后，即与持票人享有同一权利，可以继续进行追索。涉案票据原持票人为岳阳晨某工贸有限责任公司，2019 年 7 月 17 日，岳阳晨某工贸有限责任公司将中某水泥公司、上海律某公司、白银顺某公司以票据追索权纠纷起诉至湖南省岳阳市岳阳楼区人民法院。后经湖南省岳阳市两级法院审判，经湖南省岳阳市岳阳楼区人民法院执行，2020 年 7 月 17 日中某水泥公司支付了岳阳晨某工贸有限责任公司票据款 50 万元，并支付逾期利息 50822 元、迟延履行金 5250 元、案件受理费 4400 元、申请执行费用 8004 元，共计 568476 元。另，中某水泥公司于

2019年10月28日支出上诉费8800元,中某水泥公司共支付票据款及逾期利息、迟延履行金、案件受理费、申请执行费用共计577276元。故中某水泥公司通过履行付款义务重新具有了持票人的地位,即中某水泥公司享有向其前手及出票人等其他票据债务人继续追索的权利,且在法定期限内提起诉讼主张权利。《票据法》第七十一条第一款规定"被追索人依照前条规定清偿后,可以向其他汇票债务人行使再追索权,请求其他汇票债务人支付下列金额和费用:(一)已清偿的全部金额;(二)前项金额自清偿日起至再追索清偿日止,按照中国人民银行规定的利率计算的利息;(三)发出通知书的费用",故上海妃某公司、上海律某公司、白银顺某公司连带支付原告票号为1302871058012201801024×××的电子商业承兑汇票票款50万元,其他费用77276元,共计577276元,对原告的诉讼请求本院予以支持。

裁判观点二:前案的受理费不属于《票据法》第七十一条规定的追索范围,再追索权人无权向其他前手主张该笔费用支出。

案例4:北京市海淀区人民法院,亿某(天津)科技有限公司(以下简称亿某科技公司)与博某环境集团股份有限公司(以下简称博某环境公司)票据追索权纠纷一审民事判决书〔(2021)京0108民初36159号〕认为:

关于亿某科技公司主张的要求博某环境公司支付另案案件受理费、执行费的诉讼请求。本院认为,依据《票据法》第七十一条的规定,亿某科技公司行使再追索权,有权请求其他汇票债务人支付的金额和费用,包括已清偿的全部金额、前项金额自清偿日起至再追索清偿日止,按照中国人民银行规定的利率计算的利息、发出通知书的费用。但亿某科技公司主张的该项损失,不属于法律规定的再追索的金额及费用范围,因此,亿某科技公司的该项诉讼请求,于法无据,本院不予支持。博某环境公司抗辩的该项诉讼请求并非票据纠纷处理范围的理由,于法有据,本院予以采信。

案例5:河南省许昌市魏都区人民法院,山西阳某化工机械(集团)有限公司与宁夏宝某能源化工有限公司等票据追索权纠纷民事一审民事判决书〔(2021)豫1002民初4150号〕认为:

关于原告主张的余下部分12229元。本院认为,根据《票据法》第七十条第一款规定:"持票人行使追索权,可以请求被追索人支付下列金额和费用:(一)被拒绝付款的汇票金额;(二)汇票金额自到期日或者提示付款日起至清偿日止,按照中国人民银行规定的利率计算的利息;(三)取得有关拒绝证明和发出通知书的费用。"根据原告提供的（2021）宁01执1161号执行案件结案通知书显示，该12229元包括诉讼案件受理费7713元和执行费4513元。原告以票据纠纷为由起诉，向被告主张票据权利，但原告主张的上述12229元不属于法律规定的票据权利，本院依法不予支持。

案例6：河南省驻马店市驿城区人民法院，河南豫某新材料有限公司（以下简称豫某公司）与驻马店市新某业管桩附件有限公司（以下简称新某公司）等票据追索权纠纷民事一审民事判决书［（2021）豫1702民初7354号］认为：

因案件受理费、保全费以及申请执行费系当事人需承担的诉讼费用，且无证据显示上述费用包含在票据追索权的追偿范围内，故原告豫某公司请求被告新某公司、梁山神某公司共同赔偿诉讼费用损失5937元，依据不足，本院不予支持。

案例7：江苏省苏州市吴中区（吴县市）人民法院，上海思某琦智能装备科技股份有限公司与苏州安某电源有限公司等票据追索权纠纷民事一审民事判决书［（2021）苏0506民初908号］认为：

原告诉请已经支付的案件受理费5970元、执行费2990元，并不在法律规定的范围之内，该案件受理费系由败诉方负担，执行费由被执行人负担，属于原告应向法院缴纳的费用，不属于原告票据权利请求的范围，故对该部分诉请不予支持。

案例8：四川省乐山市五通桥区人民法院，乐山盟某运输有限公司（以下简称盟某运输公司）与四川和某生物科技股份有限公司（以下简称和某生科股份公司）、成都市兴某丰化工有限公司（以下简称兴某丰化工公司）票据追索权纠纷一审民事判决书［（2018）川1112民初569号］认为：

对于盟某运输公司主张原诉讼案件的受理费及执行费应由和某生科股份公司、兴某丰化工公司承担的问题，一是当前法律并无明确规定；二是该费用既不是原案权利人的财产损失，也不是和某生科股份公司、兴某丰化工公司（非前案的被告）给盟某运输公司造成的损失，因此，盟某运输公司的该项主张，依法不能成立。

裁判观点三：持票人被承兑人拒付的，背书人应依法向持票人承担票据责任、支付票据款本息。正是因背书人拒绝或迟延履行前述付款义务，持票人才提起追索权之诉，背书人败诉并因此支出案件受理费。有鉴于此，前案的发生及案件受理费支出均系背书人自身过错所致，根据责任自负原则，再追索权人无权向其他前手追索前案的案件受理费（与主文案例观点相同）。

案例9：河南省郑州市中级人民法院，河南能某化工集团国某物流有限公司（以下简称国某公司）与三门峡龙某庄煤业有限责任公司（以下简称龙某庄公司）等票据追索权纠纷民事一审民事判决书［（2020）豫01民初1569号］认为：

关于国某公司行使再追索权追索金额及费用的范围问题。《票据法》第七十条第一款明确规定："持票人行使追索权，可以请求被追索人支付下列金额和费用：（一）被拒绝付款的汇票金额；（二）汇票金额自到期日或者提示付款日起至清偿日止，按照中国人民银行规定的利率计算的利息；（三）取得有关拒绝证明和发出通知书的费用。"第七十一条第一款规定："被追索人依照前条规定清偿后，可以向其他汇票债务人行使再追索权，请求其他汇票债务人支付下列金额和费用：（一）已清偿的全部金额；（二）前项金额自清偿日起至再追索清偿日止，按照中国人民银行规定的利率计算的利息；（三）发出通知书的费用。"本案中，根据国某公司提交的《执行结案通知书》，截至株某公司申请执行之日2020年7月3日，国某公司需支付株某公司票据款50万元、利息35411.2元、共计535411.2元外，另需支付迟延履行利息、案件受理费、执行费。国某公司因株某公司提起票据追索权纠纷另行负担的诉讼费、执行费用以及迟延履行利息，不属于法定追索权行使的范围，均系国某公司怠于履行票据责任和法院生效裁判所产生的扩大损失，应由国某公司自行承担（前案中龙某庄公司、力某公司非被告和被执行人）。故龙某庄公司、力某公司不应承担诉讼费、执行费及迟延履行利息的抗辩理由成立，本院予以采信。

裁判观点四：前案的案件受理费、保全费及上诉费等费用属于生效判决确定的义务，前述费用的承担以判决载明的方式为准，如再追索权人承担了超出自身范围的责任，则其有权向其他责任主体追索。但再追索权人无权在本案中要求其他前手就该笔费用承担连带清偿责任。

案例10：安徽省马鞍山市花山区人民法院，无锡市杰某润滑油有限公司与中某国亿（宁波）实业投资有限公司、海安东某迪商贸有限公司等票据追索权纠纷一审民事判决书［（2020）皖0503民初4143号］认为：

针对剩余执行款6676元应当如何承担的问题，根据（2020）皖0503执1588号执行通知书，执行的范围包括：判决确定的义务、迟延履行期间的债务利息、执行费。其中判决确定的义务包括前诉六被告应当共同负担的案件受理费2150元、财产保全费1570元，合计3720元。生效判决具有既判力，六被告均有义务主动履行而未履行，导致进入执行程序，产生执行费用2956元，故前诉六被告均存在过错而导致的损失，应当由六被告各承担六分之一，即1113元（3720+2956=6676元，6676元÷6=1113元），原告承担的超出其责任范围的金额有权向其他债务人追偿。故对原告主张全额由三被告承担连带责任，并主张相应利息，没有法律依据，本院不予支持。

综上，根据《票据法》第六十八条、第六十九条、第七十条、第七十一条，《最高人民法院关于审理票据纠纷案件若干问题的规定》第二十二条以及《民事诉讼法》第六十四条第一款、第一百四十四条之规定，判决如下：

一、被告海安东某迪商贸有限公司、马鞍山玉某坊文化传媒有限公司、马鞍山市公某交通集团有限责任公司自本判决生效之日起十日内向原告无锡市杰某润滑油有限公司连带支付204150元及相应利息（以204150元为基数，按照全国银行间同业拆借中心公布的贷款市场报价利率的标准，自2020年7月10日起计算至实际清偿之日止）。

二、被告海安东某迪商贸有限公司、马鞍山玉某坊文化传媒有限公司、马鞍山市公某交通集团有限责任公司自本判决生效之日起十日内向原告无锡市杰某润滑油有限公司分别支付1113元。

三、驳回原告无锡市杰某润滑油有限公司的其他诉讼请求。

案例11：河南省郑州市中原区人民法院，平煤神某工集团有限公司与河南省煤某地质局二队、永城市永某建筑工程有限公司等票据追索权纠纷一审民事判决书［（2019）豫0102民初11809号］认为：

针对剩余执行款7138元应当如何承担的问题，根据（2019）鲁0481执2743号执行通知书，执行的范围包括：判决确定的义务、迟延履行期间的债务利息、执行费。其中判决确定的义务还包括前诉七被告应当共同负担的案件受理费4300元、财产保全费1550元。生效判决具有既判力，七被告均有义务主动履行而未履行，导致进入执行程序，产生迟延履行期间的债务利息等费用。前诉七被告均存在过错而导致的损失，应当由七被告各承担七分之一，即1020元（7138元÷7=1020元），原告承担的超出其责任范围的金额有权向其他债务人追偿。但是诉讼费、保全费、迟延履行期间的债务利息等不属于《票据法》第七十一条规定的票据再追索权的范围，故原告主张三被告承担连带责任，并主张相应利息，没有法律依据，本院不予支持。

综上，判决如下：

一、被告河南省煤某地质局二队、永城市永某建筑工程有限公司、永城市士某商贸有限公司自本判决生效之日起十日内向原告平煤神某工集团有限公司连带支付209296元及相应利息（利息计算方式：1.以205820元为基数，按照中国人民银行规定的企业同期流动资金贷款利率自2019年10月9日起计算至实际清偿之日止；2.以3476元为基数，按照中国人民银行规定的企业同期流动资金贷款利率自2019年10月16日起计算至实际清偿之日止）。

二、被告河南省煤某地质局二队、永城市永某建筑工程有限公司、永城市士某商贸有限公司自本判决生效之日起十日内向原告平煤神某工集团有限公司分别支付1020元。

三、驳回原告平煤神某工集团有限公司过高部分的诉讼请求。

057 前手根据生效法律文书向持票人清偿后，是否可向其他前手追索前案的执行费？

裁判要旨

被追索对象怠于履行生效法律文书确定的义务，以至于案件进入强制执行程序。就强制执行程序中支出的申请执行费及实际执行费，被追索对象无权向其他前手进行再追索。

案情简介[①]

一、2020年4月22日，来安孔某郡公司作为出票人向广东博某公司作为收款人开具了一张电子商业承兑汇票，票据金额为3.5万元，汇票到期日为2021年4月22日，承兑人为来安孔某郡公司。后该票据依次背书转让给宽某修公司、兴某公司、泽某公司。

二、泽某公司于票据到期日提示付款，来安孔某郡公司拒付，拒付理由为承兑人账户余额不足。泽某公司于2021年5月7日向山东省邹城市人民法院提起

---

① 安徽省来安县人民法院，广东博某精工建材有限公司（以下简称广东博某公司）、来安孔某郡房地产开发有限公司（以下简称来安孔某郡公司）票据追索权纠纷民事一审民事判决书［（2021）皖1122民初4429号］。

票据追索权之诉（持票人提起的票据追索权之诉，以下简称前案），要求广东博某公司、宽某修公司、兴某公司支付票据款 3.5 万元及利息。

三、山东省邹城市人民法院于 2021 年 6 月 2 日作出（2021）鲁 0883 民初 3423 号民事判决，判决广东博某公司、兴某公司、宽某修公司于判决生效后十日内连带支付泽某公司商业承兑汇票金额 3.5 万元及利息（以 3.5 万元为基数，自 2021 年 4 月 23 日起至清偿之日止，按照全国银行间同业拆借中心公布的贷款市场报价利率计算）。该判决生效后，山东省邹城市人民法院通过执行程序执行广东博某公司商业承兑汇票金额 3.5 万元及利息、受理费 338 元、财产保全费 370 元、执行费 442 元。

四、之后，广东博某公司以出票人/承兑人来安孔某郡公司为被告行使再追索权，请求法院判令来安孔某郡公司向其支付汇票金额 3.5 万元及利息、受理费 338 元、财产保全费 370 元、执行费 442 元。

五、安徽省来安县人民法院认为，广东博某公司在前案中支出的执行费系由广东博某公司怠于履行生效判决确定的义务而引发，该等损失应由广东博某公司负担，并最终判决驳回了广东博某公司关于前案案件执行费的请求。

律师评析

本案的争议焦点为，被追索对象根据生效法律文书向持票人清偿后，是否可向其他前手追索前案的执行费。安徽省来安县人民法院对此持否定态度。我们认可法院的前述观点，理由如下：

1. 前案的执行费系被追索对象因怠于执行生效法律文书而引发，该笔费用支出可归咎于被追索对象，属于非必要支出的费用。

2. 前案的执行费不属于《票据法》第七十一条规定的追索范围，被追索对象主张执行费于法无据。

实务经验总结

鉴于实践中绝大多数法院不支持再追索权人关于执行费的主张，我们建议：生效法律文书确定被追索对象应向持票人履行支付票据款本息义务的，被追索对象应积极执行生效法律文书。

如果前案中生效判决判令多名被追索对象向持票人连带支付票据款本息的，

再追索权人可就前案的执行费提起备位之诉，如请求法院判令多名前手连带向原告支付前案的执行费，如前述诉讼请求不能得到支持，则请求判令多名前手各自承担应负担的前案执行费份额（见延伸阅读部分裁判观点三）。

相关法律规定

《中华人民共和国票据法》

第七十一条 被追索人依照前条规定清偿后，可以向其他汇票债务人行使再追索权，请求其他汇票债务人支付下列金额和费用：

（一）已清偿的全部金额；

（二）前项金额自清偿日起至再追索清偿日止，按照中国人民银行规定的利率计算的利息；

（三）发出通知书的费用。

行使再追索权的被追索人获得清偿时，应当交出汇票和有关拒绝证明，并出具所收到利息和费用的收据。

裁判意见

以下为该案在法院审理阶段，判决书中"本院认为"就该问题的论述：

对于广东博某公司主张的执行费，系因广东博某公司未履行人民法院作出的发生法律效力的民事判决书确定的义务，应申请执行人的申请而产生的强制执行费用，应当由不履行义务的被执行人广东博某公司负担，故对广东博某公司的该项主张，本院不予支持。

延伸阅读

裁判观点一：前案的执行费不属于《票据法》第七十一条规定的追索范围，再追索权人无权向其他前手主张该笔费用支出。

案例1：北京市海淀区人民法院，亿某（天津）科技有限公司（以下简称亿某科技公司）与博某环境集团股份有限公司（以下简称博某环境公司）票据追索权纠纷一审民事判决书［（2021）京0108民初36159号］认为：

关于亿某科技公司主张的要求博某环境公司支付另案案件受理费、执行费的诉讼请求。本院认为，依据《票据法》第七十一条的规定，亿某科技公司行使再追索权，有权请求其他汇票债务人支付的金额和费用，包括已清偿的全部金额、前项金额自清偿日起至再追索清偿日止，按照中国人民银行规定的利率计算的利息、发出通知书的费用。但亿某科技公司主张的该项损失，不属于法律规定的再追索的金额及费用范围，因此，亿某科技公司的该项诉讼请求，于法无据，本院不予支持。博某环境公司抗辩的该项诉讼请求并非票据纠纷处理范围的理由，于法有据，本院予以采信。

案例2：河南省许昌市魏都区人民法院，山西阳某化工机械（集团）有限公司与宁夏宝某能源化工有限公司等票据追索权纠纷民事一审民事判决书[（2021）豫1002民初4150号]认为：

关于原告主张的余下部分12229元。本院认为，根据《票据法》第七十条第一款规定："持票人行使追索权，可以请求被追索人支付下列金额和费用：（一）被拒绝付款的汇票金额；（二）汇票金额自到期日或者提示付款日起至清偿日止，按照中国人民银行规定的利率计算的利息；（三）取得有关拒绝证明和发出通知书的费用。"根据原告提供的（2021）宁01执1161号执行案件结案通知书显示，该12229元包括诉讼案件受理费7713元和执行费4513元。原告以票据纠纷为由起诉，向被告主张票据权利，但原告主张的上述12229元不属于法律规定的票据权利，本院依法不予支持。

案例3：河南省驻马店市驿城区人民法院，河南豫某新材料有限公司（以下简称豫某公司）与驻马店市新创业管桩附件有限公司（以下简称新某业公司）等票据追索权纠纷民事一审民事判决书[（2021）豫1702民初7354号]认为：

因案件受理费、保全费以及申请执行费系当事人需承担的诉讼费用，且无证据显示上述费用包含在票据追索权的追偿范围内，故原告豫某公司请求被告新某业公司、梁山神某公司共同赔偿诉讼费用损失5937元，依据不足，本院不予支持。

案例4：江苏省苏州市吴中区（吴县市）人民法院，上海思某琦智能装备科技股份有限公司与苏州安某电源有限公司等票据追索权纠纷民事一审民事判决书[（2021）苏0506民初908号]认为：

原告诉请已经支付的案件受理费5970元、执行费2990元，并不在法律规定的范围之内，该案件受理费系由败诉方负担，执行费由被执行人负担，属于原告应向法院缴纳的费用，不属于原告票据权利请求的范围，故对该部分诉请不予支持。

案例5：四川省乐山市五通桥区人民法院，乐山盟某运输有限公司（以下简称盟某运输公司）与四川和某生物科技股份有限公司（以下简称和某生科股份公司)、成都市兴某丰化工有限公司(以下简称兴某丰化工公司)票据追索权纠纷一审民事判决书[(2018)川1112民初569号]认为：

对于盟某运输公司主张原诉讼案件的受理费及执行费应由和某生科股份公司、兴某丰化工公司承担的问题，一是当前法律并无明确规定；二是该费用既不是原案权利人的财产损失，也不是和某生科股份公司、兴某丰化工公司(非前案的被告)给盟某运输公司造成的损失，因此，盟某运输公司的该项主张，依法不能成立。

裁判观点二：前案的执行费系被追索对象怠于执行法院生效裁判所产生的扩大损失，该笔损失应由被追索对象自行负担，其无权向其他前手追索(与主文案例裁判观点相同)。

案例6：河南省郑州市中级人民法院，河南能某化工集团国某物流有限公司(以下简称国某公司)与三门峡龙某庄煤业有限责任公司(以下简称龙某庄公司)等票据追索权纠纷民事一审民事判决书[(2020)豫01民初1569号]认为：

关于国某公司行使再追索权追索金额及费用的范围问题。《票据法》第七十条第一款明确规定："持票人行使追索权，可以请求被追索人支付下列金额和费用：(一)被拒绝付款的汇票金额；(二)汇票金额自到期日或者提示付款日起至清偿日止，按照中国人民银行规定的利率计算的利息；(三)取得有关拒绝证明和发出通知书的费用。"第七十一条第一款规定："被追索人依照前条规定清偿后，可以向其他汇票债务人行使再追索权，请求其他汇票债务人支付下列金额和费用：(一)已清偿的全部金额；(二)前项金额自清偿日起至再追索清偿日止，按照中国人民银行规定的利率计算的利息；(三)发出通知书的费用。"本案中，根据国某公司提交的《执行结案通知书》，截至株某公司申请执行之日2020年7月3日，国某公司需支付株某公司票据款50万元、利息35411.2元、共计535411.2元外，另需支付迟延履行利息、案件受理费、执行费。国某公司因株某公司提起票据追索权纠纷另行负担的诉讼费、执行费用以及迟延履行利息，不属于法定追索权行使的范围，均系国某公司怠于履行票据责任和法院生效裁判所产生的扩大损失，应由国某公司自行承担(前案中龙某庄公司、力某公司非被告和被执行人)。故龙某庄公司、力某公司不应承担诉讼费、执行费及迟延履行利息的抗辩理由成立，本院予以采信。

案例7：江苏省张家港市人民法院，北京双某电气股份有限公司(以下简称北京双某公司）与上海德某能动力电池有限公司、德某能（张家港）动力电池有限公司等票据追索权纠纷一审民事判决书［（2021）苏0582民初5071号］认为：

本院认为，根据辽宁省锦州市古塔区人民法院在审理及执行过程中认定的事实，原告北京双某公司为案涉票据的债务人，在执行过程中履行了票据债务，另根据《票据法》第六十八条第三款"被追索人清偿债务后，与持票人享有同一权利"及《票据法》第七十一条第一款"被追索人依照前条规定清偿后，可以向其他汇票债务人行使再追索权"的规定，原告北京双某公司在清偿票据债务后有权向其票据前手，即本案三被告行使再追索权，故对于原告北京双某公司要求三被告支付票据款100万元及自2021年2月7日起按全国银行间同业拆借中心公布的贷款市场报价利率LPR计算的利息以及已支出的案件受理费13939元的诉讼请求应予支持。对于原告北京双某公司主张的已支出的执行费13028元，系其自身未自觉履行生效法律文书产生的损失，本院无法支持。

裁判观点三：前案生效判决判令多名被追索对象连带向持票人支付票据款本息，案件进入强制执行程序后，执行费应由怠于执行生效判决的多名被追索对象平均承担，如其中一名被追索对象承担了全部支付票据款本息及执行费的责任，就其承担的超过份额的执行费，有权向其他前手追索。

案例8：安徽省马鞍山市花山区人民法院，无锡市杰某润滑油有限公司与中某国亿（宁波）实业投资有限公司、海安东某迪商贸有限公司等票据追索权纠纷一审民事判决书［（2020）皖0503民初4143号］认为：

针对剩余执行款6676元应当如何承担的问题，根据（2020）皖0503执1588号执行通知书，执行的范围包括：判决确定的义务、迟延履行期间的债务利息、执行费。其中判决确定的义务包括前诉六被告应当共同负担的案件受理费2150元、财产保全费1570元，合计3720元。生效判决具有既判力，六被告均有义务主动履行而未履行，导致进入执行程序，产生执行费用2956元，故前诉六被告均存在过错而导致的损失，应当由六被告各承担六分之一，即1113元（3720+2956=6676元，6676元÷6=1113元），原告承担的超出其责任范围的金额有权向其他债务人追偿。故对原告主张全额由三被告承担连带责任，并主张相应利息，没有法律依据，本院不予支持。

综上，根据《票据法》第六十八条、第六十九条、第七十条、第七十一条，《最高人民法院关于审理票据纠纷案件若干问题的规定》第二十二条以及《民事诉讼法》第六十四条第一款、第一百四十四条之规定，判决如下：

一、被告海安东某迪商贸有限公司、马鞍山玉某坊文化传媒有限公司、马鞍山市公某交通集团有限责任公司自本判决生效之日起十日内向原告无锡市杰某润滑油有限公司连带支付204150元及相应利息（以204150元为基数，按照全国银行间同业拆借中心公布的贷款市场报价利率的标准，自2020年7月10日起计算至实际清偿之日止）。

二、被告海安东某迪商贸有限公司、马鞍山玉某坊文化传媒有限公司、马鞍山市公某交通集团有限责任公司自本判决生效之日起十日内向原告无锡市杰某润滑油有限公司分别支付1113元。

三、驳回原告无锡市杰某润滑油有限公司的其他诉讼请求。

案例9：河南省郑州市中原区人民法院，平煤神某工集团有限公司与河南省煤某地质局二队与永城市永某建筑工程有限公司等票据追索权纠纷一审民事判决书〔（2019）豫0102民初11809号〕认为：

针对剩余执行款7138元应当如何承担的问题，根据（2019）鲁0481执2743号执行通知书，执行的范围包括：判决确定的义务、迟延履行期间的债务利息、执行费。其中判决确定的义务还包括前诉七被告应当共同负担的案件受理费4300元、财产保全费1550元。生效判决具有既判力，七被告均有义务主动履行而未履行，导致进入执行程序，产生迟延履行期间的债务利息等费用。前诉七被告均存在过错而导致的损失，应当由七被告各承担七分之一，即1020元（7138元÷7＝1020元），原告承担的超出其责任范围的金额有权向其他债务人追偿。但是诉讼费、保全费、迟延履行期间的债务利息等不属于《票据法》第七十一条规定的票据再追索权的范围，故原告主张三被告承担连带责任，并主张相应利息，没有法律依据，本院不予支持。

综上，判决如下：

一、被告河南省煤某地质局二队、永城市永某建筑工程有限公司、永城市士某商贸有限公司自本判决生效之日起十日内向原告平煤神某工集团有限公司连带支付209296元及相应利息（利息计算方式：1.以205820元为基数，按照中国人民银行规定的企业同期流动资金贷款利率自2019年10月9日起计算至实际清偿之日止；2.以3476元为基数，按照中国人民银行规定的企业同期流动资金贷款利率自2019年10月16日起计算至实际清偿之日止）。

二、被告河南省煤某地质局二队、永城市永某建筑工程有限公司、永城市士某商贸有限公司自本判决生效之日起十日内向原告平煤神某工集团有限公司分别支付1020元。

三、驳回原告平煤神某工集团有限公司过高部分的诉讼请求。

裁判观点四：前手根据生效法律文书向持票人清偿后，有权向其他前手追索前案的执行费（该裁判观点不是主流观点，与主文案例观点相反）。

案例10：甘肃省白银市白银区人民法院，中某甘肃水泥有限责任公司（以下简称中某水泥公司）与白银顺某商贸有限责任公司（以下简称白银顺某公司）、上海妃某实业有限公司（以下简称上海妃某公司）、上海律某实业发展有限公司（以下简称上海律某公司）票据追索权纠纷民事一审民事判决书[（2020）甘0402民初2926号]认为：

本院认为，票据"再追索权"是经其他票据权利人追索而清偿了票据债务的票据债务人取得票据后向其前手再为追索的权利。票据"再追索权"又称"代位追索权"，再追索权的取得是基于票据追索权的代位性特性，即持票人行使追索权在获得相应清偿后，追索权并未消灭而是移转给被追索人，被追索人在清偿债务后，即与持票人享有同一权利，可以继续进行追索。涉案票据原持票人为岳阳晨某工贸有限责任公司，2019年7月17日，岳阳晨某工贸有限责任公司将中某水泥公司、上海律某公司、白银顺某公司以票据追索权纠纷起诉至湖南省岳阳市岳阳楼区人民法院，后经湖南省岳阳市两级法院审判，经湖南省岳阳市岳阳楼区人民法院执行，2020年7月17日中某水泥公司支付了岳阳晨某工贸有限责任公司票据款50万元，并支付逾期利息50822元、迟延履行金5250元、案件受理费4400元、申请执行费用8004元，共计568476元。另，中某水泥公司于2019年10月28日支出上诉费8800元，中某水泥公司共支付票据款及逾期利息、迟延履行金、案件受理费、申请执行费用577276元。故中某水泥公司通过履行付款义务重新具有了持票人的地位，即中某水泥公司享有向其前手及出票人等其他票据债务人继续追索的权利，且在法定期限内提起诉讼主张权利，《票据法》第七十一条第一款规定："被追索人依照前条规定清偿后，可以向其他汇票债务人行使再追索权，请求其他汇票债务人支付下列金额和费用：（一）已清偿的全部金额；（二）前项金额自清偿日起至再追索清偿日止，按照中国人民银行规定的利率计算的利息；（三）发出通知书的费用。"故上海妃某公司、上海律某公司、白银顺某公司连带支付原告票号为1302871058012201801024×××的电子商业承兑汇票票款50万元，其他费用77276元，共计577276元，对原告的诉讼请求本院予以支持。被告上海妃某公司、上海律某公司经本院公告送达开庭传票，未到庭参加诉讼，视为放弃自己的诉讼权利。

第八节 票据追索权纠纷之管辖法院

058 票据追索权之诉中，持票人如何确定管辖法院？

裁判要旨

持票人有权不按照票据债务人的先后顺序，选择一个或者多个前手作为被告，并向所选择的被告住所地法院提起诉讼。

案情简介①

一、天津市东丽区荣某五金经营部持有廊坊市华某新城建设发展有限公司大厂分公司（出票人和承兑人）签发的电子商业承兑汇票一张，收款人为北京铭某经典文化艺术有限公司，背书情况为北京铭某经典文化艺术有限公司背书转让给天津市东丽区荣某五金经营部。

二、汇票到期后，天津市东丽区荣某五金经营部依法向承兑人提示付款，但被拒绝付款。之后，天津市东丽区荣某五金经营部以收款人北京铭某经典文化艺术有限公司为被告，在北京市通州区人民法院提起票据追索权之诉，北京市通州区人民法院系收款人北京铭某经典文化艺术有限公司住所地人民法院。

三、诉讼中，北京铭某经典文化艺术有限公司向法院提出管辖权异议，主张天津市东丽区荣某五金经营部行使票据权利所依据的票据为廊坊市华某新城建设发展有限公司大厂分公司开具，该公司所在地为大厂回族自治县，基于票据产生的民事纠纷均应当由票据开具地法院管辖，故本案应当由大厂回族自治县人民法院管辖。

四、北京金融法院不认可北京铭某经典文化艺术有限公司的前述主张，法院认为持票人有权仅以北京铭某经典文化艺术有限公司为被告，并向该被告住所地

---

① 北京金融法院，北京铭某经典文化艺术有限公司与天津市东丽区荣某五金经营部票据追索权纠纷民事裁定书［（2022）京74民辖终178号］。

法院提起追索权之诉，通州法院对本案有管辖权。北京金融法院最终裁定驳回北京铭某经典文化艺术有限公司管辖权异议。

律师评析

本案的争议焦点为，持票人未以出票人为被告，其是否必须向出票人所在地法院提起追索权之诉。北京金融法院认为，此种情况下，持票人可选择被告住所地法院管辖。我们认可法院的前述观点，理由如下：

根据《票据法》第六十八条及《民事诉讼法》（2021年修正）第二十六条的规定，持票人有权选择出票人、承兑人、收款人、背书人中一个或多个为被告提起追索权之诉，并根据所选择的被告，以被告住所地确定管辖法院。

实务经验总结

票据追索权之诉中，持票人有权选择出票人、承兑人、收款人、背书人中的一个或者多个为被告起诉。如果持票人仅选择一个前手为被告的，则其应向该被告住所地法院或者票据支付地（承兑人及承兑人开户行所在地）法院提起诉讼。如果持票人选择多个前手为被告的，其有权在不同的被告住所地人民法院或者票据支付地（承兑人及承兑人开户行所在地）法院中择一法院诉讼。

票据追索权纠纷中，持票人可选择以下法院提起诉讼：

1. 被告住所地法院。
2. 承兑人营业场所、住所或者经常居住地法院。
3. 票面记载的承兑人开户行营业场所、住所或者经常居住地法院。

相关法律规定

《中华人民共和国民事诉讼法》（2021年修正）

第二十二条第三款 同一诉讼的几个被告住所地、经常居住地在两个以上人民法院辖区的，各该人民法院都有管辖权。

第二十六条 因票据纠纷提起的诉讼，由票据支付地或者被告住所地人民法院管辖。

《中华人民共和国票据法》

第六十八条 汇票的出票人、背书人、承兑人和保证人对持票人承担连带责任。

持票人可以不按照汇票债务人的先后顺序,对其中任何一人、数人或者全体行使追索权。

持票人对汇票债务人中的一人或者数人已经进行追索的,对其他汇票债务人仍可以行使追索权。被追索人清偿债务后,与持票人享有同一权利。

裁判意见

以下为该案在法院审理阶段,判决书中"本院认为"就该问题的论述:

本院经审查认为,《票据法》第六十八条第一款、第二款规定:"汇票的出票人、背书人、承兑人和保证人对持票人承担连带责任。持票人可以不按照汇票债务人的先后顺序,对其中任何一人、数人或者全体行使追索权。"《民事诉讼法》(2021年修正)第二十六条规定:"因票据纠纷提起的诉讼,由票据支付地或者被告住所地人民法院管辖。"因北京铭某经典文化艺术有限公司的住所地在北京市通州区,因此,通州区人民法院具有对本案的管辖权。综上,上诉人的相关上诉理由,缺乏事实和法律依据,本院不予采纳。

延伸阅读

裁判观点:持票人有权选择多个票据前手为被告,并从多个被告中选择一个被告住所地法院起诉。

案例1:辽宁省盘锦市中级人民法院,潍坊宇某材料供应有限公司与盘锦广某建材销售有限公司等票据纠纷民事管辖上诉管辖裁定书〔(2022)辽11民辖终33号〕认为:

本院经审查认为,《民事诉讼法》(2021年修正)第二十二条第三款规定:"同一诉讼的几个被告住所地、经常居住地在两个以上人民法院辖区的,各该人民法院都有管辖权。"第二十六条规定:"因票据纠纷提起的诉讼,由票据支付地或者被告住所地人民法院管辖。"

一审法院查明,被上诉人盘锦广某建材销售有限公司向一审法院诉求对其支付涉案汇票金额及利息,故一审法院认定本案案由为票据纠纷。本案当事人众多,且各当事人的住所地亦不在同一辖区内,根据《民事诉讼法》(2021年修正)第二十二条第三款及第二十六条规定,上诉人潍坊宇某材料供应有限公司住所地及原审被告潍坊市宇某防水材料(集团)有限公司、青州市聚某纸制品有限公司、盘锦恒某物资有限公司住所地均享有本案的管辖权。被上诉人盘锦广某建材销售有限公司可以向其中任何一个法院起诉，法律赋予当事人选择的权利，被上诉人盘锦广某建材销售有限公司选择向兴隆台区人民法院起诉，那么，兴隆台区人民法院当然享有对本案的管辖权。故兴隆台区人民法院依法裁定对本案具有管辖权于法有据并无不当，上诉人潍坊宇某材料供应有限公司的异议不成立，本院不予支持。综上，一审裁定认定事实清楚，适用法律正确，应予维持。

案例2：河南省新乡市中级人民法院，河南禹某商贸有限公司与新乡市固某商贸有限公司等票据追索权纠纷民事管辖上诉管辖裁定书［（2022）豫07民辖终179号］认为：

本院经审查认为，《民事诉讼法》（2021年修正）第二十六条规定，因票据纠纷提起的诉讼，由票据支付地或者被告住所地人民法院管辖。本案中，新乡市固某商贸有限公司选择向被告之一的辉县市通和建材有限公司所在的河南省辉县市人民法院起诉，该院予以受理并无不当。河南省辉县市人民法院立案受理本案后，上诉人仅以其住所地位于新乡市红旗区，票据支付地位于郑州市管城回族区为由要求将本案移送处理的上诉请求缺乏依据，本院不予支持。

059 票据追索权纠纷中未将承兑人列为被告，承兑人住所地法院是否具有管辖权？

裁判要旨

票据持票人对票据追索权纠纷的管辖法院具有选择权，承兑人营业场所、住所地或经常居住地属于票据支付地范畴，因此，票据追索权纠纷中虽未将承兑人列为被告，承兑人住所地法院依然具有案件管辖权。

案情简介[①]

一、2020年6月18日，湖南纵某置业有限公司以出票人及承兑人的身份向湖南省第某工程有限公司签发一张金额为70万元的电子商业承兑汇票。票据到

---

① 湖南省湘潭市中级人民法院，湖南省第某工程有限公司、长沙市共某管材有限公司（以下简称共某管材公司）票据追索权纠纷民事管辖上诉管辖裁定书［（2021）湘03民辖终110号］。

期日为 2021 年 6 月 18 日。出票人及承兑人全称为湖南纵某置业有限公司，开户行为中某银行股份有限公司长沙市湘江中路支行，收款人全称为湖南省第某工程有限公司。

二、2020 年 9 月 17 日，湖南省第某工程有限公司将上述汇票背书转让给共某管材公司以支付合同款。票据到期后，持票人共某管材公司于 2021 年 6 月 22 日提示付款，但遭承兑人拒付，票据状态为"拒付追索待清偿"。

三、之后，持票人以收款人湖南省第某工程有限公司为被告，向承兑人住所地法院提起票据追索权之诉，请求法院判令被告向其支付票据款本息。

四、诉讼中被告提出管辖权异议，主张持票人未将承兑人列为被告，承兑人住所地法院无管辖权。湖南省湘潭市中级人民法院认为，承兑人住所地法院属于汇票支付地法院，对案件具有管辖权。

律师评析

《最高人民法院关于审理票据纠纷案件若干问题的规定》第六条第二款规定，票据支付地是指票据上载明的付款地，票据上未载明付款地的，汇票付款人或者代理付款人的营业场所、住所或者经常居住地为票据付款地。

鉴于电子商业承兑汇票上未明确记载付款地，票据追索权纠纷中票据支付地分为以下两种：

1. 汇票付款人营业场所、住所或者经常居住地：电子商业承兑汇票的付款人为承兑人，即承兑人营业场所、住所或者经常居住地。

2. 代理付款人营业场所、住所或者经常居住地：票面记载的承兑人开户行营业场所、住所或者经常居住地。

实务经验总结

票据追索权纠纷中，持票人可选择以下法院提起诉讼：

1. 被告住所地。
2. 承兑人营业场所、住所或者经常居住地。
3. 票面记载的承兑人开户行营业场所、住所或者经常居住地。

相关法律规定

《电子商业汇票业务管理办法》

第二条第四款　电子商业汇票的付款人为承兑人。

《中华人民共和国票据法》

第二十三条第三款　汇票上未记载付款地的，付款人的营业场所、住所或者经常居住地为付款地。

《最高人民法院关于审理票据纠纷案件若干问题的规定》（2020年修正）

第六条　因票据纠纷提起的诉讼，依法由票据支付地或者被告住所地人民法院管辖。

票据支付地是指票据上载明的付款地，票据上未载明付款地的，汇票付款人或者代理付款人的营业场所、住所或者经常居住地，本票出票人的营业场所，支票付款人或者代理付款人的营业场所所在地为票据付款地。代理付款人即付款人的委托代理人，是指根据付款人的委托代为支付票据金额的银行、信用合作社等金融机构。

裁判意见

以下为该案在法院审理阶段，判决书中"本院认为"就该问题的论述：

本院经审查认为，本案系票据追索权纠纷。根据《最高人民法院关于审理票据纠纷案件若干问题的规定》（2008年调整）第六条规定："因票据权利纠纷提起的诉讼，依法由票据支付地或者被告住所地人民法院管辖。票据支付地是指票据上载明的付款地，票据上未载明付款地的，汇票付款人或者代理付款人的营业场所、住所或者经常居住地，本票出票人的营业场所，支票付款人或者代理付款人的营业场所所在地为票据付款地……"本案中，涉案商业承兑汇票上并未明确载明付款地，汇票付款人系湖南纵某置业有限公司，该公司的住所地在湘潭市岳塘区，根据上述法律规定，付款人湖南纵某置业有限公司的住所地即为票据付款地，属原审法院管辖范围，原审法院对本案依法享有管辖权。原审裁定驳回湖南省第某工程有限公司提出的管辖异议，处理正确。上诉人湖南省第某工程有限公司提出的上诉理由不能成立，本院不予支持。

延伸阅读

裁判观点一：对票据付款请求权纠纷和票据追索权纠纷，票面记载的承兑人开户行的营业场所、住所地或经常居住地法院具有管辖权。

案例1：北京金融法院，北京远某腾辉通用电气技术有限公司（以下简称远某腾辉公司）票据付款请求权纠纷民事裁定书［（2021）京74民辖终210号］认为：

本院经审查认为，本案系票据付款请求权纠纷。《民事诉讼法》（2017年修正）第二十五条规定："因票据纠纷提起的诉讼，由票据支付地或者被告住所地人民法院管辖。"《最高人民法院关于审理票据纠纷案件若干问题的规定》（2008年调整）第六条规定："因票据权利纠纷提起的诉讼，依法由票据支付地或者被告住所地人民法院管辖。票据支付地是指票据上载明的付款地，票据上未载明付款地的，汇票付款人或者代理付款人的营业场所、住所或者经常居住地，本票出票人的营业场所，支票付款人或者代理付款人的营业场所所在地为票据付款地。代理付款人即付款人的委托代理人，是指根据付款人的委托代为支付票据金额的银行、信用合作社等金融机构。"本案中，中某银行北京雅宝路支行作为案涉票据载明的付款人远某腾辉公司的开户行，其应为远某腾辉公司的代理付款人，其营业场所所在地亦可认定为票据支付地。据此，一审法院对本案享有管辖权。远某腾辉公司的上诉理由，于法无据，本院不予采纳。

案例2：山东省青岛市中级人民法院，青岛捷某汽轮机集团股份有限公司、青岛新某气动液压工程有限公司票据追索权纠纷民事管辖上诉管辖裁定书［（2021）鲁02民辖终597号］认为：

本院经审查认为，本案系票据追索权纠纷。《最高人民法院关于审理票据纠纷案件若干问题的规定》（2020年修正）第六条规定："因票据纠纷提起的诉讼，依法由票据支付地或被告住所地人民法院管辖。票据支付地是指票据上载明的付款地，票据上未载明付款地的，汇票付款人或者代理付款人的营业场所、住所或者经常居住地，本票出票人的营业场所，支票付款人或者代理付款人的营业场所所在地为票据付款地。代理付款人即付款人的委托代理人，是指根据付款人的委托代为支付票据金额的银行、信用合作社等金融机构。"本案中，代理付款人为承兑人的开户行中国光某银行股份有限公司青岛宁夏路支行，其营业场所位于青岛市市南区，故青岛市市南区人民法院对本案享有管辖权。

060 起诉后撤回对某一前手的起诉，基于该前手确定的管辖法院是否还具有管辖权？

裁判要旨

法院受理案件后，案件进入实体审理前，原告撤回对作为确定管辖的唯一联结点的当事人的起诉，且其他被告于法定期间内提出管辖权异议的，受诉法院丧失管辖权。

案情简介①

一、2017年12月27日，合肥华某公司向武汉家某农业科技开发有限公司背书转让电子商业承兑汇票十六张，金额共计8000万元，票据到期日均为2018年12月25日，出票人及承兑人均为中某工建设集团有限公司。后续背书情况为：武汉家某农业科技开发有限公司背书转让给康某保理公司，康某商业保理（深圳）有限公司（以下简称康某保理公司）背书转让给康某集团公司，康某集团公司背书转让给平某银行深圳分行。

二、汇票到期后，平某银行深圳分行向承兑人提示付款，并被拒绝付款。之后，平某银行深圳分行向其直接前手康某集团公司发起追索，康某集团公司向平某银行深圳分行清偿了票据款本息。

三、之后，康某集团公司向合肥华某公司、武汉家某农业科技开发有限公司和康某保理公司追索票据款本息未果，遂以该三者为共同被告向广东省深圳市中级人民法院（系康某保理公司住所地法院）提起票据追索权之诉，请求法院判令各被告连带向其支付票据款本息。

四、2019年3月21日，广东省深圳市中级人民法院予以立案，此后原告康某集团公司向法院申请撤回对康某保理公司的起诉，并获得了深圳市中级人民法院的准许。

五、2019年7月30日，合肥华某公司签收法院送达的应诉材料后，于2019年8月6日向深圳市中级人民法院提出管辖权异议，认为康某保理公司系与深圳

---

① 广东省高级人民法院，合肥华某商贸有限公司（以下简称合肥华某公司）、康某集团股份有限公司（以下简称康某集团公司）票据追索权纠纷二审民事裁定书〔（2019）粤民辖终444号〕。

市中级人民法院具有联结的唯一被告，现康某集团公司撤回了对康某保理公司的起诉，深圳市中级人民法院无管辖权。原告康某集团公司则认为，法院对民事案件是否享有管辖权，以起诉时为准，起诉时对案件享有管辖权的法院，不因确定管辖的因素在诉讼过程中发生变化而受影响。

六、一审深圳市中级人民法院认可了原告康某集团公司的主张，认为案件适用管辖恒定原则，二审广东省高级人民法院则支持了合肥华某公司的管辖权异议，撤销了深圳市中级人民法院作出的一审裁定书，并将本案移送至有管辖权的合肥市中级人民法院审理。

律师评析

本案的争议焦点为，案件进入实体审理之前，原告撤回对确定管辖法院的被告的起诉，其他被告于法定期间内提出管辖权异议的，人民法院是否应当支持。

对此一审深圳市中级人民法院认为，管辖恒定原则一般是指确定管辖权以起诉时为标准，起诉时对案件享有管辖权的人民法院，不因确定管辖的事实在诉讼过程中发生变化而影响其管辖权。原告在起诉时，深圳市中级人民法院具有管辖权，则深圳市中级人民法院具有恒定管辖权。

二审广东省高级人民法院则认为，管辖恒定原则适用的范围不包括法院受理案件后、实体审理之前，原告撤回对作为确定原审法院管辖的唯一联结点的当事人的起诉，导致受诉法院丧失管辖权的情形。唯一联结点因原告撤回对该被告起诉而消失的，原审法院不再具有管辖权。

实务经验总结

1. 法院立案之后，一审开庭之前，原告撤回对确定管辖的部分被告起诉的，我们建议，其他被告可于收到诉讼材料之日起尽快向法院提起管辖权异议，以充分保障自身程序权益。

2. 只要不是恶意创造联结点规避地域管辖规则，原则上一审开庭后管辖联结点消失的，适用管辖恒定原则，不改变管辖。有鉴于此，如原告确实欲撤回对部分被告的起诉，我们建议其向法院提交申请的时点为一审开庭之后或其他被告提出管辖权异议期间届满之后。

相关法律规定

《最高人民法院关于审理票据纠纷案件若干问题的规定》（2020年修正）

第六条 因票据纠纷提起的诉讼，依法由票据支付地或者被告住所地人民法院管辖。

票据支付地是指票据上载明的付款地，票据上未载明付款地的，汇票付款人或者代理付款人的营业场所、住所或者经常居住地，本票出票人的营业场所，支票付款人或者代理付款人的营业场所所在地为票据付款地。代理付款人即付款人的委托代理人，是指根据付款人的委托代为支付票据金额的银行、信用合作社等金融机构。

裁判意见

以下为该案在法院审理阶段，判决书中"本院认为"就该问题的论述：

本院认为，本案系票据追索权纠纷。《最高人民法院关于审理票据纠纷案件若干问题的规定》（2008年调整）第六条规定，因票据权利纠纷提起的诉讼，依法由票据支付地或者被告住所地人民法院管辖。票据支付地是指票据上载明的付款地，票据上未载明付款地的，汇票付款人或者代理付款人的营业场所、住所或者经常居住地为票据付款地……本案涉案的十六张电子商业承兑汇票的出票人及承兑人均为案外人中某工建设集团有限公司（开户行：兴某银行股份有限公司北京分行营业部）。康某集团公司行使票据追索权，选择向被告之一的康某保理公司住所地的原审法院提起诉讼，本案当事人合肥华某公司、武汉家某农业科技开发有限公司均不在广东省辖区内，且诉讼标的只超过5000万元并未超过50亿元，故原审法院受理本案时符合地域管辖和级别管辖的相关法律规定。但在原审法院受理本案后，康某集团公司却撤回了对康某保理公司的起诉，导致本案的票据支付地或者被告住所地两个法定管辖联结点均不在原审法院辖区，原审法院对本案丧失管辖权。管辖恒定原则，是指法院对民事案件是否享有管辖权以起诉时为准，包括受诉人民法院的管辖权不受当事人住所地、经常居住地变更的影响等。但管辖恒定原则适用的范围不包括法院受理案件后，原告撤回对作为确定原审法院管辖的唯一联结点的当事人的起诉，导致受诉法院丧失管辖权的情形。本案中，康某集团公司在法院受理其起诉后，却撤回了对作为本案与原审法院管辖本案的唯一联结点的当事人康某保理公司的起诉，导致本案的票据支付地或者被告住所地两个法定管辖联结点均不在原审法院辖区，使原审法院不再对本案享有管辖权。故本案不属于管辖恒定原则适用的情形。原审法院以管辖恒定原则裁定驳回合肥华某公司对本案管辖权提出的异议不当，应予纠正。合肥华某公司认为，因作为原审被告之一的康某保理公司经被上诉人撤回对其起诉后已经不再具备本案被告的主体资格，作为其所在地法院的原审法院丧失了管辖权，本案应当移送安徽省合肥市中级人民法院管辖的上诉理由和主张于法成立，本院予以支持。

延伸阅读

裁判观点：案件进入实体审理之后，原告撤回对部分被告的起诉，即便因此导致受诉法院的管辖联结点消失，案件不因原告撤回对部分被告的起诉而改变管辖。

案例：最高人民法院，何某娟诉浙江义乌宝某彩印有限公司（以下简称宝某公司）借款合同纠纷案［（2017）最高法民辖终257号］认为：

宝某公司因与何某娟、方某奇、天某公司借款合同纠纷，于2014年2月27日向一审法院提起诉讼。一审法院受理后，何某娟未在提交答辩状期间提出管辖权异议且应诉答辩。一审法院依照《最高人民法院关于调整高级人民法院和中级人民法院管辖第一审民商事案件标准的通知》的规定，对本案行使管辖权并无不当。何某娟主张一审法院对本案不具有管辖权的理由是一审诉讼过程中宝某公司撤回了对天某公司的起诉，一审法院拥有管辖权的前提已失去。本院认为，一方面，虽然宝某公司撤回了对天某公司的起诉，但系因其与天某公司达成和解协议而撤诉，并非通过恶意虚列被告方式规避地域管辖的规定。何某娟上诉主张宝某公司为了达到将案件由一审法院审理的目的，故意以天某公司作为虚假被告再撤回起诉的理由，欠缺有效证据支持。另一方面，宝某公司在一审法院第一次开庭审理后与天某公司达成和解协议并撤回对其的起诉，可以视为宝某公司变更了诉讼请求，即撤销了"请求法院判令被告二株洲天某房地产开发有限公司对被告一方某奇所欠原告的借款本息承担连带清偿责任"的诉讼请求。根据管辖恒定原则，人民法院确定对案件有管辖权的，不因当事人提起反诉、增加或者变更诉讼请求等改变管辖，但违反级别管辖、专属管辖规定的除外。换言之，在本案一审已经两次开庭进入实体审理的情形下，不应因宝某公司撤回对天某公司的起诉而改变管辖。原裁定驳回何某娟的管辖权异议，并无不当。何某娟的上诉理由不能成立，本院不予支持。

第九节　票据追索权纠纷之起诉与固定证据

061 多张票据的票据当事人均一致，持票人可否在同一案中就多张票据一并起诉？

裁判要旨

多张汇票所涉票据纠纷系多个独立的诉，各诉之间不存在牵连关系，且不属于必要共同诉讼引起的、必须予以合并审理的诉的合并情形。不论电子商业承兑汇票的票据当事人是否相同，持票人应以一张票据为一个案件，向有管辖权的人民法院分别提起诉讼。

案情简介[①]

一、2015 年 8 月 6 日，出票人杭州锦某传贸易有限公司向杭州沙某贸易有限公司签发了二十张电子商业承兑汇票，金额合计 11000 万元，到期日均为 2016 年 2 月 5 日，承兑人均为出票人，票面载明的背书人均为：杭州沙某贸易有限公司、浙江民某商业银行萧山瓜沥小微企业专营支行、恒某银行烟台分行、民某银行郑州分行、邮某银行浙江分行、兴某银行莆田分行。

二、汇票到期后，持票人兴某银行莆田分行依法向承兑人提示付款，但被拒付。之后，兴某银行莆田分行以二十个案件（每一张票据为一个案件）分别向杭州市中级人民法院提起票据追索权之诉。对前述二十个案件，杭州市中级人民法院均以涉嫌经济犯罪嫌疑为由驳回兴某银行莆田分行的起诉。

三、兴某银行莆田分行认为，案涉票据法律关系不存在经济犯罪嫌疑，不服一审裁定提起上诉，二审浙江省高级人民法院驳回上诉，维持原裁定。之后，兴某银行莆田分行将原本二十个案件合并起来作为一个案件向浙江省高级人民法院重新提起票据追索权之诉。

---

① 浙江省高级人民法院，兴某银行股份有限公司莆田分行（以下简称兴某银行莆田分行）与中国邮政某蓄银行股份有限公司浙江省分行（以下简称邮某银行浙江分行）、中国民某银行股份有限公司郑州分行（以下简称民某银行郑州分行）票据追索权纠纷一审民事裁定书［（2018）浙民初 50 号］。

四、浙江省高级人民法院认为，兴某银行莆田分行将原本二十个案件合并起来作为一个案件起诉，有抬高级别管辖之嫌，且本案亦不符合《民事诉讼法》第五十五条第一款关于合并审理的规定，兴某银行莆田分行应分开起诉。鉴于分开起诉后每个案件争议标的达不到高级人民法院级别管辖的标准，浙江省高级人民法院最终裁定驳回起诉。

律师评析

本案的争议焦点为，多张票据的票据当事人均一致的情况下，持票人可否在同一个案件中就多张票据主张权利。对此，浙江省高级人民法院持否定态度，我们认可法院的观点，理由如下：

1. 不同的票据对应不同的票据法律关系、不同的票据行为，诉讼标的不同。

2. 本案的其他诉讼当事人不同意合并审理，不符合《民事诉讼法》第五十五条第一款规定合并审理的前提条件。

3. 持票人主张合并审理有抬高级别管辖之嫌。

实践中，不同法院对该问题持有截然相反的两种观点。主文案例否认多张票据可在同一个案件中合并审理，而某些法院则认为鉴于票据当事人均一致，诉讼标的均为票据法律关系，从减少当事人诉累，节约司法资源角度考量，多张票据可合并于同一个案件中审理，合并审理不构成程序违法。

实务经验总结

为稳妥起见，我们建议持票人以一张票据为一个案件，向有管辖权的人民法院分别提起追索权之诉。当然，如征得受理法院的同意，也可尝试将多张票据合并在同一案中进行起诉。

相关法律规定

《中华人民共和国民事诉讼法》（2021年修正）

第五十五条第一款 当事人一方或者双方为二人以上，其诉讼标的是共同的，或者诉讼标的是同一种类、人民法院认为可以合并审理并经当事人同意的，为共同诉讼。

裁判意见

以下为该案在法院审理阶段，判决书中"本院认为"就该问题的论述：

本院经审查认为，原告兴某银行莆田分行以案涉二十张商业承兑汇票设立的票据关系，曾经以二十个案件（每一张票据为一个案件）分别向杭州市中级人民法院提起诉讼，案号分别为（2016）浙01民初554—573号。上述二十个案件杭州市中级人民法院均以涉嫌经济犯罪嫌疑为由驳回原告的起诉。原告不服提起上诉，本院二审驳回上诉，维持原裁定后，原告现以不存在经济犯罪嫌疑为由，将原本二十个案件合并起来作为一个案件向本院提起诉讼，原告有抬高级别管辖之嫌。对于杭州市中级人民法院曾经审理的上述二十个案件从诉的构成要素而言，均是独立之诉。且该二十个案件，一审、二审法院均以独立之诉进行了审理。《民事诉讼法》第五十二条第一款规定①："当事人一方或者双方为二人以上，其诉讼标的是共同的，或者诉讼标的是同一种类、人民法院认为可以合并审理并经当事人同意的，为共同诉讼。"据此，诉的合并必须符合"两便"原则，且须经对方当事人同意，而本案三被告已经明确表示不同意合并审理。此外，将二十张票据发生的纠纷进行合并审理，也不符合简化诉讼程序的原则。因此，原告应依据其第一次向杭州市中级人民法院分开起诉时的标准，分开向有管辖权的人民法院提起诉讼。因原告分开起诉后，每个案件争议标的达不到本院级别管辖的标准，故本院对本案没有管辖权。根据《最高人民法院关于适用〈中华人民共和国民事诉讼法〉的解释》第二百零八条第三款的规定："立案后发现不符合起诉条件或者属于民事诉讼法第一百二十四条规定情形的，裁定驳回起诉。"故本院应驳回原告的起诉。原告可以根据《民事诉讼法》第二十三条的规定，依据其第一次向杭州市中级人民法院分开起诉时的标准，以一张票据为一个案件，向有管辖权的人民法院分别提起诉讼。

延伸阅读

裁判观点一：多张汇票分别反映当事人之间独立的票据关系和独立的票据行为，每个票据关系独立成诉，不适宜在同一案件中合并诉讼，应由持票人分案起诉（与主文案例观点相同）。

案例1：重庆市渝北区人民法院，四川嘉某股份有限公司与山某建设集团有

---

① 现为《民事诉讼法》（2021年修正）第五十五条第一款。

限公司、重庆帝某劳务有限公司票据纠纷一审民事裁定书［（2021）渝0112民初31358号］认为：

本院经审查认为，根据原告起诉的事实与理由，被告重庆帝某劳务有限公司分别向原告背书转让了三张电子商业承兑汇票，出票人均为被告山某建设集团有限公司，现原告分别将该三张电子商业承兑汇票所涉票面金额及利息一并在本案中起诉，要求二被告连带给付汇票金额及利息。本院认为，该三张电子商业承兑汇票所涉票据纠纷系三个独立的诉，各诉之间不存在牵连关系，且不属于必要共同诉讼引起的、必须予以合并审理的诉的合并情形。原告在具备三个独立请求权的情况下，径行将三个独立的诉在同一案中一并诉到法院，缺乏法律依据，其事实与理由不明确。

案例2：浙江省高级人民法院，中国民某银行股份有限公司郑州分行与兴某银行股份有限公司莆田分行、中国邮政某蓄银行股份有限公司浙江省分行票据追索权纠纷管辖民事裁定书［（2020）浙民辖终92号］认为：

中国民某银行股份有限公司郑州分行上诉称，杭州市中级人民法院受理的本票据追索权纠纷案件与其他十九起票据追索权纠纷案件的涉案标的系同一笔票据转贴现业务项下的二十张商业承兑汇票，二十起案件的原被告均相同，应合并审理。请求撤销原裁定，将该案移送至上诉人住所地有管辖权的人民法院管辖。

上诉人提出，应当将被上诉人向原审法院提起的二十起票据追索权纠纷案件合并审理的意见，由于案涉二十张商业承兑汇票均为独立法律关系，分别起诉并未违反法律规定。

裁判观点二：在票据当事人一致的情况下，多张汇票系相同的法律关系，可以合并审理（与主文案例观点相反）。

案例3：河北省唐山市中级人民法院，深圳市益某保理有限公司（以下简称益某保理）与庞某汽贸集团股份有限公司（以下简称庞某汽贸）、上海阿某贸易有限公司（以下简称阿某贸易）等票据追索权纠纷一审民事判决书［（2018）冀02民初382号］认为：

关于级别管辖的问题，被告庞某汽贸主张涉案十张票据，每案涉案金额约为200万元，如以票据纠纷论，应作为十个案件分案处理，不能作为一个案件处理。如以《票据融资理财委托协议》论，益某保理是通过两份协议（金额分别为800万元、1200万元）取得票据涉案票权利，也应作为两个案件处理，上述两种情况应由被告庞某汽贸公司注册地滦县人民法院管辖，本院无管辖权。依据

《民事诉讼法》（2017年修正）第三十八条第一款规定："上级人民法院有权审理下级人民法院管辖的第一审民事案件"，即便如被告所称，本案应拆分成十个案件或者两个案件由滦县人民法院管辖审理，根据前述法律规定，本院仍然有权审理滦县人民法院管辖的第一审民事案件。况且，本案中原告益某保理是基于其与被告庞某汽贸、阿某贸易之间的票据法律关系以及其与庞某汽贸、阿某贸易、庞某华之间的合同法律关系提起本案诉讼，当事人相同，案件中同一方当事人每张票据纠纷的诉讼权利义务相同即诉讼标的相同，也应当以一案审理。同时也为减少当事人诉累，节约司法资源，提高司法效率，本院对被告庞某汽贸的该项主张不予支持。

案例4：重庆市大渡口区人民法院，重庆市金某商业保理有限公司与阳某城集团股份有限公司、西安迪某置业有限公司等票据追索权纠纷一审民事判决书［（2021）渝0104民初8652号］认为：

被告辩称案涉票据有两张，应分案处理。本院认为，因两张票据系相同法律关系，合并审理并不违反法律禁止性规定，亦为减少当事人诉累，节约司法资源。故本院对被告该辩称意见，不予采纳。

案例5：山东省济南市中级人民法院，山东万某中盛幕墙有限公司（以下简称山东万某公司）与南京九某商贸有限公司票据追索权纠纷民事二审民事判决书［（2022）鲁01民终379号］认为：

山东万某公司另称，本案两张汇票属不同的票据法律关系，一审不应合并审理，亦于法无据，山东万某公司主张一审程序违法，本院不予认定。

案例6：广东省广州市中级人民法院，广州粤某集团股份有限公司（以下简称广州粤某公司）与深圳市炽某实业有限公司（以下简称深圳炽某公司）票据追索权纠纷二审民事判决书［（2020）粤01民终24847号］认为：

广州粤某公司是汇票的出票人和承兑人，中某建某公司收票后向深圳市信某联投资有限公司背书转让本案所涉十三张电子商业承兑汇票，总额共计2525万元，深圳炽某公司经深圳市信某联有限公司背书转让取得上述汇票，上述汇票背书连续，票据合法有效……综上所述，依照《票据法》第十三条、第六十一条、第六十六条的规定，判决如下：自本判决发生法律效力之日起3日内，广州粤某公司、中某建某公司向深圳炽某公司支付商业承兑汇票金额2525万元及利息（从2019年10月25日起至实际付清之日止，以本金656万元为基数；从2019年12月20日起至实际付清之日止，以本金500万元为基数；从2019年12月27

日起至实际付清之日止，以本金300万元为基数；从2020年2月17日起至实际付清之日止，以本金100万元为基数；从2020年3月9日起至实际付清之日止，以本金670万元为基数；从2020年4月13日起至实际付清之日止，以本金299万元为基数。均按全国银行间同业拆借中心公布的贷款市场报价利率标准计算）。一审案件诉讼费174510元（包括案件受理费169510元、诉讼保全费5000元），由广州粤某公司、中某建某公司共同负担。

案例7：河南省新乡市中级人民法院，上海瑞某新能源汽车有限公司（以下简称瑞某公司）与郑州新某通瑞新能源技术有限公司（以下简称新某公司）等票据纠纷案［（2017）豫07民终1935号］认为：

关于瑞某公司上诉称案涉票据两张，代表两个不同的票据关系，在同一案中提起诉讼不符合《民事诉讼法》的相关规定的问题。本案两张汇票的付款人、收款人、背书人均相同，新某公司的起诉理由与请求亦相同，票据关系并无区别，新某公司持两张汇票合并起诉并未影响瑞某公司行使诉讼权利，故瑞某公司的该项上诉理由本院不予采纳。

062 持票人如何对电票系统中不能留痕的操作固定证据？

裁判要旨

固定证据方式1：撤回期前提示付款操作后，电子商业汇票系统中关于期前提示付款的记录消失，此种情况下，持票人可将撤回提示付款、重新提示付款的操作进行公证。

案情简介[①]

一、2020年7月27日，青岛中某德汽车贸易有限公司作为出票人出具电子商业承兑汇票一张，汇票到期日为2021年7月27日，票据金额为50万元，承兑人为青岛中某德汽车贸易有限公司，收票人为福某来公司。票据背书情况为：

[①] 山东省济南市中级人民法院，山东福某来装饰有限公司（以下简称福某来公司）与济南微某念信息科技有限公司（以下简称微某念公司）票据追索权纠纷民事二审民事判决书［（2021）鲁01民终11897号］。

福某来公司背书转让给微某念公司。

二、2021年8月20日，微某念公司提示付款，被拒付，拒付理由为商业承兑汇票承兑人账户余额不足，票据状态为"逾期提示付款待签收"。

三、之后，微某念公司以福某来公司为被告提起票据追索权之诉，诉讼中，福某来公司主张，微某念公司逾期提示付款，丧失对除出票人和承兑人外的其他前手的追索权。

四、微某念公司抗辩称："2021年7月23日，微某念公司第一次提示付款，2021年8月20日，微某念公司提示付款撤回。2021年8月20日，微某念公司再次提示付款。微某念公司进行了期前提示付款，期前提示付款效力延伸至期后，微某念公司未丧失对福某来公司追索权。"对于前述主张，微某念公司向法院提交了一份公证文书，公证内容为撤回期前提示付款、重新提示付款操作全过程。

五、二审山东省济南市中级人民法院采信了微某念公司提交的公证文书，并认可微某念公司的抗辩，最终判决支持了微某念公司的诉讼请求。

实务经验总结

对于电子商业汇票系统中不能留痕的操作，持票人可通过如下方式固定证据：

1. 公证操作全过程。
2. 使用可信时间戳记录全过程。
3. 诉讼中，申请法院向上海票据交易所股份有限公司调取电子商业汇票系统后台数据。

鉴于实践中，有些法院认为，可信时间戳系持票人单方制作，通过可信时间戳固定的证据不具有证明力，同时法院可能拒绝持票人调取证据的申请，我们建议，持票人优先选择"公证全过程"的方式固定证据，并在起诉状中明确请求追索公证费（实践中，有些法院支持持票人的该等诉讼请求，有些法院则不支持）。

相关法律规定

《电子商业汇票业务管理办法》

第五十九条 持票人在票据到期日前提示付款的，承兑人可付款或拒绝付款，或于到期日付款。承兑人拒绝付款或未予应答的，持票人可待票据到期后再次提示付款。

第六十六条 持票人在票据到期日前被拒付的，不得拒付追索。持票人在提示付款期内被拒付的，可向所有前手拒付追索。持票人超过提示付款期提示付款被拒付的，若持票人在提示付款期内曾发出过提示付款，则可向所有前手拒付追索；若未在提示付款期内发出过提示付款，则只可向出票人、承兑人拒付追索。

裁判意见

以下为该案在法院审理阶段，判决书中"本院认为"就该问题的论述：

微某念公司辩称，其持有涉案票据，票据到期日为2021年7月27日，因出票人恒某及其关联公司资金流动困难，对于其承兑的票据款不予兑付，微某念公司在票据到期日之前，即2021年7月23日〔(2021)鲁商河证经字第4778号公证书第13页〕提示付款，承兑人既未拒付，也未付款，微某念公司多次去承兑人公司沟通付款事宜，均未果，因起诉立案时法院要求票据的拒付信息，微某念公司于2021年8月20日8时33分撤回提示付款〔(2021)鲁商河证经字第4879号公证书第6页〕，并于2021年8月20日8时41分重新提示付款〔(2021)鲁商河证经字第4879号公证书第9页〕后被拒付。直至今日承兑人仍未付款，微某念公司已于到期前提示付款，提示付款待签收状态持续覆盖整个提示付款期，承兑人至2021年8月20日仍未应答，足以说明承兑人在票据到期后不予付款的意思表示。

本院认为，本案争议的焦点是，微某念公司是否有权向福某来公司拒付追索。

福某来公司主张，微某念公司提前提示付款、逾期提示付款，丧失拒付追索权。对此，本院认为，《电子商业汇票业务管理办法》第五十九条规定："持票人在票据到期日前提示付款的，承兑人可付款或拒绝付款，或于到期日付款。承兑人拒绝付款或未予应答的，持票人可待票据到期后再次提示付款。"据此可知，行政法规并不禁止持票人在票据到期日前提示付款。涉案票据到期日为2021年7月27日，微某念公司于2021年7月23日提示付款，故不存在逾期提示付款情形。《电子商业汇票业务管理办法》第六十六条规定："持票人在票据到期日前被拒付的，不得拒付追索。持票人在提示付款期内被拒付的，可向所有前手拒付追索。持票人超过提示付款期提示付款被拒付的，若持票人在提示付款期内曾发出过提示付款，则可向所有前手拒付追索；若未在提示付款期内发出过提示付款，则只可向出票人、承兑人拒付追索。"微某念公司于 2021 年 7 月 23 日提示付款，但直至票据到期日票据状态显示为待签收，并非拒绝付款，因此，应认定微某念公司的第一次提示付款持续到票据到期日，故其依法并不丧失对前手的追索权。微某念公司在第一次提示付款不成的情况下，又于 2021 年 8 月 20 日再次申请提示付款，亦符合法律规定。2021 年 8 月 26 日，提示付款被拒付，拒付理由为商业承兑汇票承兑人账户余额不足，直至二审中经当庭核查，票据状态仍为拒付，故微某念公司依法享有向前手的追索权。

延伸阅读

固定证据方式 2：持票人申请调取证据，请求法院向上海票据交易所股份有限公司调取电子商业汇票系统后台数据。

案例 1：新疆维吾尔自治区乌鲁木齐市中级人民法院，河南联某一百实业有限公司与中某银行股份有限公司郑州分行（以下简称中某银行郑州分行）、中某银行股份有限公司郑州建设路支行（以下简称中某银行建设路支行）等票据追索权纠纷二审民事判决书［（2021）新 01 民终 1160 号］认为：

二审审理中，中某银行郑州分行、中某银行建设路支行向本院申请调取：上海票据交易所处留存的涉案《电子商业承兑汇票》的"电子商业汇票系统"后台中某银行郑州分行、中某银行建设路支行的签章程序。本院向上海票据交易所股份有限公司作出《调取证据通知书》，调取上述中某银行郑州分行、中某银行建设路支行申请调取的证据。2021 年 5 月 8 日，上海票据交易所股份有限公司向本院作出《上海票据交易所关于新疆维吾尔自治区乌鲁木齐市中级人民法院调取证据的复函》。

固定证据方式 3：持票人通过可信时间戳固定证据（有些法院不认可可信时间戳固定的证据具有证明力）。

案例 2：广西壮族自治区扶绥县人民法院，深圳市益某保理有限公司（以下简称深圳益某公司）与广西正某农业科技有限公司票据追索权纠纷一审民事判决书［（2018）桂 1421 民初 1863 号］认为：

深圳市版权协会电子证据固化的电子商业承兑汇票及相关报告、发票、光盘（光盘内含有涉案票面信息的截图原始文件包，固化后生成的时间戳文件，证明固化主体身份信息的电子签名文件),证明深圳益某公司合法持有电子商业承兑汇票,涉案票据于 2017 年 9 月 26 日到期,深圳益某公司已经按照《票据法》规定分别于 2017 年 9 月 21 日和 10 月 10 日两次向承兑人提示付款,承兑人未按照规定清偿票面金额。在票据到期提示付款后,承兑人拒不兑付。

案例 3:河南省周口市中级人民法院,科某防水科技股份有限公司(以下简称科某公司)、河南海某园林绿化有限公司(以下简称海某公司)票据追索权纠纷民事二审民事判决书〔(2022)豫 16 民终 1420 号〕认为:

本院二审期间,上诉人科某公司提交证据 1. 农某银行电子汇票系统查询截图及录屏视频,证明:截至 2022 年 3 月 2 日,上诉人电子汇票系统中仍不存在本案待签收、待付款的电子汇票,被上诉人至今未向上诉人发出追索付款提示,现已超过法定追索期限。证据 2. 可信时间戳认证证书,证明本案电子证据真实性已通过第三方机构进行证据固定。被上诉人海某公司质证意见为,上诉人提交的证据系上诉人公司单方制作,不予认可。本院认为,上诉人提交的证据系上诉人公司单方制作,不能达到其证明目的,本院不予采纳。本院查明的事实与一审相同。

第十节 票据追索权纠纷之中止审理

063 人民法院受理被追索人的破产申请的,是否应当中止审理票据追索权纠纷?

裁判要旨

票据追索权诉讼过程中,人民法院裁定受理对被追索人的破产申请且指定破产管理人,如管理人签收诉讼材料后未向法院申请中止审理的,则已经开始而尚未终结的票据追索权纠纷无须中止审理。

案情简介[①]

一、2018 年 8 月 16 日,重庆力某汽车有限公司向迪某公司签发了一张电子

---

① 江苏省无锡市中级人民法院,重庆嘉某翔商贸有限公司(以下简称嘉某翔公司)、重庆新某机械设备有限公司(以下简称新某公司)与建某(常州)化工有限公司(以下简称建某常州公司)、重庆理某智造汽车有限公司等票据追索权纠纷二审民事判决书〔(2020)苏 02 民终 2532 号〕。

商业承兑汇票，票据金额为30万元，汇票到期日为2019年2月16日，承兑人为力某公司。票面载明背书人依次为嘉某翔公司、五某商行、新某公司、耐某经营部、电某元件厂、昆山展某贸易有限公司、建某江苏公司、建某常州公司。

二、汇票到期后，持票人建某常州公司依法向承兑人力某公司提示付款，但被拒绝付款。之后，建某常州公司以出票人重庆力某汽车有限公司、承兑人力某公司、背书人嘉某翔公司、五某商行、新某公司等为共同被告，向法院提起票据追索权之诉，请求法院判令各被告连带向其支付票据款本息。

三、2020年年初，一审江苏省江阴市人民法院判决支持了建某常州公司的诉讼请求，嘉某翔公司、新某公司等前手不服一审判决，向江苏省无锡市中级人民法院提起上诉，主张承兑人力某公司被法院裁定受理破产重整，在管理人接管力某公司财产之前，本案应中止审理。

四、无锡市中级人民法院认为，力某公司于2020年8月21日被裁定受理破产重整并于同日指定管理人，在管理人签收诉讼文书且未提出中止审理请求的情况下，推定管理人已经接管力某公司财产，本案无须中止审理。

律师评析

本案的争议焦点为，票据追索权诉讼进行过程中，法院裁定受理对被追索人的破产申请的，正在审理的票据纠纷是否应中止审理。对此，无锡市中级人民法院认为，法院裁定受理破产申请并不当然导致正在审理的票据纠纷中止审理。我们认可法院的裁判观点，理由如下：

法院受理破产申请后，债务人原则上丧失对财产的管理与处分权，该等管理与处分权移转给管理人，自然债务人自身不再具备继续参与有关民事诉讼或仲裁的资格。在法院受理破产申请到管理人接管债务人财产期间，为解决债务人无适格应诉主体资格的问题，也为避免某些债权人在此期间通过诉讼或仲裁的方式恶意处分债务人的破产财产，《中华人民共和国企业破产法》（以下简称《企业破产法》）第二十条作出如下规定："人民法院受理破产申请后，已经开始而尚未终结的有关债务人的民事诉讼或者仲裁应当中止；在管理人接管债务人的财产后，该诉讼或者仲裁继续进行"。然而，现行法并未规定管理人应在人民法院受理破产案件后多长时间内接管债务人财产。

我们认为，若管理人已掌握诉讼证据材料、签收诉讼文书的，应可推断其已接管债务人财产。至于接管财产工作进行了多少在所不问。因为一则人民法院指定管理人之后，管理人即为债务人相关诉讼的适格的应诉主体，无适格应诉主体的问题至此解决。二则确定"在管理人接管债务人的财产"认定标准时，也应考虑债权人的利益。案件中止审理并非终结审理，尚未审理完毕的案件终究须继续审理，以"管理人掌握诉讼证据材料、签收诉讼文书"作为"管理人接管债务人的财产"的标志，有利于维护债权人利益，避免诉讼拖延。

实务经验总结

1. 对持票人而言，如票据追索权诉讼审理过程中，法院裁定受理对被追索人的破产申请的，为避免因法院未及时指定管理人或管理人尚未接管被追索人的财产而导致已经开始的诉讼中止审理，拖延诉讼进程。我们建议持票人撤回对该被追索人的起诉，转而在破产程序中向管理人申报债权。

2. 对于被追索人而言，如法院裁定对其他票据前手的破产申请的，被追索人可通过向法院提起中止审理的方式延缓诉讼进程。

相关法律规定

《中华人民共和国企业破产法》

第二十条 人民法院受理破产申请后，已经开始而尚未终结的有关债务人的民事诉讼或者仲裁应当中止；在管理人接管债务人的财产后，该诉讼或者仲裁继续进行。

裁判意见

以下为该案在法院审理阶段，判决书中"本院认为"就该问题的论述：

本案二审的争议焦点为……本案是否应当中止审理。

本案不中止审理并未损害力某公司的权利。力某公司于2020年8月21日被裁定受理破产重整并于同日指定管理人，本院定于2020年10月15日9时30分在本院第十法庭进行开庭或询问，并于庭前向力某公司送达的传票被签收，本案不中止审理未损害力某公司的权利。

延伸阅读

裁判观点一：人民法院受理对票据前手的破产申请并已指定破产管理人后，

在管理人无异议的情况下，推定管理人已经接管该票据前手的财产，已经开始审理且尚未终结的票据追索权纠纷继续审理，其他被告以"被追索人被裁定受理破产申请，本案应中止审理"来拖延诉讼程序的，人民法院不予支持（与主文案例裁判观点相同）。

案例1：最高人民法院，华某证券有限责任公司与瑞某商业保理（上海）有限公司票据追索权纠纷二审民事判决书［（2018）最高法民终890号］认为：

关于原审法院未中止审理是否违反诉讼程序的问题。2017年10月12日，山东省邹平县人民法院受理青岛星某信德贸易有限公司（以下简称星某信德公司）的破产重整申请。同日，该院依据（2017）鲁1626破29号决定书指定星某信德公司清算组担任星某信德公司管理人。依据《企业破产法》第二十条规定："人民法院受理破产申请后，已经开始而尚未终结的有关债务人的民事诉讼或者仲裁应当中止；在管理人接管债务人的财产后，该诉讼或者仲裁继续进行。"由于受理破产的法院已经立即指定破产管理人，有关债务人星某信德公司的诉讼可以继续进行，故原审法院未中止审理并未违反诉讼程序。

案例2：德州经济开发区人民法院，北京润某兴茂化工有限公司与山东博某化工有限公司、山东万某轮胎有限公司票据追索权纠纷一审民事判决书［（2018）鲁1491民初166号］认为：

根据《企业破产法》第二十条"人民法院受理破产申请后，已经开始而尚未终结的有关债务人的民事诉讼或者仲裁应当中止；在管理人接管债务人的财产后，该诉讼或者仲裁继续进行"的规定，山东省淄博市中级人民法院已经指定山东万某轮胎有限公司破产清算组担任被告山东万某轮胎有限公司的管理人，本案应当继续审理，故对被告山东博某化工有限公司"请贵院依法核实山东万某轮胎有限公司的状态后看是否应当将本案中止审理""在破产程序未完结前本案依法应当中止审理，而不适用票据追索权诉讼"的主张，本院不予支持。

裁判观点二：人民法院受理对前手的破产申请后，在法院指定破产管理人之前，已经开始且尚未中止的票据追索权纠纷应中止审理。在法院裁定受理破产申请到指定管理人之间，审理终结的案件属于程序违法，应当依法再审。

案例3：四川省高级人民法院，四川天某建设集团有限公司（以下简称天某建设公司）与四川仪某农村商业银行股份有限公司等票据纠纷再审民事裁定书［（2020）川民再394号］认为：

本院再审认为，四川省南充市中级人民法院于2018年6月29日作出

（2018）川13破申1号民事裁定，受理了何某登于申请天某建设公司破产清算一案。2019年3月28日，四川省南充市顺庆区人民法院接受四川省南充市中级人民法院指定审理天某建设公司破产清算一案，于2019年7月10日在《四川法制报》上公告，并在同年6月20日指定泰某泰律师事务所担任天某建设公司破产管理人。根据《企业破产法》第二十条关于"人民法院受理破产申请后，已经开始而尚未终结的有关债务人的民事诉讼或者仲裁应当中止；在管理人接管债务人的财产后，该诉讼或者仲裁继续进行"的规定，本案应当在受理天某建设公司破产案件后，对已经受理的本案先中止审理等待确定破产管理人后再恢复审理，由破产管理人依照《企业破产法》第二十五条规定参加诉讼。因四川省南充市中级人民法院作出的（2018）川13破申1号民事裁定未送达天某建设公司，指定由四川省南充市顺庆区人民法院审理破产案件后，本案二审程序已经审理终结。本案在受理破产案件后未中止审理，程序违法。

依照《民事诉讼法》（2017年修正）第二百零七条第一款、第一百七十条第四款规定，裁定如下：

一、撤销四川省南充市中级人民法院（2018）川13民终3682号民事判决及四川省仪陇县人民法院（2016）川1324民初3253号民事判决；

二、本案发回四川省仪陇县人民法院重审。

裁判观点三：法院裁定受理对前手的破产申请，而持票人未以该前手为被告或撤回对该被告起诉，其他被追索的前手主张本案应中止审理的，人民法院不予支持。

案例4：上海金融法院，山西清某机械制造有限公司（以下简称清某机械公司）与山西省工某设备安装集团有限公司（以下简称工某设备公司）、上海福某国际贸易有限公司等票据追索权纠纷二审民事判决书［（2020）沪74民终664号］认为：

关于争议焦点二，清某机械公司主张，首先，承兑人宝某石化集团财务有限公司的破产申请已被受理，其为本案主债务人，本案应当中止审理……工某设备公司认为，本案中工某设备公司主张的是票据追索权，且未将承兑人列为被告，宝某石化集团财务有限公司的破产与本案无关；本案中，承兑人经提示后一直拒不签收的行为已构成拒付，工某设备公司有权行使票据追索权。对此，本院认为，本案系票据追索权纠纷，根据《票据法》第六十八条第一款和第二款规定："汇票的出票人、背书人、承兑人和保证人对持票人承担连带责任。持票人可以不按照汇票债务人的先后顺序，对其中任何一人、数人或者全体行使追索权。"各背书人对持票人承担的票据责任是直接责任，而非补充责任或替代责任。本案中，清某机械公司以其付款义务从属于承兑人，而承兑人以破产致付款义务未确定为由主张本案中止审理，缺乏法律依据，本院不予采纳。

裁判观点四：人民法院受理对票据前手的破产申请后，在管理人尚未接管前手的财产之前，管理人有权依据《企业破产法》第二十条规定向人民法院申请中止已经开始且尚未终结的票据追索权纠纷的审理。

案例5：最高人民法院，湖南升某科技有限公司与陕西坚某沃能股份有限公司票据纠纷二审民事裁定书［（2019）最高法民终1554号］认为：

本院经审查认为，《企业破产法》第二十条规定："人民法院受理破产申请后，已经开始而尚未终结的有关债务人的民事诉讼或者仲裁应当中止；在管理人接管债务人的财产后，该诉讼或者仲裁继续进行。"现陕西省西安市中级人民法院受理陕西坚某沃能股份有限公司破产重整申请，陕西坚某沃能股份有限公司破产案件管理人申请本案中止诉讼符合法律规定。

064 基础法律关系涉及刑事案件的，票据追索权之诉是否中止审理？

裁判要旨

票据基础法律关系涉及刑事案件，但在票据本身的签章和背书都是真实有效的情况下，被追索权人主张案件应中止审理的，人民法院不予支持。

案情简介[①]

一、金某螂公司与金某1公司签订有《建设工程施工合同》，由金某螂公司为金某1公司承建江苏金某1流通中心某酒店装饰工程。施工过程中，金某1公司将天某智慧城市科技股份有限公司（以下简称天某智慧公司）出票给雅某公司的五张电子商业承兑汇票背书转让给金某螂公司用以支付工程款，票据金额共

[①] 江苏省高级人民法院，江苏金某1市场发展有限公司（以下简称金某1公司）与苏州金某螂建筑装饰股份有限公司（以下简称金某螂公司）等票据追索权纠纷二审民事判决书［（2020）苏民终617号］。

计人民币 5000 万元。五张汇票的背书情况完全一致，票面载明的背书人依次为：雅某公司、金某 2 公司、金某 1 公司、金某螂公司。

二、汇票到期后，金某螂公司对五张汇票依法提示付款，但均被拒绝付款。之后，金某螂公司以天某智慧公司、雅某公司、金某 2 公司、金某 1 公司为共同被告提起票据追索权之诉。

三、诉讼中，金某 1 公司主张本案应当中止审理，待溧阳公安局受理的金某 1 公司被合同诈骗案处理完毕之后再行恢复。根据金某 1 公司的举报，公安机关受理的案件系伍某、伍某林伙同天某智慧公司的法定代表人夏某统，以签订合作协议以及收购金某 1 公司股权为幌子，开具空头的电子商业承兑汇票为对价，骗取了金某 1 公司现金及财产。

四、江苏省高级人民法院认为金某 1 公司主张的合同诈骗案仅涉及基础法律关系，本案中票据法律关系不涉及刑事犯罪，对金某 1 公司主张本案应当中止审理不予认可。

律师评析

本案的争议焦点为，票据追索权纠纷中，仅基础法律关系涉及刑事案件的，票据追索权之诉是否应当中止审理。江苏省高级人民法院认为，不应中止审理。我们认可法院的裁判观点，理由如下：

1. 涉嫌刑事犯罪法律关系系基础法律关系，与票据追索权之诉依据的票据法律关系不属于同一法律关系。根据《最高人民法院关于在审理经济纠纷案件中涉及经济犯罪嫌疑若干问题的规定》（2020 年修正）第十条"人民法院在审理经济纠纷案件中，发现与本案有牵连，但与本案不是同一法律关系的经济犯罪嫌疑线索、材料，应将犯罪嫌疑线索、材料移送有关公安机关或检察机关查处，经济纠纷案件继续审理"的规定，不应中止审理。

2. 票据追索权之诉的审理依据《票据法》，只要持票人与直接前手之间的基础管理关系不涉及刑事案件，票据追索权之诉便无须以刑事案件的审理结果为依据，依据《民事诉讼法》（2021 年修正）第一百五十三条第一款第五项"有下列情形之一的，中止诉讼：……本案必须以另一案的审理结果为依据，而另一案尚未审结的……"的规定，不应中止审理。

实务经验总结

鉴于票据的无因性，票据纠纷中涉及刑事案件的，通常情况下，刑事案件的进展不影响票据追索权纠纷的审理，除非票据的签发和流转全过程均涉及刑事案件。

相关法律规定

《最高人民法院关于审理票据纠纷案件若干问题的规定》（2020年修正）

第七十三条 人民法院在审理票据纠纷案件时，发现与本案有牵连但不属同一法律关系的票据欺诈犯罪嫌疑线索的，应当及时将犯罪嫌疑线索提供给有关公安机关，但票据纠纷案件不应因此而中止审理。

裁判意见

以下为该案在法院审理阶段，判决书中"本院认为"就该问题的论述：

首先，中止审理，是指人民法院在受理案件之后，作出判决之前，发现审判在一定期限内无法继续进行的情形时，决定暂时停止案件审理，等有关情形消失后，再行恢复审判活动。在票据纠纷中，出于对票据流通性和合法持票人票据权利保护的需要，票据纠纷出现刑民交叉的，是否中止审理，较其他民事案件更为严格，与票据行为无关的或非因持票人涉嫌犯罪并影响票据权利的，票据纠纷案件一般不中止审理。根据《最高人民法院关于审理票据纠纷案件若干问题的规定》（2020年修正）第七十三条的规定："人民法院在审理票据纠纷案件时，发现与本案有牵连但不属同一法律关系的票据欺诈犯罪嫌疑线索的，应当及时将犯罪嫌疑线索提供给有关公安机关，但票据纠纷案件不应因此而中止审理。"本案所涉刑事案件，均仅涉及票据的基础法律关系，票据本身的签章和背书都是真实有效的，而且已经经过有效的交付及背书转让，最后的持票人亦是支付过对价的善意相对人，金某1公司要求中止审理的目的无非是想暂时免除自己应负的票据支付义务，无疑会损害无过错方金某螂公司的合法权益，故本院不予支持。

延伸阅读

裁判观点一：票据法律关系具有独立性和无因性，在基础法律关系涉嫌票据诈骗等犯罪的情况下，正在审理中的票据追索权之诉无须中止审理（与主文案例裁判观点相同）。

案例1：江苏省苏州市中级人民法院，山西太某不锈钢股份有限公司（以下简称太某不锈钢公司）与中国第某重型机械股份有限公司、张家港科某奇机械科技有限公司票据追索权纠纷［（2020）苏05民终10354号］认为：

针对太某不锈钢公司应当"先刑后民"的主张，本院认为，本案虽与宝某石化集团公司涉嫌票据诈骗一案有牵连，但票据法律关系具有独立性与无因性，与票据诈骗一案并非同一法律关系，依据《最高人民法院关于在审理经济纠纷案件中涉及经济犯罪嫌疑若干问题的规定》第十条规定，一审法院审理本案并无不当。

案例2：最高人民法院，吉林集某农村商业银行股份有限公司（以下简称吉林集某农商行）与龙里国某村镇银行有限责任公司（以下简称龙里国某村镇行）票据追索权纠纷二审民事判决书［（2020）最高法民终895号］认为：

本案是否应中止审理或者移送刑事侦查部门处理的问题。本案系票据追索权纠纷，审理的是乌某农商行与吉林集某农商行、龙里国某村镇行之间的票据追索权纠纷，涉嫌票据诈骗刑事犯罪法律关系与本案均不相同，不属于同一法律关系。依据《民事诉讼法》（2017年修正）第一百五十条第一款第五项"有下列情形之一的，中止诉讼：……本案必须以另一案的审理结果为依据，而另一案尚未审结……"的规定，《最高人民法院关于在审理经济纠纷案件中涉及经济犯罪嫌疑若干问题的规定》（1998年版）第一条"同一公民、法人或其他经济组织因不同的法律事实，分别涉及经济纠纷和经济犯罪嫌疑的，经济纠纷案件和经济犯罪嫌疑案件应当分开审理"的规定以及第十条"人民法院在审理经济纠纷案件中，发现与本案有牵连，但与本案不是同一法律关系的经济犯罪嫌疑线索、材料，应将犯罪嫌疑线索、材料移送有关公安机关或检察机关查处，经济纠纷案件继续审理"的规定，由于本案的审理并非必须以涉嫌刑事犯罪案的审理结果为依据，故本案不应中止审理。综上，吉林集某农商行关于"本案是票据诈骗案件应中止审理或者移送刑事侦查部门处理"的上诉主张，无事实和法律依据，本院不予支持。

裁判观点二：商业承兑汇票的签发和流转全过程均涉嫌经济犯罪的，人民法院应裁定驳回起诉移送刑事侦查部门处理。

案例3：广东省高级人民法院，康某商业保理（深圳）有限公司（以下简称康某公司）与中某一航局第一工程有限公司（以下简称中某公司）票据追索权纠纷再审审查与审判监督民事裁定书［（2020）粤民申8141号］认为：

首先，关于康某公司对中某公司的起诉。康某公司起诉请求判令中某公司支付票据款及利息的事实依据为中某公司系案涉汇票的出票人及承兑人，但公安机关已立案查明在广东南某银行所开立的案涉电子商业汇票的账户所使用的公章与中某公司的印文样本上的相同内容的印文不是同一枚印章盖印，已涉嫌经济犯罪。因此，康某公司起诉中某公司所诉事实与公安机关立案侦查涉嫌经济犯罪的事实为同一事实，康某公司对中某公司的起诉不属于经济纠纷。一审、二审裁定驳回康某公司对中某公司的起诉并无不当。

其次，关于康某公司对中某公司之外其他被告的起诉。康某公司起诉请求判令中某公司之外的其他被告承担连带清偿责任，依据的事实为其他被告均为案涉汇票的前手，根据票据行为的独立性原则，其他被告应对其在汇票上的真实签章行为承担责任。本案的案涉汇票显示，天津纵某伟业公司作为收款人取得案涉汇票后，分两日将汇票多次背书转让经其他被告流转至康某公司处。其中焦作宝某公司、润某公司存在注册资本过少等情况，难以匹配与案涉汇票金额相对应的经济贸易。且本案诉讼过程中，大多数被告均已下落不明，无法送达。因此，案涉汇票的流转时间及交易情况明显异常，汇票的出具及流转全过程均涉嫌票据欺诈。一审法院依据《最高人民法院关于在审理经济纠纷案件中涉及经济犯罪嫌疑若干问题的规定》第十一条的规定，裁定驳回康某公司对中某公司之外的其他被告的起诉，并将本案移送公安机关处理，二审法院裁定予以维持并无不当。

综上，由于本案中汇票的出具及流转全过程均涉嫌经济犯罪，故本案不属于经济纠纷。康某公司认为，本案民事诉讼应当继续审理的申请再审理由缺乏法律依据，本院不予支持。

案例4：广东省珠海市中级人民法院，山东黄某集团财务有限公司（以下简称山东黄某公司）与中某一航局第一工程有限公司（以下简称中某公司）、天津纵某伟业国际贸易有限公司、天津市东某模架施工技术有限公司等票据纠纷一案民事二审裁定书［（2020）粤04民终640号］认为：

本院经审查认为，《最高人民法院关于在审理经济纠纷案件中涉及经济犯罪嫌疑若干问题的规定》（2020年修正）第十一条规定："人民法院作为经济纠纷受理的案件，经审理认为不属经济纠纷案件而有经济犯罪嫌疑的，应当裁定驳回起诉，将有关材料移送公安机关或检察机关。"本案中，天津市滨海新区公安局塘沽分局已对中某公司印章被伪造一案立案侦查，天津市公安局亦对梁某君、王某涉嫌票据诈骗一案立案受理，本案商业承兑汇票的出具和流转涉嫌经济犯罪，一审法院据此裁定驳回山东黄某公司的起诉，并无不当。综上，山东黄某公司的上诉请求不能成立，一审裁定认定事实清楚，适用法律正确，裁定驳回上诉，维持原裁定。

第四章　票据前手破产时持票人的维权手段

065 前手被受理破产申请后，持票人可否以该前手为被告提起追索权之诉？

裁判要旨

票据前手被法院受理破产申请后，持票人以该前手为被告提起票据追索权之诉的，人民法院不予受理，持票人应向破产管理人申报债权。

案情简介[①]

一、2018年6月22日，中某建设开发总公司作为出票人签发了电子商业承兑汇票一张，票据金额为30万元，汇票到期日为2018年12月21日。票据经多次背书转让后，上海尧某企业管理有限公司成为最终持票人。

二、汇票到期后，上海尧某企业管理有限公司依法提示付款，但遭到拒付。

三、2020年10月10日，上海市第三中级人民法院受理中某建设开发总公司的破产申请。

四、2021年2月7日，上海尧某企业管理有限公司以中某建设开发总公司为被告提起票据追索权之诉，请求法院判令中某建设开发总公司向其支付票据款本息。

五、上海市浦东新区人民法院认为，本案系上海尧某企业管理有限公司在法院受理中某建设开发总公司后提起的就破产财产的个别清偿诉讼，不应予以受理。法院在向上海尧某企业管理有限公司释明其应向管理人申报债权后，裁定驳回起诉。

[①] 上海市浦东新区人民法院，上海尧某企业管理有限公司与中某建设开发总公司票据追索权纠纷一审民事裁定书［（2021）沪0115民初18227号］。

律师评析

本案的争议焦点为，前手被受理破产申请后，持票人可否以该前手为被告提起票据追索权之诉。

根据《最高人民法院关于适用〈中华人民共和国企业破产法〉若干问题的规定（二）》第二十三条第一款之规定，对破产财产提起的个别清偿诉讼，人民法院不予受理，如受理则裁定驳回起诉。

实务经验总结

1. 票据前手被受理破产申请后，持票人应依法向管理人申报债权，而不是以该前手为被告提起票据追索权之诉。

2. 持票人向管理人申报债权之前，如持票人请求法院确认其对前手享有票据款本息债权的，人民法院不予支持。持票人应首先向管理人申报债权，此后对管理人编制的债权表记载有异议的，再提起破产债权确认之诉也不迟。

相关法律规定

《最高人民法院关于适用〈中华人民共和国企业破产法〉若干问题的规定（二）》（2020年修正）

第二十一条第一款 破产申请受理前，债权人就债务人财产提起下列诉讼，破产申请受理时案件尚未审结的，人民法院应当中止审理：

（一）主张次债务人代替债务人直接向其偿还债务的；

（二）主张债务人的出资人、发起人和负有监督股东履行出资义务的董事、高级管理人员，或者协助抽逃出资的其他股东、董事、高级管理人员、实际控制人等直接向其承担出资不实或者抽逃出资责任的；

（三）以债务人的股东与债务人法人人格严重混同为由，主张债务人的股东直接向其偿还债务人对其所负债务的；

（四）其他就债务人财产提起的个别清偿诉讼。

第二十三条 破产申请受理后，债权人就债务人财产向人民法院提起本规定第二十一条第一款所列诉讼的，人民法院不予受理。

债权人通过债权人会议或者债权人委员会，要求管理人依法向次债务人、债务人的出资人等追收债务人财产，管理人无正当理由拒绝追收，债权人会议依据企业破产法第二十二条的规定，申请人民法院更换管理人的，人民法院应予支持。

管理人不予追收，个别债权人代表全体债权人提起相关诉讼，主张次债务人或者债务人的出资人等向债务人清偿或者返还债务人财产，或者依法申请合并破产的，人民法院应予受理。

裁判意见

以下为该案在法院审理阶段，判决书中"本院认为"就该问题的论述：

本院经审查认为，上海市第三中级人民法院已于2020年10月10日受理了被告中某建设开发总公司作为债务人的破产案件，相关案件案号为（2020）沪03破307号。本案作为受理破产申请后、债权人新提起的要求债务人清偿的民事诉讼，本院不予受理。原告上海尧某企业管理有限公司应当向管理人申报债权，其申报债权后，若对管理人编制的债权表记载有异议的，可以根据《企业破产法》第五十八条的规定提起债权确认之诉。裁定，驳回原告上海尧某企业管理有限公司的起诉。

延伸阅读

裁判观点一：法院受理前手的破产申请后，持票人应向管理人申报债权，而不是提起票据追索权之诉。

案例1：辽宁省营口市站前区人民法院，营口亿某元物资有限公司与营口洁某资源有限责任公司与公司、证券、保险、票据等有关的民事纠纷一审民事裁定书［（2020）辽0802民初2427号］认为：

本院经审查认为，2011年12月30日，营口市中级人民法院作出（2012）营民破字第1号民事裁定书，裁定宣告申请人营口洁某资源有限责任公司破产还债。本案系人民法院受理破产申请后提起的有关债务人的民事诉讼，根据《最高人民法院关于适用〈中华人民共和国企业破产法〉若干问题的规定（二）》第二十三条规定，破产申请受理后，债权人就债务人财产提起个别清偿的民事诉讼的，人民法院不予受理。债权人应当向管理人申报债权，债权人申报债权后，对管理人编制的债权表记载有异议的，可以根据《企业破产法》第五十八条的规定，提起债权确认之诉。综上，依照《最高人民法院关于适用〈中华人民共和国企业破产法〉若干问题的规定（二）》第二十三条、《民事诉讼法》（2017年修正）第一百五十四条之规定，裁定如下：驳回原告营口亿某元物资有限公司的起诉。

裁判观点二：法院受理前手的破产申请的，如持票人未向管理人申报债权而直接起诉请求法院确认债权的，人民法院不予支持。

案例2：浙江省富阳市（富阳区）人民法院，杭州富阳文某纸制品有限公司（以下简称富阳文某公司）与杭州富阳东某纸业有限公司（以下简称富阳东某纸业公司）、江苏凯某建材股份有限公司票据追索权纠纷一审民事判决书［（2019）浙0111民初2623号］认为：

本院认为，富阳文某公司所持有的电子银行承兑汇票记载了无条件支付的委托、确定的金额、收款人名称、出票日期，且有出票人富阳东某纸业公司的真实签章，该电子银行承兑汇票的记载符合法律的规定，系有效票据。根据双方当事人的诉辩主张，本案的争议焦点在于：一、富阳文某公司能否要求确认对富阳东某纸业公司的债权……

关于争议焦点一，本院认为，《企业破产法》第五十六条第二款规定："债权人未依照本法规定申报债权的，不得依照本法规定的程序行使权利。"第五十八条第三款规定："债务人、债权人对债权表记载的债权有异议的，可以向受理破产申请的人民法院提起诉讼。"本案中，本院已受理富阳东某纸业公司破产清算申请，但富阳文某公司未按照《企业破产法》的规定向管理人申报债权，依法不享有向法院起诉要求确认破产债权的权利。故原告要求确认对富阳东某纸业公司享有20万元债权的诉讼请求，本院不予支持。

066 出票人进入破产程序后，持票人可否既申报债权又向其他票据前手提起诉讼？

裁判要旨

出票人进入破产程序后，持票人既可以向出票人的管理人申报债权，也可以向其他前手主张权利，二者之间并不存在冲突，出票人进入破产程序不应当构成持票人向其他前手主张权利的程序障碍。

案情简介[1]

一、2018年12月13日，力某乘用车公司作为出票人向收款人青岛吉某公司开具了一张可转让电子商业承兑汇票，票面金额为287179.48元，承兑人系力某财务公司，到期日为2019年4月13日。

二、2018年12月25日，青岛吉某公司将汇票背书转让给青岛海某公司，之后汇票的背书情况为：青岛海某公司背书转让给重庆创某公司，重庆创某公司背书转让给重庆元某公司，重庆元某公司背书转让给重庆特某公司。汇票到期后，持票人重庆特某公司向力某财务公司依法提示付款，但被拒付。

三、2020年8月21日，重庆市第五中级人民法院裁定分别受理申请人对力某乘用车公司、力某财务公司的破产重整申请。因案涉汇票未得到实际付款，重庆特某公司向力某乘用车公司破产管理人申报了涉案票据债权。2020年11月3日，重庆市第五中级人民法院作出裁定，确认了重庆特某公司对力某乘用车公司享有的包含本案票据债权在内的债权金额。

四、之后，重庆特某公司以青岛吉某公司、青岛海某公司、重庆创某公司、重庆元某公司为共同被告向法院提起票据追索权之诉，请求法院判令四被告连带向其支付票据款本息。

五、诉讼中，四被告主张持票人已经向出票人的管理人申报债权，且该债权已经被管理人确定，此等情况下，持票人重庆特某公司无权再向其他前手主张票据权利，否则构成重复受偿。江北区人民法院未支持青岛吉某公司等四被告的前述主张，并判决该四被告连带向持票人支付票据款本息。

律师评析

本案的争议焦点为，出票人进入破产程序后，持票人可否既向出票人的管理人申报债权，又向其他前手主张票据权利。法院对此持肯定态度。我们认可法院的裁判观点，具体理由如下：

1. 出票人和其他前手对持票人负担的支付票据款本息的债务属于连带债务，在外部关系上，持票人当然有权同时向多个票据前手主张票据权利。在出票人进入破产程序的情况下，持票人向管理人申报债权且对其他前手提起诉讼本质系持

---

[1] 重庆市江北区人民法院，重庆特某机电有限公司（以下简称重庆特某公司）与青岛吉某汽车模具有限公司（以下简称青岛吉某公司）等票据追索权纠纷一审民事判决书［（2021）渝0105民初2398号］。

票人同时向多个前手主张权利的一种特殊表现形式。具体而言，因为《企业破产法》禁止就破产财产提起个别清偿诉讼，因此，对于进入破产程序的出票人，持票人只得以向管理人申报债权的方式行使追索权。即正是因为《企业破产法》的此等限制，持票人只得以不同的方式向不同的前手主张票据权利，但"申报债权+提起诉讼"与"以多个前手作为共同被告提起追索权之诉"无本质区别。

2. 出票人和其他票据前手对持票人负担连带债务，"出票人、其他票据前手与持票人的关系"与"债务人、连带保证人与债权人的关系"具有高度同质性。在出票人进入破产程序的情况下，可以类推适用《最高人民法院关于适用〈中华人民共和国民法典〉有关担保制度的解释》第二十三条第一款："人民法院受理债务人破产案件，债权人在破产程序中申报债权后又向人民法院提起诉讼，请求担保人承担担保责任的，人民法院依法予以支持"的规定，即持票人有权在向管理人申报债权的同时，另行向其他前手主张追索权。

实务经验总结

1. 对于持票人而言，在法院受理对出票人的破产申请后，我们建议持票人积极向管理人申报债权，同时尽快对其他票据前手提起追索权之诉。

2. 对于其他票据前手而言，持票人以其他票据前手提起诉讼的，原则上出票人被法院裁定受理破产申请的事实，并不会免除其他票据前手的票据责任。鉴于其他票据前手仍须向持票人履行支付票据款本息的义务，我们建议其他票据前手履行完毕前述义务后，及时根据《企业破产法》第五十一条第一款之规定："债务人的保证人或者其他连带债务人已经代替债务人清偿债务的，以其对债务人的求偿权申报债权"针对出票人的追索权向管理人申报债权。

相关法律规定

《中华人民共和国企业破产法》

第五十五条 债务人是票据的出票人，被裁定适用本法规定的程序，该票据的付款人继续付款或者承兑的，付款人以由此产生的请求权申报债权。

裁判意见

以下为该案在法院审理阶段，判决书中"本院认为"就该问题的论述：

本案的争议焦点为：……2. 重庆特某公司是否丧失对前手的追索权。本院评述如下：

关于第2个争议焦点，《票据法》第十七条规定："票据权利在下列期限内不行使而消灭：……（三）持票人对前手的追索权，自被拒绝承兑或者被拒绝付款之日起六个月……"根据本案查明的事实，重庆特某公司提示付款后，力某乘用车公司一直未拒绝付款，但亦未实际付款，重庆特某公司在力某乘用车公司进入破产重整程序后，力某乘用车公司申报了债权并得到力某财务公司的确认，但至今未向重庆特某公司清偿债权，经本院核实，力某乘用车公司并无资金清偿重庆特某公司的债权。力某乘用车公司一直未向重庆特某公司出具书面的拒绝付款说明，经本院核实才明确其无法履行付款义务，重庆特某公司至此才知道力某乘用车公司明确拒绝付款，其向本案四被告主张权利并未超过法律规定的期限，故重庆特某公司并未丧失对本案四被告的追索权。判决：被告青岛吉某公司、青岛海某公司、重庆创某公司、重庆元某公司于本判决生效之日起十日内连带向原告重庆特某公司支付电子商业承兑汇票款287179.48元及利息……

延伸阅读

裁判观点：票据前手进入破产程序的，持票人有权既向管理人申报债权，又向其他票据前手主张票据权利，但持票人从破产和诉讼程序中受偿的总金额不得超过票据款本息，即不得重复受偿（该裁判观点与主文案例观点相同）。

案例1：河北省邢台市中级人民法院，中某世航国际能源投资（北京）有限公司与河北鸿某建材有限公司（以下简称鸿某建材）票据追索权纠纷二审民事判决书〔（2019）冀05民终3059号〕认为：

关于鸿某建材对榆某电缆诉讼请求坚持不变如何判决的问题。本院认为，基于本院查明榆某电缆已进入破产程序审理的实际情况，继续作出给付内容的判决赋予申请强制执行的权利，必导致与破产程序产生冲突，故对其涉及榆某电缆的诉讼请求，依法予以驳回。同时，需要释明的是，本判决不影响鸿某建材向榆某电缆主张票据权利，而是可以根据《企业破产法》相关规定向榆某电缆的管理人申报债权。判决如下：一、中某世航国际能源投资（北京）有限公司（其他票据前手）于本判决生效后五日内支付鸿某公司汇票款50万元及利息（利息按中国人民银行同期贷款利率从2019年1月21日起计算至付清之日止）。

案例2：广东省佛山市中级人民法院，佛山市禅城区志某五金机电商行（以下简称志某商行）与佛山市广某酒店（以下简称广某酒店）、陈某新票据追索权纠纷案［（2015）佛中法民二终字1330号］认为：

本院认为，志某商行以广某酒店开出的三张支票（金额分别为60491.39元、51327.3元和79511.19元）因书写不规范而被银行拒绝受理为由向广某酒店主张票据追索权，原审法院经审理后对此予以支持，判决广某酒店、陈某新向志某商行支付票据款项191329.88元及利息。广某酒店在其上诉状中明确表示不服原审判决的金额仅为1万元，即其对原审判决金额中的181329.88元并无异议。由于广某酒店未能明确是对哪一张支票项下的1万元金额提出异议以及相应的具体理由和依据，故本院对其上诉主张不予支持。由于志某商行在二审期间确认涉案三张支票项下的款项已包含在其向广某集团破产管理人申报的债权453017.29元之中，而本院对其行使票据追索权的请求予以支持，故志某商行应及时向破产管理人或受理法院请求在上述申报债权中扣减相应的债权金额，以避免双重受偿。

067 出票人进入破产程序的，持票人向其他前手主张票据权利是否以向管理人申报债权为前提？

裁判要旨

人民法院受理对出票人的破产申请后，持票人有权不向出票人的管理人申请债权，而直接要求其他前手承担付款义务。

案情简介[①]

一、2015年6月30日，天津某厂向灵石县汇某煤焦有限责任公司开具商业承兑汇票一张，出票金额为200万元，汇票到期日为2015年12月30日。票据背书情况为：灵石县汇某煤焦有限责任公司背书转让给太谷宏某玛钢有限公司，后者又背书转让给运城清某源房地产开发有限公司。

二、汇票到期后，运城清某源房地产开发有限公司向承兑人提示付款，但承兑人拒绝付款。之后，法院裁定受理对天津某厂的破产申请，天津某厂进入破产

---

① 山西省晋中市中级人民法院，灵石县汇某煤焦有限责任公司与运城清某源房地产开发有限公司票据追索权纠纷二审民事判决书［（2020）晋07民终689号］。

程序。运城清某源房地产开发有限公司知悉前述事实后，并未向天津某厂的管理人申报债权。

三、之后，运城清某源房地产开发有限公司以收款人灵石县汇某煤焦有限责任公司和直接前手太谷宏某玛钢有限公司为共同被告，向法院提起票据追索权之诉，请求法院判令各被告连带向其支付票据款本息。

四、诉讼中，灵石县汇某煤焦有限责任公司主张，天津某厂系票据责任的最终承担者，持票人运城清某源房地产开发有限公司应首先向天津某厂的管理人申报债权，而不能直接要求其他票据前手支付票据款。

五、山西省晋中市中级人民法院认为，根据《票据法》第六十八条第二款之规定，持票人行使票据追索权时，有权不按照汇票债务人的先后顺序，对其中任何一人、数人或者全体行使追索权。即运城清某源房地产开发有限公司向收款人和直接前手行使票据追索权不以向出票人的管理人申请债权为前提。晋中市中级人民法院最终判决支持运城清某源房地产开发有限公司的诉讼请求。

律师评析

本案的争议焦点为，出票人进入破产程序后，在持票人未申报债权的情况下，是否有权向其他票据前手主张票据权利。对此，晋中市中级人民法院持肯定观点。

我们认可晋中市中级人民法院的裁判观点，因为出票人和其他票据前手对持票人负担的支付票据款本息之义务，属于连带债务。持票人当然有权直接要求其他票据前手付款，而无须经过向管理人申报债权或等待破产程序终结的前置程序。

需要说明的是，出票人和其他票据前手之间存在不真正连带债务关系，其他票据前手向持票人支付票据款本息后，可全部向出票人追偿。但是该等内部关系不构成对持票人行权的障碍，所以即使持票人未申报债权也不影响其向其他前手主张票据权利。

实务经验总结

1. 对于持票人而言：在法院受理对出票人的破产申请后，我们建议持票人积极向管理人申报债权。不过通过破产程序受偿的周期长，且不能就全部票据款本息受偿，有鉴于此，我们建议持票人积极向其他前手主张票据权利，于被拒付后六个月内对其他票据前手通过电子商业汇票系统发起线上追索，并尽快提起追索权之诉。

2. 对于其他票据前手而言：无论持票人是否向管理人申报债权，如持票人以其他票据前手提起诉讼的，原则上出票人被法院裁定受理破产申请的事实，并不会免除其他票据前手的票据责任。鉴于其他票据前手仍须向持票人履行支付票据款本息的义务，我们建议其他票据前手履行完毕前述义务后，及时向管理人申报债权。

相关法律规定

《中华人民共和国票据法》

第六十一条　汇票到期被拒绝付款的，持票人可以对背书人、出票人以及汇票的其他债务人行使追索权。

汇票到期日前，有下列情形之一的，持票人也可以行使追索权：

（一）汇票被拒绝承兑的；

（二）承兑人或者付款人死亡、逃匿的；

（三）承兑人或者付款人被依法宣告破产的或者因违法被责令终止业务活动的。

第六十八条　汇票的出票人、背书人、承兑人和保证人对持票人承担连带责任。

持票人可以不按照汇票债务人的先后顺序，对其中任何一人、数人或者全体行使追索权。

持票人对汇票债务人中的一人或者数人已经进行追索的，对其他汇票债务人仍可以行使追索权。被追索人清偿债务后，与持票人享有同一权利。

裁判意见

以下为该案在法院审理阶段，判决书中"本院认为"就该问题的论述：

本院认为，本案二审的争议焦点是，灵石县汇某煤焦有限责任公司应否在本案中承担付款义务。上诉人灵石县汇某煤焦有限责任公司认为，天津某厂作为出票人是主债务人，现天津某厂进入破产程序，运城清某源房地产开发有限公司作为持票人应该向天津某厂的破产管理人申报债权，而不应该由灵石县汇某煤焦有限责任公司来承担……依据《票据法》第六十一条、第六十八条规定，票据到期被拒绝付款的，持票人可以不按照汇票债务人的先后顺序对背书人、出票人以及汇票的其他债务人行使追索权，而且汇票的出票人、背书人等相关义务人对持票人承担的是连带责任……综上所述，上诉人灵石县汇某煤焦有限责任公司的上诉请求不能成立，应予驳回；一审判决认定事实清楚，适用法律正确，应予维持。

延伸阅读

无

068 就在出票人的破产程序中未受清偿的部分，持票人是否有权继续向其他前手追索？

裁判要旨

持票人在出票人破产程序中已经按照清偿比例获得了部分清偿后，有权就未受清偿部分，继续向其他前手追索。

案情简介①

一、2017年9月13日，保某新能源公司向收款人湖南升某公司签发一张电子商业承兑汇票，到期日为2018年3月13日，金额为500万元，承兑人为保某新能源公司。票据背书情况：湖南升某公司背书转让给贵州开某公司。

二、汇票到期当日，贵州开某公司向承兑人依法提示付款，因"商业承兑汇票承兑人账户余额不足"被拒付。

三、2019年9月30日，西安市中级人民法院受理申请人陕西凯某达实业有限公司对被申请人保某新能源公司的破产重整申请。2020年4月29日，保某新能源公司重整计划执行完毕，普通债权的受偿比例为12%。

---

① 陕西省西安市雁塔区人民法院，贵州开某有限责任公司（以下简称贵州开某公司）与保某新能源科技股份有限公司（以下简称保某新能源公司）、湖南升某科技有限公司（以下简称湖南升某公司）票据追索权纠纷一审民事判决书［（2021）陕0113民初34422号］。

四、虽然贵州开某公司未在保某新能源公司破产程序中向管理人申报债权，但保某新能源公司在重整计划执行完毕后，以12%现金向贵州开某公司支付了票据款本息。

五、之后，就尚未获得清偿的票据款本息部分，贵州开某公司以收款人湖南升某公司为被告提起票据追索权之诉，请求法院判令湖南升某公司向其支付票据款本息。陕西省西安市雁塔区人民法院支持了贵州开某公司前述的诉讼请求。

律师评析

本案的争议焦点为，持票人已经在出票人的破产程序中按照清偿比例获得了部分清偿的情况下，就剩余尚未获得清偿的票据款本息部分，其是否有权继续向其他前手追偿。法院对此持肯定态度，我们认可法院的裁判观点，理由如下：

鉴于出票人和其他票据前手对持票人负担连带债务，根据《企业破产法》第九十二条第三款规定："债权人对债务人的保证人和其他连带债务人所享有的权利，不受重整计划的影响"、第一百零一条规定："和解债权人对债务人的保证人和其他连带债务人所享有的权利，不受和解协议的影响"及第一百二十四条规定："破产人的保证人和其他连带债务人，在破产程序终结后，对债权人依照破产清算程序未受清偿的债权，依法继续承担清偿责任"的规定。无论出票人被法院依法裁定破产重整、破产清算还是破产和解，就未获得清偿的部分，持票人仍有权向其他前手主张票据权利。

实务经验总结

1. 对于持票人而言，就在出票人的破产程序中未获得清偿的部分，持票人仍有权向其他前手继续追索。不过需要提请注意的是，从被拒付之日起，持票人须以六个月为周期连续向其他前手主张权利。鉴于此等操作过分烦琐，我们建议持票人在被拒付之后的六个月内尽快向其他前手提起诉讼，同时向出票人的管理人申报债权。

2. 对于其他前手而言，我们建议如持票人未向出票人管理人申报债权的，其他前手应及时就将来的求偿权向管理人申报债权。同时，其他前手被持票人追索且承担完毕付款义务之后，应就对出票人的求偿权向管理人申报债权。

相关法律规定

《中华人民共和国企业破产法》

第九十二条第二款和第三款 债权人未依照本法规定申报债权的，在重整计划执行期间不得行使权利；在重整计划执行完毕后，可以按照重整计划规定的同类债权的清偿条件行使权利。

债权人对债务人的保证人和其他连带债务人所享有的权利，不受重整计划的影响。

第一百零一条 和解债权人对债务人的保证人和其他连带债务人所享有的权利，不受和解协议的影响。

第一百二十四条 破产人的保证人和其他连带债务人，在破产程序终结后，对债权人依照破产清算程序未受清偿的债权，依法继续承担清偿责任。

裁判意见

以下为该案在法院审理阶段，判决书中"本院认为"就该问题的论述：

在本案中，保某新能源公司已经破产重整，按照《重整计划》每家普通债权人5000万元以下（含5000万元）部分债权的12%以现金受偿，债权人未申报债权的，在重整计划执行期间不得行使权利，在重整计划执行完毕后，可以按照重整计划规定的同类债权的清偿条件行使权利。贵州开某公司未在重整计划期间向保某新能源公司申报债权，则该笔债权可以按照重整计划的规定，以12%现金受偿。西安市中级人民法院于2019年9月30日受理保某新能源公司破产申请，保某新能源公司应当向贵州开某公司承担汇票金额500万元及自2018年3月13日至2019年9月30日的利息，上述债务按照12%的比例承担。在（2021）陕0113执恢195号案件中，实际产生了执行费58157元（5500000元+600000元+51395.85元-6093238.85元），保某新能源公司实际向法院支付了651395.85元，包含了案涉汇票金额及利息的12%及部分执行费，应当认为保某新能源公司已依照重整计划支付了案涉汇票的全部款项，超出部分不应再清偿。根据《企业破产法》第一百二十四条规定，破产人的保证人和其他连带债务人，在破产程序终结后，对债权人依照破产清算程序未受清偿的债权，依法继续承担清偿责任。湖南升某公司作为该笔债务的连带债务人，在对依破产清算程序未受清偿的债权，应当承担清偿责任。

> **延伸阅读**

裁判观点：持票人在出票人的破产重整程序中未受到清偿的票据款本息，有权继续向其他票据前手追索（与主文案例观点相同）。

案例：广西壮族自治区扶绥县人民法院，深圳市益某保理有限公司（以下简称深圳益某公司）与广西正某农业科技有限公司（以下简称广西正某公司）票据追索权纠纷一审民事判决书［（2018）桂1421民初1862号］认为：

本院认为，本案涉案票据为到期付款的可背书转让的商业汇票，广西正某公司将所持有的涉案票据权利背书转让给深圳益某公司，深圳益某公司给付对价，深圳益某公司依法取得票据权利，持票人深圳益某公司在汇票得不到承兑人付款时，其依法可以向背书人广西正某公司行使追索权。在案证据能够证明票据到期前后深圳益某公司履行了持票人的提示付款及通知义务，在承兑人拒付后，深圳益某公司积极通过诉讼程序主张票据权利，后因承兑人破产重整而撤回起诉。在承兑人破产重整程序中，深圳益某公司亦将未得到付款的票据权利申报债权，所申报票据债权在承兑人破产重整程序得到确认并按重整方案得到清偿部分债权。现深圳益某公司就未能实现的票据权利向背书人广西正某公司行使追索权，理由充分，其请求广西正某公司承担清偿责任，应予以支持。

069 出票人进入破产程序的，停止计息的效力是否及于其他前手？

> **裁判要旨**

人民法院受理出票人破产案件的，持票人对出票人享有的追索权自破产申请受理时起停止计息，但停止计息的效力不及于其他前手，即持票人仍有权向其他前手主张自汇票到期日或者提示付款日起至实际清偿日止的利息。

案情简介[①]

一、2018年12月27日，力某乘用车公司作为出票人开具收款人为伯某工程公司的电子商业承兑汇票一张，票据金额为50万元，承兑人为力某财务公司，到期日为2019年12月27日。汇票系统记载的该汇票背书转让顺序依次为：伯某工程公司、力某销售公司、福州联某公司。

二、2019年12月27日，持票人福州联某公司向承兑人力某财务公司提示付款，并被拒绝付款。2020年6月5日，福州联某公司向重庆市第一中级人民法院提起诉讼，向力某乘用车公司、力某销售公司、力某财务公司、伯某工程公司行使票据追索权，请求法院判令各被告连带向其支付票据款本息。

三、重庆市第五中级人民法院于2020年8月21日裁定受理对力某乘用车公司、力某销售公司、力某财务公司的破产重整申请。

四、之后，重庆市第一中级人民法院判决确认福州联某公司对力某乘用车公司、力某销售公司、力某财务公司的债权为票据款本金50万元及利息（从2019年12月27日起至2020年8月21日止的利息），判令伯某工程公司向福州联某公司支付票据款本金50万元及利息（从2019年12月27日起至付清时止的利息）。

五、伯某工程公司不服一审判决，向重庆市高级人民法院提起上诉，主张其承担的利息应以力某乘用车公司、力某财务公司的利息债务金额为限，即利息应计算至2020年8月21日，而非计算至实际付清之日。重庆市高级人民法院对此不予支持，并判决维持一审判决。

律师评析

本案的争议焦点为，人民法院受理出票人破产案件的，停止计息的效力是否及于其他前手。重庆市高级人民法院对此持否定态度。我们认可法院的观点，理由如下：

鉴于出票人和其他票据前手对持票人负担连带债务，根据《企业破产法》第九十二条第三款规定："债权人对债务人的保证人和其他连带债务人所享有的权利，不受重整计划的影响"、第一百零一条规定："和解债权人对债务人的保证人和其他连带债务人所享有的权利，不受和解协议的影响"及第一百二十四条

[①] 重庆市高级人民法院，杭州伯某科技工程有限公司（以下简称伯某工程公司）与福州联某交通器材有限公司（以下简称福州联某公司）等票据追索权纠纷二审民事判决书［（2020）渝民终2462号］。

规定："破产人的保证人和其他连带债务人，在破产程序终结后，对债权人依照破产清算程序未受清偿的债权，依法继续承担清偿责任"。无论出票人被法院依法裁定破产重整、破产清算还是破产和解，均不影响持票人对其他票据前手所享有的票据权利，因此，持票人当然可向其他前手主张自汇票到期日或者提示付款日起至实际清偿日止的利息。

虽然我们认可法院的裁判观点，但也承认该裁判观点与如下法理存在冲突：《最高人民法院关于适用〈中华人民共和国民法典〉有关担保制度的解释》第二十二条规定"人民法院受理债务人破产案件后，债权人请求担保人承担担保责任，担保人主张担保债务自人民法院受理破产申请之日起停止计息的，人民法院对担保人的主张应予支持"，该规定的法理基础系担保债权范围的从属性原则，即担保人承担的担保责任范围不应当大于主债务。在票据法律关系中，严格来说，出票人/承兑人与其他前手之间承担不真正连带债务，其他前手对持票人承担票据责任后，可向出票人/承兑人追偿。从该等层面而言，出票人/承兑人、其他前手之间的关系与债务人、保证人之间的关系无本质区别。否认停止计息的效力及于其他前手则会与担保债权的从属性原则相矛盾。

实务经验总结

如果人民法院受理出票人/承兑人破产案件的，我们建议持票人积极向其他前手行使追索权，而不是寄希望于从破产程序中获得清偿。一是因为票据债权系普通债权，在破产程序中不可能获得完全清偿；二是因为票据债权的利息自法院受理破产申请时停止计算，持票人向出票人/承兑人追索的票据款利息势必会少于向其他前手追索的金额。

相关法律规定

《中华人民共和国票据法》

第七十条 持票人行使追索权，可以请求被追索人支付下列金额和费用：

（一）被拒绝付款的汇票金额；

（二）汇票金额自到期日或者提示付款日起至清偿日止，按照中国人民银行规定的利率计算的利息；

（三）取得有关拒绝证明和发出通知书的费用。

被追索人清偿债务时，持票人应当交出汇票和有关拒绝证明，并出具所收到利息和费用的收据。

《中华人民共和国企业破产法》

第四十六条 未到期的债权，在破产申请受理时视为到期。

附利息的债权自破产申请受理时起停止计息。

裁判意见

以下为该案在法院审理阶段，判决书中"本院认为"就该问题的论述：

依据《票据法》第七十条第一款第二项规定，持票人行使追索权，可以请求被追索人支付汇票金额自到期日或者提示付款日起至清偿日止，按照中国人民银行规定的利率计算的利息。一审法院确认福州联某公司对力某乘用车公司、力某财务公司享有的利息债权计算至2020年8月21日止，系基于力某乘用车公司、力某财务公司于2020年8月21日被重庆市第五中级人民法院受理破产申请的事实和对《企业破产法》第四十六条第二款"附利息的债权自破产申请受理时起停止计息"规定的适用。福州联某公司请求伯某工程公司支付自案涉票据到期日2019年12月27日起至实际清偿之日止、按照同期全国银行间同业拆借中心公布的贷款市场报价利率计算的利息，符合法律规定。伯某工程公司关于其承担的利息应以力某乘用车公司、力某财务公司的利息债务金额为限的上诉理由，于法无据，本院不予支持。

延伸阅读

裁判观点：法院裁定受理出票人的破产申请，其他前手主张自身对持票人负担的票据责任自人民法院受理破产申请之日起停止计息的，人民法院不予支持（与主文案例裁判观点相同）。

案例：重庆市第一中级人民法院（原四川省重庆市中级人民法院），重庆市大某汽车电器有限公司（以下简称大某公司）与重庆力某财务有限公司（以下简称力某财务公司）、重庆理某智造汽车有限公司（以下简称理某智造公司）票据追索权纠纷一审民事判决书［（2020）渝01民初645号］认为：

本案中，根据电子商业承兑汇票及电子商业回单等在案证据及当事人陈述，大某公司向上海亿某电子有限公司清偿完票据款的时间为2020年6月30日，本院认定利息的起算时间为2020年6月30日。由于自2019年8月20日起中国人民银行已经授权全国银行间同业拆借中心公布贷款市场报价利率,即人民银行同期同类贷款基准利率这一标准已经取消,故本院认定利息的计算标准为全国银行间同业拆借中心公布的同期贷款市场报价利率。故,对大某公司要求理某智造公司向其支付票据款105万元及以105万元为基数,自2020年6月30日起按全国银行间同业拆借中心公布的同期贷款市场报价利率计算至付清之日止的利息的诉讼请求,本院予以支持;对超出部分的利息的诉讼请求,本院不予支持。

同时,基于力某财务公司已进入破产重整程序,根据《企业破产法》第四十六条第二款规定,附利息的债权自破产申请受理时起停止计息,故本院确认大某公司对力某财务公司的债权为票据款105万元及以105万元为基数,自2020年6月30日起按照全国银行间同业拆借中心公布的同期贷款市场报价利率计算至2020年8月21日止的利息。综上,依照……,判决如下:

一、确认原告大某公司对被告力某财务公司的债权为票据款105万元以及以105万元为基数,按照全国银行间同业拆借中心公布的同期贷款市场报价利率计算的从2020年6月30日起至2020年8月21日止的利息;

二、被告理某智造公司于本判决发生法律效力之日起十日内向原告大某公司支付票据款105万元及利息(利息以105万元为基数,自2020年6月30日起按照全国银行间同业拆借中心公布的同期贷款市场报价利率计算至付清之日止)……

070 出票人进入破产程序的,再追索权人可否向其追索已支付的利息?

裁判要旨

人民法院受理出票人破产案件,再追索权人只能向出票人主张自汇票到期日或者提示付款日起至法院受理破产申请时止的利息,即便事实上再追索权人曾向持票人支付了超出前述金额的利息。

案情简介[①]

一、2018年9月13日，合某公司受让由兆某睿公司背书转让的电子商业承兑汇票一张。该电子商业承兑汇票的出票人和承兑人均为科某公司，收票人均为中某新德公司，出票日期为2018年7月6日，汇票到期日为2018年10月6日，票面金额为20万元，汇票系统记载的该汇票背书转让顺序依次均为：中某新德公司、祥某公司、中某太阳能公司、豪某公司、兆某睿公司、合某公司。

二、汇票到期后，合某公司多次提交提示付款申请，均遭拒付，电子商业汇票系统显示的拒付理由均为"商业承兑汇票承兑人账户余额不足"。之后，合某公司在电子商业汇票系统中发起拒付追索，并诉至苏州市吴江区人民法院，向承兑人科某公司及背书前手中某新德公司、祥某公司、中某太阳能公司、豪某公司、兆某睿公司行使票据追索权。

三、2019年9月20日，苏州市吴江区人民法院作出（2019）苏0509民初4293号民事判决支持了合某公司诉讼请求。判决生效后，合某公司向法院申请强制执行。2020年3月11日，法院通过网络查控扣划豪某公司账户资金218064元（票据款本金200000元、利息10640元、案件受理费4300元、申请执行费3124元）。

四、2019年9月25日，上海市第三中级人民法院裁定受理中某太阳能公司的破产清算申请。2019年10月28日，该院裁定受理中某太阳能公司提出的由破产清算程序转为破产重整程序的申请，自2019年10月28日起对中某太阳能公司进行破产重整。

五、2020年7月23日，豪某公司向苏州市吴江区人民法院起诉行使再追索权，要求承兑人科某公司及背书前手中某新德公司、祥某公司、中某太阳能公司连带向其支付前述扣划的218064元及利息（以218064元为基数，自2020年3月11日起至实际支付之日止，按照同期全国银行间同业拆借中心公布的贷款市场报价利率计算）。

六、江苏省苏州市吴江区人民法院认为，中某太阳能公司已经进入破产重整程序，附利息的票据追索权自破产申请受理时起停止计息，对于中某太阳能公司应负担的利息，法院最终仅判决支持以20万元（票据款本金）为基数，自2018

[①] 苏州市吴江区人民法院，江苏豪某新材料有限公司（以下简称豪某公司）与科某环保装备股份有限公司（以下简称科某公司）、中某新德（上海）新能源有限公司（以下简称中某新德公司）等票据追索权纠纷一审民事判决书［（2020）苏0509民初8858号］。

年 10 月 8 日起至 2019 年 9 月 25 日止的利息。

律师评析

本案的争议焦点为，出票人进入破产程序的，附利息的债权自破产申请受理时起停止计息。鉴于停止计息的效力不及于其他票据前手，因此，实践中会出现被追索人向持票人支付破产受理日之后利息的情况。那么，就该部分利息，再追索权人是否有权向出票人主张？苏州市吴江区人民法院对此持否认态度，我们认可法院的观点，理由如下：

在破产财产有限的情况下，对破产债权采取统一的"停止计息"规则，能够防止利率高的债权不会随着破产程序时间的推延，不断稀释利率低的债权，保持对破产债权的公平对待。同时，统一时间点的"停止计息"也有利于划定一个统计破产债权的基准时间，有利于管理人对破产债权的数额加以固定和确认，避免破产债权不断累积，进而导致破产程序在技术上无法实现终结，也无法实现一个有效率的破产程序。案涉票据债务形成于破产受理之前，在人民法院受理破产申请时，出票人负担的该笔债务利息即停止计息。如认可被追索人有权主张破产受理日后的利息，则相当于变相否认了"停止计息"规则的适用，这显然有违前述立法目的。

综上，无论持票人还是被追索权人就案涉票据向出票人主张权利的，出票人均受到停止计息规则的保护，仅须支付自汇票到期日或者提示付款日起至法院受理破产申请时止的利息。

实务经验总结

在出票人进入破产程序的，我们建议再追索权人积极向其他票据前手而不是出票人再追索。当然，如果再追索权人系收款人且出票人与承兑人系同一主体，则其只得向出票人进行再追索，再追索的范围包括票据本金、自汇票到期日或者提示付款日起至法院受理破产申请时止的利息、发出通知书的费用。

相关法律规定

《中华人民共和国企业破产法》

第四十六条第二款　附利息的债权自破产申请受理时起停止计息。

《中华人民共和国票据法》

第六十八条 汇票的出票人、背书人、承兑人和保证人对持票人承担连带责任。

持票人可以不按照汇票债务人的先后顺序，对其中任何一人、数人或者全体行使追索权。

持票人对汇票债务人中的一人或者数人已经进行追索的，对其他汇票债务人仍可以行使追索权。被追索人清偿债务后，与持票人享有同一权利。

第七十一条 被追索人依照前条规定清偿后，可以向其他汇票债务人行使再追索权，请求其他汇票债务人支付下列金额和费用：

（一）已清偿的全部金额；

（二）前项金额自清偿日起至再追索清偿日止，按照中国人民银行规定的利率计算的利息；

（三）发出通知书的费用。

行使再追索权的被追索人获得清偿时，应当交出汇票和有关拒绝证明，并出具所收到利息和费用的收据。

裁判意见

以下为该案在法院审理阶段，判决书中"本院认为"就该问题的论述：

根据《票据法》第六十八条及第七十一条的规定，持票人对汇票债务人中的一人或者数人已经进行追索的，被追索人清偿债务后，与持票人享有同一权利，可以向其他汇票债务人行使再追索权，请求其他汇票债务人支付已清偿的全部金额、自清偿日起至再追索清偿日止，按照中国人民银行规定的利率计算的利息、发出通知书的费用。由此可见，再追索金额包括已清偿的追索金额、法定利息、再追索费用。已清偿的追索金额，是指被追索人为满足其后手（包括持票人或者其他追索权人）的追索权而支付的全部金额；法定利息，是指被追索人获得其前手清偿前这段时间内，被追索人向其后手已为清偿的全部金额所孳生的利息，从被追索人清偿之日起到其前手清偿之日为止，依中国人民银行规定的企业同期流动资金贷款利率为准；再追索费用，是指被追索人向其前手发出拒绝事由通知，为此所发生的费用。本案中，原告豪某公司已向持票人合某公司清偿债务，其主张由被告科某公司向其支付已清偿的全部金额218064元及利息（以218064元为基数，自2020年7月9日起至实际支付之日止，按照同期全国银行间同业拆借中心公布的贷款市场报价利率计算），于法有据，本院予以支持。

被告中某新德公司、祥某公司、中某太阳能公司作为背书人，应对被告科某公司的上述债务承担连带清偿责任。

被告中某太阳能公司已进入破产诉讼程序，根据《企业法破产》第四十六条第二款规定"附利息的债权自破产申请受理时起停止计息"，故被告中某太阳能公司所负上述连带清偿责任中的利息，仅计算至破产申请受理前一日即2019年9月24日。综上，判决如下：

一、被告科某公司于本判决生效之日起十日内向原告豪某公司给付其已清偿的全部金额合计218064元（包括票据本金20万元、利息10640元、案件受理费4300元、申请执行费3124元），并支付此后的利息（以218064元为基数，自2020年7月9日起至实际支付之日止，按照同期全国银行间同业拆借中心公布的贷款市场报价利率计算）；

二、被告中某新德公司、祥某公司对被告科某公司的上述债务承担连带清偿责任；

三、被告中某太阳能公司对被告科某公司上述债务中的票据本金20万元、利息（以20万元为基数，自2018年10月8日起至2019年9月25日止，按照中国人民银行公布的同期同档贷款基准利率计算）、案件受理费4300元、申请执行费3124元承担连带清偿责任。

延伸阅读

裁判观点：出票人进入破产程序后，其他前手向持票人支付了票据款本息的，该前手只得向出票人主张自汇票到期日或者提示付款日起至法院受理破产申请时止的利息，即便其实际向持票人支付的利息超出了前述金额（与主文案例观点相同）。

案例：重庆市合川区（市）人民法院，无锡市精某洲科技有限公司（以下简称精某科技）与北某银翔汽车有限公司（以下简称北某银翔）、重庆比某汽车有限公司（以下简称比某汽车）票据追索权纠纷一审民事判决书［（2020）渝0117民初7513号］认为：

本院认为，本案为票据纠纷，票据作为一种文义证券、设权证券，其创设的权利义务由票据上所记载的文字的意义决定。精某科技持有的案涉商业承兑汇票形式完备、必要记载事项齐全，背书连续，精某科技是票据的合法持票人，依法享有票据权利。汇票的出票人、背书人、承兑人和保证人对持票人承担连带责任，持票人可以不按照汇票债务人的先后顺序，对其中任何一人、数人或者全体行使追索权，被追索人清偿债务后，与持票人享有同一权利。本案中，原告精某科技将多张票据一并诉讼，且包含了票据追索和再追索，在不影响级别管辖的情况下，从节约诉讼成本考虑，可在本案一并处理。精某科技享有的票据权利并未超过时效期间，故对精某科技请求的票据款本院予以支持。《企业破产法》第四十六条规定："未到期的债权，在破产申请受理时视为到期。附利息的债权自破产申请受理时起停止计息。"本案中，因北某银翔的破产重整申请于 2020 年 9 月 10 日被人民法院受理，精某科技对北某银翔的债权相关利息只能计算至 2020 年 9 月 10 日止，审理中，精某科技请求对北某银翔、比某汽车应负担的票据款利息均只计算至 2020 年 9 月 10 日止，其请求不违反法律、行政法规的强制性规定，本院予以尊重，但再追索的 50 万元的利息应从原告实际清偿之日起计算，原告未证明具体清偿日期，而上海辛某实业发展有限公司也只确认原告已清偿，未明确具体清偿日期，可按其出具书面说明之日（2021 年 1 月 6 日）确定为精某科技清偿日期，故再追索的 50 万元不再计算利息。

综上所述，判决如下：

一、确认原告精某科技对被告北某银翔享有债权 6258267.90 元（被追索的票据款本金及利息）及利息（利息以 5605936.29 元为基数，自 2018 年 11 月 17 日起、以 152331.61 元为基数，自 2018 年 11 月 2 日起，均按全国银行间同业拆借中心公布的一年期贷款市场报价利率计算至 2020 年 9 月 10 日止）；

二、被告比某汽车对被告北某银翔前述第一项债务中的 6105936.29 元（被追索的票据款本金），以及以 5605936.29 元为基数，自 2018 年 11 月 17 日起按全国银行间同业拆借中心公布的一年期贷款市场报价利率计算至 2020 年 9 月 10 日止的利息承担连带清偿责任；款限本判决生效后 15 日内付清。

图书在版编目（CIP）数据

电子商业汇票追索实战指南 / 李斌等编著. —北京：中国法制出版社，2023.7
　　ISBN 978-7-5216-3539-3

Ⅰ.①电… Ⅱ.①李… Ⅲ.①电子商务-商业汇票-条例-中国-指南 Ⅳ.①D922.281.4

中国国家版本馆 CIP 数据核字（2023）第 082308 号

责任编辑：赵　宏
策划编辑：陈晓冉　　　　　　　　　　　　　　　　　　封面设计：周黎明

电子商业汇票追索实战指南
DIANZI SHANGYE HUIPIAO ZHUISUO SHIZHAN ZHINAN

编著/李斌　王静澄　张德荣　赵宝荣
经销/新华书店
印刷/三河市国英印务有限公司
开本/710毫米×1000毫米　16开　　　　　印张/ 19.5　字数/ 283 千
版次/2023 年 7 月第 1 版　　　　　　　　2023 年 7 月第 1 次印刷

中国法制出版社出版
书号 ISBN 978-7-5216-3539-3　　　　　　　　　　　　　定价：89.00 元

北京市西城区西便门西里甲 16 号西便门办公区
邮政编码：100053　　　　　　　　　　　　传真：010-63141600
网址：http://www.zgfzs.com　　　　　　　编辑部电话：010-63141835
市场营销部电话：010-63141612　　　　　印务部电话：010-63141606

（如有印装质量问题，请与本社印务部联系。）